Nicola Bardola

APPLAUS, APPLAUS

Sportfreunde Stiller

Die Bandbiografie

Nicola Bardola

APPLAUS, APPLAUS
SPORT FREUNDE STILLER

Die Bandbiografie

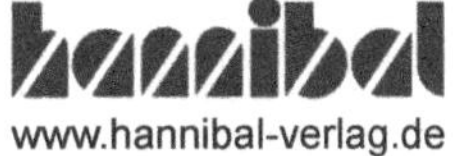

www.hannibal-verlag.de

„Für ein Schnitzel auf der Heimfahrt reicht's immer."
Florian Weber, 1996

„Wenn wir es jetzt nicht ernsthaft versuchen würden, wären wir echt blöd."
Peter S. Brugger, 1997

„Mit großem Einsatz erobern die Sportfreunde Terrain in der Tabelle der Popmusik."
taz, 1998

„Germering, ein überregionaler Garant für guten Sound."
Süddeutsche Zeitung, 1999

„Die Band, die als Partywitz im Jugendzentrum von Germering begonnen hatte, löste in ihrer Heimatstadt eine Begeisterung aus, die bei Konzerten fast an Hysterie grenzt."
Der Spiegel, 2000

„sportfreunde goes echo – puh ... ich wieder: am donnerstag, den 15.3. sind sportfreunde stiller für den echo als tolle deutsche nachwuchsband nominiert (live auf rtl ab 21 h). wer die sportler sehen möchte, wie sie den preis entgegennehmen (in atomic shirts?!) – bitte tippen: fritz.de/echo 2001. danke."
Marc Liebscher, 2001 (im Internetforum des Atomic Café)

„Heute Abend haben wir Gäste: Es ist die beste Kombination, die man im deutschen Fernsehen haben kann. Zwei absolute Sympathieträger: eine großartige junge Band und einer der besten Fußballer in Deutschland – eine der beliebtesten Fußballer-Persönlichkeiten, Mehmet Scholl. Er hat seine Lieblingsband mitgebracht, die live heute hier spielt, die Sportfreunde Stiller."
Harald Schmidt, 2002

„Interessant, wie schnell sich ein Verhältnis ändern kann und man erkennt, wer Freund und wer nur Geschäftspartner ist."
Rüdiger Linhof, 2003 (zu den Schwierigkeiten bei der Produktion des dritten

Studioalbums *Burli*)
„Wir sind der einzige Münchner Club, der in dieser Saison was reißt."
Florian Weber, 2004 (nach dem Konzert in der Olympiahalle sowie den Misserfolgen des FC Bayern und des TSV 1860)

„Wir wollten einfach nur unsere Fans glücklich machen."
Marc Liebscher, 2005 (zu den Geheimkonzerten unter Pseudonymen in kleinen Clubs)

„Am schwierigsten war es, mit den Fußballschuhen die Klavierpedale zu betätigen."
Florian Weber, 2006 (im Fußball-Musik-Roman *You'll Never Walk Alone*)

„Name Doppelpunkt: Der wo mit'm Schweini Schlagzeug g'spielt hat."
Peter S. Brugger, 2007 (zu einem Journalisten als Vorschlag für die Benamsung Flos nach dem Auftritt der Sportfreunde Stiller mit der deutschen Nationalmannschaft auf der Fanmeile vor dem Brandenburger Tor im Jahr davor)

„Wir sehen auf Tour, dass in einigen Bundesländern eine andere Jugendkultur herrscht. Eine, in der es Rechtsradikale geschafft haben, ihr Gedankengut als cool und sexy zu verkaufen. Die Gefahr ist, dass ihnen dort schon weitgehend der Platz überlassen wurde."
Rüdiger Linhof, 2008 (anlässlich der von den Sportfreunden Stiller organisierten Kundgebung in München gegen Rechtsextremisten)

„Die Frage ist nicht: Was haben wir für eine Meinung. Da sind wir uns einig. Die Frage ist: Wo und wie äußern wir sie? Was ist peinlich, was nicht? Aber unsere Fans fragen da auch nicht nach. In erster Linie müssen wir uns darüber leider immer mit Journalisten unterhalten."
Florian Weber, 2009

„Ich mag Germering! Danke, Germering! Für alles, was du mir gegeben hast."
Peter S. Brugger, 2010 (zur *Süddeutschen Zeitung*)

„Was 2006 mit uns passiert ist, können wir nicht toppen. Das alles ist nicht zu wiederholen – auch nicht emotional."
Marc Liebscher, 2011

„Ich habe noch immer ein Problem damit, wenn ich im Stadion stehe und die Leute ‚Deutschlaaaaaand' rufen, das muss ich zugeben. Aber das Turnier (die WM 2006) hat die Sicht aufs eigene Land geändert. Vorher hing ja der Nationalismus als riesiger Klotz an der Fußballfreude. In diesem Sommer wurde das entkoppelt. Die Fahne war nur ein Symbol für die eigene Mannschaft, sie wurde zum emotionalen und ästhetischen Ausdruck sportlicher Zuneigung."
Rüdiger Linhof, 2012

„Und wenn du dann endlich wieder Luft bekommst und Licht und die Augen aufreißt, als wärst du ganz neu hier, geht es dann einfach weiter, mit diesem Sommer, mit diesem Lied, das man am besten hört mit ausgebreiteten Armen auf dem rasenden Weg in eine neue Welle hinein: ‚Applaus, Applaus. Für deine Art mich zu begeistern. Hör niemals damit auf. Ich wünsch mir so sehr – du hörst niemals damit auf!'"
Volker Weidermann, 2013 (in der *FAZ* über Sonne, Meer und seinen persönlichen Sommerhit)

„Ich berausche mich an Worten, wenn sie sich im Ohr verorten / wenn sie im Gehörgang wandeln und mit Hirn und Herz anbandeln / wenn sie einwirken auf Handeln und einladen zum Sinnieren / sich im Gedankenüberschwang verlieren / und mich in die Stille führen – denn / ich mag den Moment, / der keine Worte kennt. / Prost."
Peter S. Brugger, 2014 (auf die Frage der *Süddeutschen Zeitung*: „Wie berauschen Sie sich?")

„Peter: ‚Ich bin der Ungeschickte in der Band.' Rüde: ‚Ich dachte, das bin ich.' Peter: ‚Ich laufe dir den Rang ab.' Flo: ‚Also, ich bin sehr vielseitig, sehr talentiert.'"
Sportfreunde Stiller, 2015 Live im Milla

„Ich bin völlig unmusikalisch. Ich kann nicht mal richtig mit dem Fuß im Takt wippen."
Marc Liebscher, 2016

„Ich bin ein alter Pop-Muckel. Ich mag Synth-Zeug und Melodien. Und wenn das dann auf besondere Art gebrochen wird und auch noch Schräge reinkommt und in den Texten eine gute Haltung ist, dann ist das mein Zeugs."
Peter S. Brugger, 2022

„Wenn man sich nur ein wenig intensiver mit uns als Band befasst, merkt man, dass nur etwa drei Prozent unserer Songs mit Fußball zu tun haben. Man tut uns Unrecht, wenn man sie auf ‚Gute-Laune-Ohrwürmer' reduziert. Wir haben immer schon sozialkritische Lieder geschrieben."
Florian Weber, 2023

Der Autor: Nicola Bardola, 1959 in Zürich geboren, studierte Germanistik und wurde mit seinem Roman *Schlemm* bekannt. Der Literatur- und Musikkritiker veröffentlichte vielbeachtete Biografien u. a. über Yoko Ono, John Lennon, Ringo Starr oder zuletzt über Jack Kerouac. Mit seinem Buch *Mercury in München – Seine besten Jahre* stand er fünf Wochen auf der *Spiegel*-Bestsellerliste. Nicola Bardola lebt seit vielen Jahren in Germering.

Impressum

Erstausgabe 2023

Hannibal Verlag, ein Imprint der KOCH International GmbH, A-6604 Höfen
www.hannibal-verlag.de

ISBN 978-3-85445-759-6
Auch als E-Book erhältlich mit der ISBN 978-3-85445-760-2

Cover Design und grafischer Satz: Thomas Auer, www.buchsatz.com
Cover Foto © Nina Stiller
Deutsches Lektorat und Korrektorat: Dr. Matthias Auer

Printed in Germany

INHALT

TEIL ZWEI

Stino-Punks wie ich, stinknormale Punks, die trotz ihres bürgerlichen Aussehens die Szene aufmischen

TEIL DREI

Vom finstersten Tag bis zur dunkelsten Nacht – wir geben auf dich acht

ANHANG

VORWORT

Wer sind die Sportfreunde Stiller? Woher kommen sie? Wie erzeugen sie das für sie typische Wir-Gefühl? Welchen Weg sind sie gegangen, um 2006 das erfolgreichste Lied zur Fußweltmeisterschaft in Deutschland zu singen? Ist Independent-Band und gleichzeitig Publikumsliebling zu sein immer ein Widerspruch? Wie haben sie sich nach dem „Sommermärchen" als individuelle Künstler und als Band weiterentwickelt?

2013 schrieb die *Süddeutsche Zeitung*: „Die Sportfreunde Stiller sind nicht rezensierbar. Je genauer man hinsicht, desto mehr zerfällt alles." Zehn Jahre später will dieses Buch das Gegenteil beweisen: Je intensiver man sich mit den Sportfreunden Stiller beschäftigt, desto klarer wird das Bild einer außerordentlichen und eigenwilligen Formation aus Germering bei München, die sich von Punk (damals noch unter dem Bandnamen Endkrass) über (Indie-)Rock bis hin zu (Balladen-)Pop entwickelt hat, ohne jemals die eigenen Wurzeln zu leugnen.

Als Gründungsjahr gilt 1996, aber schon 1995 haben Peter Stephan Brugger (Gitarre, Gesang), Florian Weber (Schlagzeug) und Andreas Erhard (Bass) den Plan geschmiedet, als Trio im „Knast" (so hieß damals die Jugendbegegnungsstätte in Germering) ein einmaliges Konzert zu geben. Zeitzeugen äußern sich in diesem Buch zum allerersten Auftritt, der beinahe auch der letzte geworden wäre, hätte nicht Marc Liebscher, der spätere Manager der Band, die Jungs ermuntert, weiterzumachen.

Das Trio ändert den Namen (von Endkrass zu Stiller), geht auf Tour, verliert den Bassisten, findet den neuen – Rüdiger Linhof –, setzt aus juristischen Gründen „Sportfreunde" vor den Namen ihres Fußballtrainers Stiller und wird bald ein Millionenpublikum begeistern. Von „der besten Live-Band Münchens", vom „liebenswerten Gequäke von Peter Balboa", vom „Skater-Bass von Rüde Linhof" und vom „Super-Sexpower-Schlagzeug von Sportflo Weber" ist die

Rede und von „Pop-Punk für die Seele". *Der Spiegel* schreibt schon im Jahr 2000 über die Sportfreunde: „Vom Partygag zu Shooting Stars".

Die Sportfreunde Stiller verdrängen während der Fußballweltmeisterschaft 2006 Herbert Grönemeyer von Platz eins der Charts, und „'54, '74, '90 ..." wird zum Top-Hit auch auf dem Oktoberfest. „Dass wir 2006 plötzlich die ‚Schland'-Band waren, haben uns viele übel genommen", sagt Rüdiger Linhof. „Wir haben bei manchen Konzerten tatsächlich gesagt, bitte nicht ‚Deutschland' rufen, wir sind hier nicht eure Patrioten-Band", erinnert sich Peter Brugger. „Sportfreunde Stiller sind Instinktmusiker à la Sepp Herberger", schrieb die *Süddeutsche Zeitung* schon sehr früh. Mit gutem Bauchgefühl und klaren Statements spielt das Trio seither gegen eine Vereinnahmung von unerwünschter Seite und ist „laut gegen Nazis".

Es gibt viele Ursachen für den immensen Erfolg, allen voran die hymnischen und stadiontauglichen Melodien; die Herkunft – der Knast in Germering – oder die spannungsvolle Chemie zwischen den Bandmitgliedern Peter, Flo und Rüde privat und geschäftlich, im Studio und auf der Bühne mit ihren jeweils so verschiedenen Eigenarten und musikalischen Vorlieben. Peter sagt über die ersten Momente bei Konzerten: „Flo haut in sein Schlagzeug rein, und ein Brett überfährt einen von hinten." Das Musikmagazin *Visions* führt die Erfolgsgeschichte der Sportis auf den „gefühlvoll austarierten Klangspaß zwischen Samenzieher-Ballade und Arschloch-Punk" zurück. Dieses Buch schildert chronologisch und detailreich den langsamen und hart erarbeiteten Aufstieg der Sportfreunde Stiller von den Vorstadtrockern zu den Chartbreakern.

Ein wesentlicher Grund für die Faszination sind die Liedtexte. Sie enthalten besondere Aussagen und Bedeutungsebenen, von naiver Lebenslust über die direkte politische Message bis hin zur Spiritualität. Im April 2014 predigt Abt Johannes Eckert in der Münchner Pfarrei Leiden Christi in Obermenzing. Er spricht: „Ist meine Hand eine Faust, machst du sie wieder auf und legst die deine in meine. Du flüsterst Sätze mit Bedacht durch all den Lärm, als ob sie mein Sextant und Kompass wär'n." Der Abt zitiert damit das Lied „Applaus, Applaus" wie ein Gebet. Anders gehört, achtsam gelesen ohne Punk-Pop-Gewand, entfalten die Worte der Sportfreunde eine erstaunliche Wirkung – wie die mit Bedacht geflüsterten Sätze als Kompass für das eigene Leben.

Sportfreunde Stiller, „die bandgewordene gute Laune Deutschlands“ (*Süddeutsche Zeitung*) feiern bald ihr dreißigjähriges Bestehen. Dies ist der Versuch, ihre Geschichte umfassend zu würdigen und auch der Wechselwirkung zwischen Sport und Musik auf den Grund zu gehen. Florian Webers Ich-Erzähler im Roman *You'll Never Walk Alone* muss sich für seine Fußballleidenschaft rechtfertigen. Als ein Lehrer ihn nervt, zitiert der Schüler Albert Camus. Der Literaturnobelpreisträger war in seiner Jugend begeisterter Fußballer und sagte: „Was ich über Moral weiß, verdanke ich dem Fußballspiel.“ Der Fußballfan Bob Marley sagte: „Fußball ist Freiheit, ein ganzes Universum.“ Er spielte vor und nach den Konzerten auch in Hotelzimmern die Variante „Money Ball“: Wer etwas kaputtschoss, musste bezahlen. Wie bei Bob Marley sind auch bei den Sportfreunden die Konzerte mindestens ebenso wichtig wie die Tonträger.

In diesem Sinne: Schubst euch!

Nicola Bardola, Germering im Mai 2023

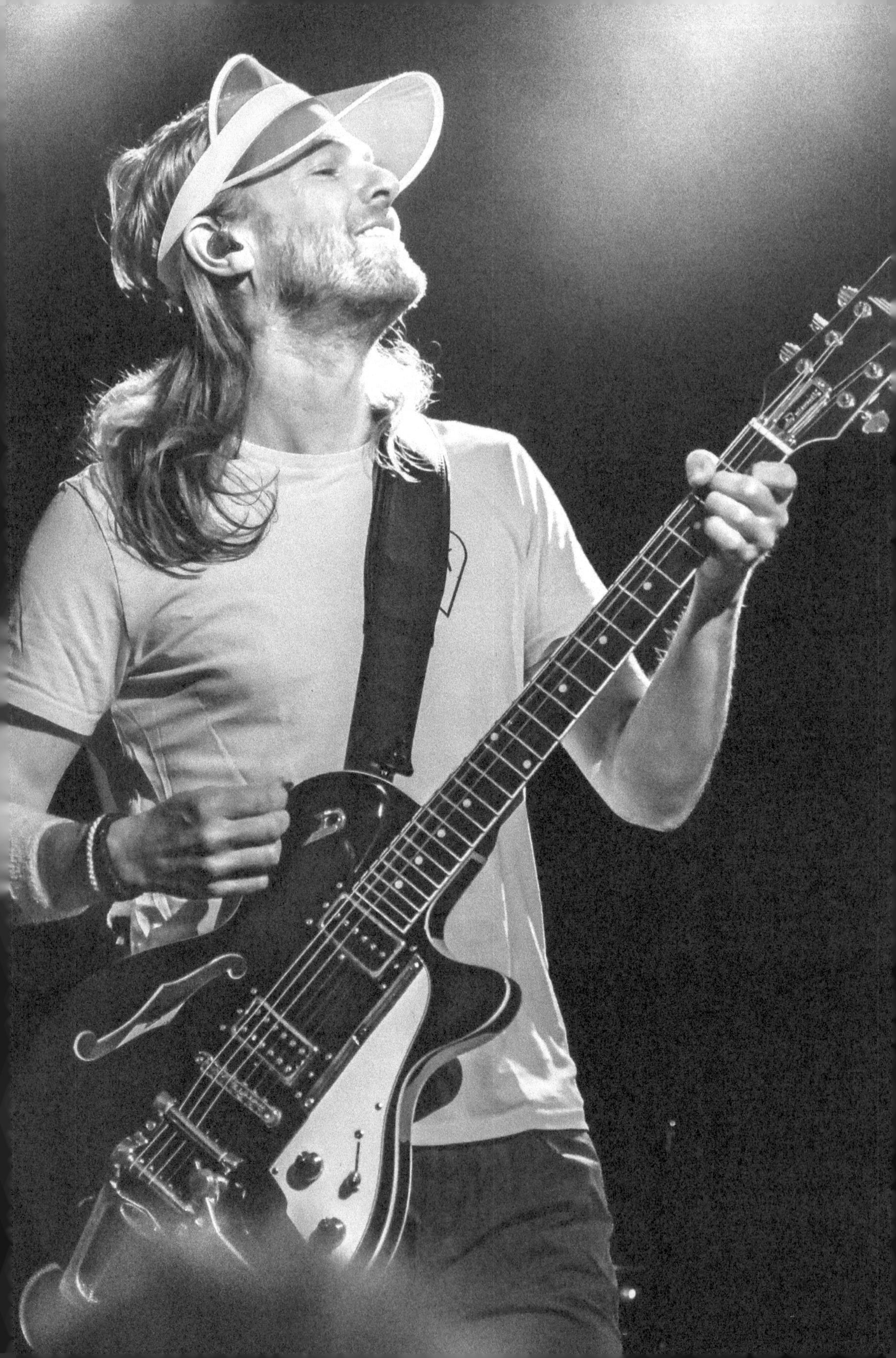

TEIL EINS
Keinen Augenblick mehr ohne das Gefühl von heute Morgen

Stufe Drei

„Ich habe meine Kindheit in guter Erinnerung, weil ich meine drei Geschwister hatte, zwei Brüder und eine Schwester. Eigentlich bin ich aber mit meinem Bruder Wolfi aufgewachsen. Er ist zwei Jahre älter. Wir waren Buddies. Der andere Bruder heißt Olli und ist elf Jahre älter. Das war der coole Bruder, wo man sich fragt, wow, was macht der denn? Lass uns mal in sein Zimmer gehen. Ups, da ist eine Frau drin, lass uns wieder abhauen." So erinnert sich Peter S. Brugger lachend an seine Kindheit und Jugend in Harthaus, einem Ortsteil der oberbayerischen Stadt Germering im Landkreis Fürstenfeldbruck.

Interessant ist Ollis Zimmer für Peter auch deshalb, weil sich dort allerhand Klangwerkzeuge befinden. Peter kommt vor allem durch Olli (eigentlich Reinhold, später auch Olly) zur Musik, der schon lange vor ihm verschiedene Instrumente spielt und Schlagzeuger ist. Peter: „Musikmachen, das begann mit meinem großen Bruder, der hatte damals ein Schlagzeug im Zimmer stehen. Das hat mich gekickt. Wir drei Brüder haben dann Trio nachgespielt. Ich am Schlagzeug – *bum-di-di-bum-di*. Damals wusste ich, dass ich mit Musik irgendetwas machen will." Wenig später bringt er sich auf der Westerngitarre Ollis ein paar Akkorde bei. Und er entdeckt die Indie-Musik. „Das war dann für unsere Bands wichtig, gerade so amerikanische Formationen wie Lemonheads, Buffalo Tom oder Dinosaur Jr."

Während der Schulzeit und auch nach dem Abitur 1992 am Carl-Spitzweg-Gymnasium in Germering-Unterpfaffenhofen spielt Peter Stephan Brugger (geboren am 14. November 1972 in München) Schlagzeug in verschiedenen Gruppen, u. a. 1994 im Projekt Paul mit Florian Zwietnig (Gitarre und Gesang, er formiert sich später zum Elektropunk-Duo Mediengruppe Telekommander mit Gerald Mandl), Oliver Pade (Percussion, später Mitglied der Pagan-Folk-Band Faun) und Jochen Quindel (Bass und Gesang, seit 1994 u. a. auch bei der Strom-Hausband Splendid und später als Singer-Songwriter Goldberg oder Puma unterwegs). Quindel selbst bezeichnet Projekt Paul als „‚frühe Supergruppe' der Germeringer Schule" und den Sound als „avantgardistisch-punk-pop-alternative Melange". Projekt Paul existieren nur 1994, veröffentlichen den Tonträger *Nackig um halb drei*, der in Peters Partyraum im Keller aufgenommen wird, und treten nur wenige Male öffentlich auf. Peter ist auch Drummer in der Band Johnson, deren Gründer, Schulkumpel von Peter und späterer Filmemacher Uwe Flade sagt: „Ich habe Peter am Schlagzeug nicht gerade als Voll-Granate in Erinnerung."

Beeindruckt ist hingegen von Anfang an Jochen Quindel: „Peter habe ich in Germering während der Grundschule kennengelernt, weil wir zusammen im Blockflötenunterricht waren. Ich glaube, ich habe den Unterricht etwas ernster genommen als er, was ja zu seinem Style passt. Er hat es drei oder vier Jahre gemacht. Ich habe acht Jahre Blockflöte in der Schule gespielt. Irgendwann habe ich aber auch gemerkt, dass die Coolen nicht mehr da sind und ich der einzige Junge war. Dann habe ich mit Gitarre angefangen. Peter und ich waren dann ab dem 5. Schuljahr in Germering im Spitzweg-Gymnasium in derselben Klasse. In der Schule war er vor allem der Sportler, immer beliebt, der Sonnyboy. Er ist damals noch nicht als Musiker aufgefallen."

Jochen Quindel hat Peter Bruggers frühe Entwicklung genau mitbekommen: „Bei uns in der Klasse gab es den Benny, ein Mofafahrer-Skatertyp, ein echter Rebell. Etwa in der achten oder neunten Klasse sagte er zu Peter und mir, wir könnten doch eine Band gründen. Wir hießen X-tended, und unser einziger Song war ‚Skating the world to death': Benny Gesang und Gitarre, Peter trommelte – das war damals noch kein richtiges Schlagzeug –, und ich am Bass, weil mein älterer Bruder Bass spielte. Mehr als zwei oder dreimal haben wir in dieser Formation nicht gespielt. Aber das waren die musikalischen Anfänge, und wir haben uns dabei richtig gut gefühlt. Benny hat nach der neunten oder zehnten Klasse die Schule abgebrochen. Peter und ich waren eher die angepassten Rebellen. Peter hat dann während der Kollegstufenzeit in einer Hippie-Band Schlagzeug gespielt, den Jelly Bag Caps (die Zipfelmützen). Das ging eher in Richtung Led Zeppelin. Die haben am Waldrand bei Harthaus, wo Peter wohnte, ein Konzert gegeben. Das war toll. Peter hatte ein Image als sehr guter Schlagzeuger; er kann es immer noch, wenn er will. Während der Abi-Zeit hat sich eine größere Freundesgruppe gebildet, woraus die Band Projekt Paul entstanden ist. Es war kein Paul in der Band. Das war der Humor damals. Angetrieben wurde das Projekt vor allem von Daniel Flaschar, dem Perkussionisten, Texter und Namensgeber."

Flaschar machte Peter Brugger und Jochen Quindel in den Jahren 1993 und 1994 mit der Hamburger Schule bekannt, mit Bernd Begemann, Huah! und anderen. Quindel: „1994 bin ich mit Florian Zwietnig zehn Wochen durch Indien gereist, und direkt danach sind wir beide ins Projekt Paul reingekommen. Das war dann die Phase nach dem Abi und nach dem Zivildienst, wo man denkt: Ich kann alles – eine fabelhafte Zeit. Wir haben gejammt, experimentiert, waren u. a. von Velvet Underground beeinflusst und haben zwei Konzerte gespielt, eins im Jugendzentrum in Hochstadt bei Weßling und eins am Gymnasium Gilching, und dann waren wir auch noch bei Radio Lora. Im Sommer 1994 ist *Nackig um halb drei* entstanden, die erste und einzige Demo-Kassette von Projekt Paul. Die hat man dann Freunden geschenkt und bei Konzerten verkauft, vermutlich einer der ersten Tonträger, auf denen Peter als guter Drummer in einer um ein Level innovativeren und spannenderen Band zu hören ist als den Jelly Bag Caps."

Die Anfänge aus Peters Kindheit und Jugend geraten nicht in Vergessenheit: Uwe Flade wird Musikvideos für die Sportis drehen, und ab 2003 wird Peter mit seinem Bruder Olli als Duo unter dem Namen TipTop live auftreten und 2006 ein Album mit ihm veröffentlichen. Vor allem aber trommelt Peter als Jugendlicher auch bei den vielversprechenden Germeringern The Vertical Orange Car Crash. Die Gitarre bei Car Crash spielt 1994 Sascha Gottschalk, den Bass Andreas (Andi) Erhard, und an den Drums sitzt eben Peter. „Zur Schulzeit spielten wir im ‚Knast' gemeinsam in einer Band und hatten alle ganz schreckliche Matten auf dem Kopf", sagt Peter. In der Indie-Rock-Szene in Germering und Umgebung (v. a. auch in Fürstenfeldbruck und in Gräfelfing) herrscht Aufbruchstimmung und Experimentierfreude. Bands und Produzenten kommen und gehen. Peter und sein späterer Manager Marc Liebscher haben vor allem Britpop im Blick. Aber bald nehmen München und die deutsche Szene ihrerseits Germering in den Blick.

Die Gruppe The Vertical Orange Car Crash ist eine bedeutende Combo für das gerade entstehende Phänomen „Germ-Pop". Die *Süddeutsche Zeitung* definiert rückblickend für diese Jahre: „Germering: Brutnest des deutschsprachigen Pop". Peter sagt über seine Heimatstadt: „Germering ist gerade groß genug, um sich nicht zu langweilen. Und es hat genau die richtige Größe, um alle

Menschen, die man auf den ersten Blick als interessant erachtet, kennenlernen zu können." Dazu gehört auch sein späterer Manager. 1994 erscheint beim Label Blickpunkt Pop von Marc Liebscher (benannt nach der Sendung im Bayerischen Fernsehen: *Blickpunkt Sport*) seine erste Mini-CD *Bismarck Idaho – Beckenbauer E.P.* mit der Serien-Nummer BP 001, eine kuriose Mischung aus melodiösem Britpop und New Wave mit Synthesizern. Beckenbauer stehe für Eleganz, er sei „all right" und eigentlich wäre er lieber Torwart – but „he's the Kaiser". Ebenfalls 1994 gründen Petra Husemann und Tim Renner in Hamburg mit deutlich mehr Resonanz als Marc Liebscher in München unter dem Dach des Musikkonzerns PolyGram (seit 1998 Universal Music) das Alternativ-Label Motor Music und nehmen u. a. Rammstein unter Vertrag, die mit dem Album *Herzeleid* 1995 bei Husemann und Renner debütieren. 1996 erscheint das Album *Die schönen Rosen* von Element of Crime bei Motor Music.

1996 produziert Uwe „Don" Hoffmann in seinem Preußen Tonstudio in Berlin ein weiteres Album der Ärzte, *Le Frisur.* Bis sich die Wege Petra Husemanns, Tim Renners und Uwe Hoffmanns mit denen der Sportstudenten Peter S. Brugger, Florian Weber und denen des Britpop-Liebhabers Marc Liebscher kreuzen, machen die späteren Stiller-Mitglieder harte Lehrjahre durch. Sie spielen in verschiedenen Bands und üben in ihrem Gründungsjahr 1995 noch mit ihrem Bassisten Andreas (Andi) Erhard im Germeringer Jugendzentrum namens Knast, das später in Cordobar umbenannt wird (ein Hinweis auf die Niederlage der deutschen Fußballnationalmannschaft gegen Österreich 1978 in Cordoba.)

Der Knast ist die Keimzelle des „Germ-Pop", u. a., weil sich so viele Musiker – direkt gegenüber der S-Bahn-Haltestelle Germering-Unterpfaffenhofen – die Klinke in die Hand geben. Das Haus am Bahnhofplatz 16 bietet etwa 500 Quadratmeter Nutzfläche und befindet sich auf einem 1000-Quadratmeter-Grundstück. Früher befand sich dort das Rathaus. Seit 1975 ist es ein Jugendzentrum und seit 1995 eine Band- und Talentschmiede. Im Keller werden kostenlos Proberäume für Musiker angeboten, im Erdgeschoss befindet sich ein Großraum mit Bühne und Musikanlage für Konzerte. Anfang der 1990er Jahre gibt es zudem das Juz am Aubinger Weg, auch das mit Übungsräumen im Keller und Konzertbühne. Das Jugendzentrum Juz wird als „Germeringer Westclub" bekannt, der am Germeringer See einige Jahre lang Open-Air-Konzerte veranstaltet.

Schmunzelnd erinnert sich Jochen Quindel: „Der Begriff ‚Germ-Pop' hat sich ja nicht so richtig durchgesetzt und schon gar nicht gehalten. Peter ist in einem Bungalow in Harthaus aufgewachsen. Vielleicht wäre der Begriff ‚Hard House' für die Germeringer Schule besser gewesen, mit Assoziationen zu Hardrock oder als Techno-Variante, was aber halt so gar nicht zu uns gepasst hätte. Nach Projekt Paul haben sich jedenfalls verschiedene Konstellationen entwickelt. Flo Zwietnig war der Kerouac-Typ, immer unterwegs und mein bester Kumpel. Mit ihm habe ich 1994 ein Schlager-Projekt entwickelt. Wir hießen Das Glied, so viel zu komischen Bandnamen damals. Das war ziemlich schräg mit Auftritten u. a. im Feierwerk. Flo Zwietnig hatte auch eine eigene Band mit Peter und Andi, die hießen Stufe Drei. Stufe Drei war die höchste Einstellung bei der Lüftung im Auto. Das war Ende 1994. Ich erinnere mich an einen Song über die Landsberger Straße, über das Gefühl, wenn man nachts nach Hause fährt, Dirnen am Straßenrand, Neonlicht, ‚Die Asphalt-Cowboys' hieß der Song."

Wir hatten unsere erste Tournee, bevor wir überhaupt richtig spielen konnten

Quindel erinnert sich: „In der Cordobar waren wir alle Übungskollegen: Peter als Drummer bei Vertical Orange Car Crash, ich als Bassist bei Splendid, und dann gab es noch Ultra Violet. Und zwischendurch entstanden weitere Bands. Wir waren also mindestens drei Cliquen im Knast. Später kreuzten sich auch immer mal wieder die Wege." (Peter spielt 1998 Schlagzeug für die von Jochen Quindel komponierte Musik für den Kurzfilm *Im Licht der Sonne* von Babette Kottkamp.)

The Vertical Orange Car Crash füllt Peter und Andi jedoch nicht aus. Sie liebäugeln gemeinsam mit dem Musiker und Sportstudenten Florian Weber Ende 1995 mit einer Bandneugründung namens Endkrass, die wenig später umbenannt werden wird in Stiller. (Es heißt gemeinhin, Peter und Flo hätten schon als Schüler im SV Germering unter dem Trainer und Namensgeber Hans Stiller Fußball gespielt. Flo widerspricht später.) Sascha Gottschalk verlässt Car

Crash, um die Band Ultra Violet zu gründen. Dem Sänger und Gitarristen von Car Crash, Thomas Schöffner, gelingt es trotzdem, den auf Andy Warhol verweisenden Bandnamen The Vertical Orange Car Crash mit anderen Musikern fortzuführen, und Peter spielt eine Zeit lang sowohl bei Car Crash als auch bei Stiller. Am 8. Dezember 1995 spielen Car Crash ein Benefizkonzert im Knast. Die Plakate seien oft von den Jugendlichen selbst realisiert worden, sagt Erwin Zißelsberger, der damalige Sozialpädagoge im Knast und selbst Musiker.

Peter erinnert sich an jene Zeit der Bandgründungen im Knast und an seine Initialzündung als Sänger und Songwriter: „Dieser Step, zu singen und sich nach vorn zu stellen – frag mich nicht, was das für ein Move war. Man muss ja schon eine Art Knacks haben, dass man sich das gibt. Ich hatte zur Weihnachtsfeier meines Fußballvereins FC Eichenau meine Gitarre und meinen kleinen Amp mitgenommen. Ich hatte Lieder für diesen Anlass geschrieben. Damals war ich Anfang zwanzig. Das war für mich der Schritt weg vom Schlagzeug und hin zur Gitarre. Ich hatte davor Band-Erfahrung am Schlagzeug gesammelt. Aber der Schritt nach vorn, dafür war diese Weihnachtsfeier der Anlass. Ich habe da gespielt mit einer großen Aufregung. Ich dachte: ‚Jetzt mach ich es. Oh, nein, ich mach es nicht. Hach, doch ich mache es.' Aber dann sind die auf der Weihnachtsfeier so ausgerastet, die fanden das so lustig. Es waren witzige Lieder über das Zusammensein im Fußballverein. Einer meiner Hits damals hieß ‚Hey Knut', eine Adaption von ‚Hey Jude' und eine Hommage an meinen damaligen Trainer. Und das hat mich so geflasht damals, dass das hinhaut, wenn ich an der Gitarre stehe und singe, und dass dann die Leute so darauf reagieren. Deswegen war das meine Initialzündung. In den Jahren darauf konnte ich mich nicht mehr verstecken. Ich war ja jetzt Sänger. Aber ich hatte auch die Möglichkeit, über alles, was mich bewegte, ein Lied zu machen. Das war für mich wie ein Befreiungsschlag, weil ich ganz ehrlich über meine Gefühle geschrieben und mich dadurch selbst besser kennengelernt habe. Meine Mutter hat dann aber immer mal wieder gefragt, ob es denn sein müsse, dass ich singe, ob das nicht irgendjemand anderer machen könne. Vor ein paar Jahren sind wir zu ihr gefahren und haben ihr ein Geburtstagsständchen gebracht. Das Erste, was sie machte: Das gekippte Fenster schließen ..."

Die Germ-Pop-Szene ist groß und die Fluktuation hoch. Die Neugründung Endkrass plant einen Gag: Nur einen Gig spielen, am Ende die Instrumente zertrümmern und sich wieder auflösen. Florian Weber (geboren am 28. Mai 1974 in Schrobenhausen), der zu jenem Zeitpunkt singt, Schlagzeug, Gitarre und Keyboards spielt, erinnert sich an ein Gespräch, wie es damals etwa stattgefunden haben könnte: „,Hi Peter, du spielst Schlagzeug, oder?' ,Ja, Flo, du aber auch. Los, die Münze entscheidet.' Wurf. ,Aha, du spielst ab jetzt Gitarre.' Hurra, wir haben eine Band mit dem Namen ,Endkrass' mit Andi am Bass, deren erster Auftritt schon steht, bevor überhaupt jemals geprobt wurde." Danach trifft sich das Trio ein paarmal im Übungsraum.

Am 9. Februar 1996 ist es dann so weit: Peter, Andi und Flo werden auf dem Konzertplakat angekündigt: „ENDKRASS ... (PUNK)". Punkt. Endkrass spielen im Knast einige Songs und sagen danach, dass es vorbei sei. „Der Knast war knüppelvoll", erinnert sich Erwin Zißelsberger, der Sozialpädagoge, nur einige Jahre älter als seine Schützlinge und wenig später Gitarrist bei den Co-Stars, einer weiteren Germ-Pop-Band. Etwa 160 Leute sind im Knast, weiß die *Süddeutsche Zeitung*. Die anderen Bands sind Splendid (angekündigt als „deutscher Gitarren-Pop", mit Jochen Quindel am Bass), Hot Moustache (angekündigt als „Rythem (sic) 'N' Rock") und Goldberg (nämlich Jochen Quindel, angekündigt als „elektronischer Liedermacher"). Das Konzert steht unter dem Motto „Just Smile and Say Hello": Auf dem Plakat ist es vor dem Hintergrund von Pommes gedruckt.

Flo erinnert sich: „Wenn der Peter gesungen hat, musste er aufhören, Gitarre zu spielen." Beides gleichzeitig war offenbar noch nicht durchgängig machbar. Peter selbst sagt: „Ich weiß nicht, ob man das Musik nennen kann, was wir da von uns gegeben haben."

Erwin Zißelsberger hat an dem Endkrass-Debüt-Abend alle Hände voll zu tun: „160 Leute kriegt man heute nicht mehr rein. Damals haben wir alles rausgetragen, um Platz zu schaffen. Wenn alle Räume offen sind, dann passen maximal 220 Leute in das ganze Haus. Es war ein lustiges Konzert. Endkrass waren gut. Sie waren rau und roh und punkig. Und Peter war ja schon davor ein guter Drummer bei The Vertical Orange Car Crash. Die Stimmung an dem Abend war Wahnsinn: Es wurde gefeiert. Niemand hatte den Anspruch, dass das jetzt ausgefeilte Musik sein sollte wie bei Car Crash. Thomas Schöffner war ja ein unglaublich guter Gitarrist und Songwriter. Und als Veranstalter legst du auf Feinheiten gerade keinen Wert. Die Bude war voll, und du bist am

Arbeiten: Getränke, Sound – die Anlage war schlecht. Wir waren froh, dass sie nicht ausgefallen ist. Solche Projekte wie Endkrass gab es damals häufig. Da waren ständig neue Ideen: Die Bands haben im Keller geprobt, haben sich kennengelernt und sich in verschiedenen Besetzungen ausprobiert. Damals waren solche Bandprojekte, die man nebenher vorantreibt, ganz üblich. Als Jugendzentrum haben wir zudem Fußballturniere organisiert. Die Musiker bildeten eine eigene Mannschaft, in der ich auch spielte. Die waren also nicht nur im Keller, sondern das hat sich alles gut gemischt."

Am 9. Februar 1996 beim Endkrass-Gig tritt Jochen Quindel also zweimal auf, einerseits als „elektronischer Liedermacher" Goldberg und als Bassist bei Splendid. „Wir machten mit Splendid Britpop mit deutschen Texten. Unser Sänger Benedict war sehr gut. Wir liefen später mit dem Song ‚Sommermädchen' auf Viva. Beim Endkrass-Gig spielte Andi Erhard Bass, Peter Gitarre, Flo Schlagzeug. Es war ein großartiges Konzert, mit Peter als Frontman, bei dem klar war, dass er zwar nicht Gitarre spielen konnte, es aber trotzdem machte. Das war der Charme damals: Dass man auch dilettantisch musizieren darf, und es gut ankommt. Nach dem Konzert sind wir in die Schule in der Südstadt gefahren. Es gab dort eine Abi-Feier. Wir kamen spät, waren auf dem Ego-Trip, waren Helden. Selten habe ich mich so sehr wie ein Star gefühlt wie damals. Es wurde viel getrunken, und übernachtet haben wir dann beim Flo Weber, der dort in der Nähe wohnte."

Wie prägend die Erlebnisse damals waren, zeigt sich auch daran, dass die Verbundenheit Jahre und Jahrzehnte erhalten bleibt. Jochen Quindel erinnert sich: „Vor ein paar Jahren spielten Sportfreunde Stiller in der Stadthalle Germering. Da haben sie die alten Leute auf die Bühne geholt. Bei den Zugaben durfte ich mein Lied ‚Endstation Gemering' von 1994 singen, Flo Zwietnig spielte die eine Gitarre, ich die andere, Peter am Schlagzeug, Andi am Bass. Wir waren schlecht, wir hatten kaum geübt, stattdessen vor dem Konzert Schweinsbraten gegessen, *Sportschau* geschaut und Bier getrunken bei Andi zu Hause, und draußen waren die Mädchen, die nach Peter schrien. Ein bisschen Stiller-Mania in Germering. Aber das Publikum war super, auch bei ‚Endstation Germering'."

Marc Liebscher (er wurde 1969 geboren und stammt ursprünglich aus Würzburg) ist beim ersten und einzigen Konzert von Endkrass im Publikum und will sich nicht mit dem Ende der Band abfinden. Er überredet das Trio, weiterzumachen. Germering ist keine Endstation, Germering ist ein Ausgangspunkt. Marc erinnert sich: „Ich war sofort überzeugt. Auch wegen der Mischung aus guter Musik und gutem Entertainment und wegen Hymnen wie ‚Wunderbaren Jahren'. Die Lieder haben mir so unwahrscheinlich gut gefallen. Das Konzert war einfach der Hammer."

Marc Liebscher wird immer wieder nach dieser Initialzündung gefragt. Ein andermal meint er: „Es war brutal catchy, aber doch verzerrt und schräg. Einfach genial. Sie haben mit unglaublich wenigen Mitteln eine super Show gemacht. Und das höchst sympathisch und mit großer Ausstrahlung." Marc bietet sich als Manager an. Wenige Tage später nehmen Endkrass in Peters Keller ein Demotape auf. Marc organisiert eine Konzertreise. Schon zwei Wochen danach sind die Germeringer on the road. Endkrass benennen sich um in Stiller: „Wir ließen uns nicht lange überreden und willigten schnell in die erste Tour ein: als Vorband der irischen Gruppe The Sheer, was uns sehr viel Spaß bereitet hat. Mehr als den Iren auf alle Fälle. Uns war somit bewusst, dass Touren, auch im kleinen Rahmen, unheimlich Freude macht und wohl das große Ding für uns sein kann", erinnert sich Florian Weber. Marc Liebscher lädt dann auch einige weitere dieser Gruppen aus Germering regelmäßig nach München ein, denn er legt jeden Donnerstag im Stromlinien-Club „Strom"auf, coacht diese vielversprechenden Vorstadt-Bands und macht den Germ-Pop bekannter. „Es ist das Schicksal dieser Band, dass es uns ohne Marc Liebscher nicht gegeben hätte", so Flo.

Peter Brugger und Florian Weber erklären später, dass der weitverbreitete Gründungsmythos nicht ganz stimme: Sie hätten sich nicht im Fußballverein in Germering kennengelernt, sondern erst 1995 während des Studiums an der LMU bei einer Winterexkursion: „Wir waren zusammen Skifahren, Snowboarden und so weiter. Ich weiß noch, wie wir dort auf einem Bett gesessen und uns gegenseitig unsere Musik vorgespielt haben. Dann hat es nicht mehr lang gedauert, bis wir das erste Mal zusammen in einem Proberaum standen", erinnert sich Flo.

Die Plattenfirma Universal verfasst im Herbst 2022 anlässlich des Erscheinens des achten Studioalbums *Jeder nur ein X* eine Kurzbiografie mit dem Hinweis, das allererste Konzert habe im Februar 1996 stattgefunden und die Band damals nicht Stiller, sondern Endkrass geheißen, weil Peter Brugger einmal auf der Bühne habe stehen und sagen wollen: „Hi! Wir sind *endkrass.*“ Wenig später heißt die Band jedenfalls nicht mehr Endkrass oder Bodden (ein verworfener Bandname nach dem Fußballspieler Olaf Bodden des TSV 1860), sondern Stiller. Im März 2000 schreibt die *Süddeutsche Zeitung* im Rahmen eines Gesprächs mit Peter über die späteren Stiller: „Als sie unter dem Namen ‚Endkrass‘ 1995 das erste Mal ihre Punk-Pop-Mischung einem breiteren Publikum vorstellten, wollten sie sich gleich wieder auflösen. Denn Sinn und Zweck des Konzerts war, Peter Brugger, der damals eigentlich Drummer der Formation Vertical Orange Car Crash war, auch einmal ein wenig Rampenlicht zu gönnen … Aus ‚Endkrass‘ wurden ‚Stiller‘, Pate für diesen Namen stand Peter Bruggers Fußballtrainer.“ Bemerkenswert: Die *Süddeutsche Zeitung* datiert den ersten Gig auf 1995. In einem Interview 2002 mit der Zeitschrift *Visions* betont Peter die Bedeutung von Marc Liebscher: „Ihm hat das so gut gefallen, dass er meinte, wir sollten unbedingt weitermachen. Und prompt hat er uns eine Tour als Support für The Sheer aus Irland gebucht. Wir hatten also unsere erste Tournee, bevor wir überhaupt richtig spielen konnten …“

Kreuzworträtsel: Musikalische Sportfreunde, Roman von Max Frisch

Marc organisiert weitere Gigs. Stiller spielen 1996 u. a. als Vorgruppe von Throw That Beat! (gegründet 1986 in Nürnberg), The Bates (gegründet 1987 in Eschwege, einer Kleinstadt in der Nähe von Kassel) oder die bis heute produktiven Tocotronic (gegründet 1993 in Hamburg) und treten u. a. in Hamburg, Köln, Linz und Innsbruck auf. Sie lernen die Band Rekord aus Wiesbaden kennen. Sie wird von einem der drei Söhne des Konzertveranstalters Marek Lieberberg gemanagt. Diese Bekanntschaft wird erfreuliche Folgen zeitigen. Derweil werden Stiller von den Veranstaltern als Trio beschrieben, das „stilistisch irgendwo zwischen Independent Rock und Punk anzusiedeln ist“.

Im Juli 1996 veröffentlicht der Journalist Christoph Koch aus Fürstenfeldbruck (heute Sachbuchautor und gefragter Referent in Berlin) einen großen Artikel in der Regionalausgabe der *Süddeutschen Zeitung* unter dem Titel: „Was ist dran am Vorstadt-Hype? Germeringer Bands versetzen Münchens Szene in Verzückung." Er spricht von einer musikalischen Invasion, so viele Germeringer Bands treten im Sommer in der Landeshauptstadt auf. „Kaum eine Woche, in der in Münchner Konzertkalendern oder im Stadtmagazin *Prinz* nicht das Konzert einer Germeringer Band empfohlen wird. Von der ‚New Germering School' ist da die Rede, von ‚Germeringer Britpop'." Koch nennt einige der vielen „hochklassigen Bands", die „aus der Schlafstadt vor den Toren Münchens" kommen, fast alle im Knast üben und auch in der Freizeit gute Freunde sind. „So ist es auch kein Wunder, dass in einer Art Inzest nicht nur Equipment unter den Bands geteilt wird, sondern auch Bandmitglieder."

Christoph Koch zeichnet die Verbindungslinien zwischen den Bands und trifft sich zum Gespräch mit Andreas Erhard von Stiller, mit Jochen Quindel (Splendid, Puma), mit Thomas Schöffner (The Vertical Orange Car Crash) und mit Christoph Renner und Sascha Gottschalk (beide von Ultra Violet). Christoph: „Germering ist nur eine miese, abgefuckte Kleinstadt, wie es sie zu Dutzenden um München herum gibt." Thomas: „Wir kennen uns alle noch von früher, z. B. waren wir fast alle auf derselben Schule." Jochen: „Wie sich der Geschmack überschneidet, sieht man am besten daran, dass wir uns alle montags (neuerdings donnerstags) im ‚Strom' treffen, wo ja hauptsächlich Gitarrenpop gespielt wird." Andi: „Als das ‚Strom' vor zwei Jahren mit diesem Indie-Montag anfing, hat sich dort eine Szene gebildet, die bis heute noch ziemlich angewachsen ist … Marc hat angekündigt, dass er die ganzen Demos und Platten der Germeringer Bands auf seinem ‚Blickpunkt Pop'-Label veröffentlichen will."

Bassist Andi Erhard erinnert sich mit gemischten Gefühlen an jenes hektische Jahr 1996 mit Stiller. Er ist damals Mitte zwanzig und will das Erwachsenenabitur machen. Peter und Flo sind an der Uni immatrikuliert. Unterwegs zu den Konzerten wird gebüffelt. Manchmal fährt die Band Hunderte von Kilometern, um dann vor zwanzig Leuten zu spielen. Andi zweifelt einerseits an den Chancen der Band: Sein Abi ist ihm wichtiger, zudem ist er der typisch ruhige Bassist, der am liebsten mit dem Rücken zum Publikum spielen möchte. Auch das Drei-Akkorde-Schrammeln ist nicht seins. Er hätte es lieber etwas anspruchsvoller. Andererseits findet Andi die Zeit auch toll: „Wir waren eine richtige Dreiergemeinschaft. Unser Ritual nach den Konzerten war immer das gleiche: sich ausziehen und einmal nackt durch die Stadt laufen. Egal, wo wir sind."

Gelernt fürs Abi und fürs Studium wird, wie gesagt, im Tourbus, abends wird gespielt, nachts fährt man zurück nach Hause. Der Schlafmangel nimmt zu, die Abwesenheitszeiten auch, und die Noten werden schlechter. Im Sommer 1996 macht die Band Urlaub in Italien. Mit einem Golf fahren die Jungs über den Brenner, machen Straßenmusik in Florenz, feiern und trinken: „Irgendwann hat Andi dann einen Ausbruch gehabt, weil wir immer unsere Witzchen gerissen und niveauarme Gespräche geführt haben. ‚Bei euch geht's sowieso immer nur ums Saufen', hat er gesagt. Und dann hat er sich ins Zelt gelegt mit seinen Büchern", erinnert sich Flo.

In Hamburg existiert 1996 bereits seit einiger Zeit eine Band namens Stiller, die sich prompt an die Verwaltungs-Berufsgenossenschaft und an das Patentamt wendet. Die Nordlichter Stiller erheben Einspruch und verklagen die Bayern Stiller. Es folgt eine juristische Auseinandersetzung. Die Hamburger gewinnen schließlich den Paragraphenkrieg gegen die Germeringer. Ergebnis: Die Bayern müssen den Bandnamen ändern. Zudem müssten sie 6.000 Mark Anwalts- und Prozesskosten bezahlen. Das bleibt ihnen dann aber erspart, weil den Hamburgern davor ein Formfehler unterlaufen ist.

Und nun? Freundschaft und Sport sind nebst der Musik die zentralen Elemente im Leben der Germeringer. Das irritierende „S" zwischen Sport und Freunde lassen sie weg. Das Wort „Sportfreunde" – Fußballvereine mit dieser Bezeichnung gibt es in ganz Deutschland – ist die Lösung. Sportfreunde Stiller ist geboren. Noch ist es nur den kühnsten Träumen vorbehalten, dass dereinst der gesamte deutschsprachige Raum sich an diesen merkwürdigen Namen gewöhnen wird. Die Ex-Namensvetter aus dem Norden sind hingegen längst in Vergessenheit geraten. Aber ironischerweise gibt es seit kurzem wieder eine Band namens Stiller – diesmal aus Mönchengladbach –, ein Trio, das für Indie-Rock mit deutschen Texten steht: „Sonic Youth auf Deutsch", schreibt das *Mint*-Magazin über die neuen Stiller. Sänger und Gitarrist von Stiller ist Marko Fellmann: „Unser Bandname STILLER ist einerseits von Max Frischs Roman *Stiller* inspiriert, andererseits drückt sich in dem Namen mein Bedürfnis aus, eine ruhigere Musik zu machen als in meiner Vorgängerband", sagt Fellmann, ehemaliger Kopf der Band GEGENTEIL. Mit den

Musikern aus Bayern hat er nichts zu tun. Wird in Kreuzworträtseln nach „Stiller" gesucht, findet man Fellmanns berühmtere Kollegen und Namensvettern aus Germering unter den Stichworten: „Musikalische Sportfreunde, Roman von Max Frisch".

So ein Gefühl wie schweben, sich von anderen abzuheben, zusammen unterwegs

Die EP *Macht doch was ihr wollt – Ich geh' jetzt!* wird im Dezember 1996 aufgenommen. Die Erstausgabe trägt die Nummer Blickpunkt Pop 006, und als Bassist wird ausschließlich Andreas (Andi) Erhard genannt. Auf dem Cover sind Tibor Bozis Fotos zu sehen, u. a. eine Toilettenszene mit einem Händetrockner der Firma Baege mit den Hinweisen: „Wasser gut abschütteln. Knopf drücken. Waschbewegung im Luftstrom." Bemerkenswert: Die Ergänzung „Sportfreunde" fehlt hier. Es ist lediglich von „Stiller" die Rede. Auch auf dem Logo fehlt „Sportfreunde". Stattdessen heißt es in den Liner Notes: „Stiller Logo Jochen Zindikus / Stiller Foto Tibor Bozi". Und nur zwei Köpfe sind abgelichtet, so als handle es sich um ein Duo: Peter S. Brugger „Gesang und Gitarre" und Florian Weber „Schlagzeug (unter Protest)", denn eigentlich ist ja Peter der „gelernte" Drummer und Flo Multiinstrumentalist. Zwei Schlagzeuger sind einer zu viel, und ohne Drummer geht es nicht.

Gedruckt wird das Cover in Holland, und auffällig ist das Warner Brothers Logo. Blickpunkt Pop bzw. Peter S. Brugger kooperieren mit „Warner/Chappell Music GmbH Germany". Die Münchner Musikmanagerin Natascha Augustin – heute ist sie Vizepräsidentin bei Warner Chappell Music Germany – unterstützt die Aufnahmen. „Andreas Erhard Bass" wird klein gesetzt, kleiner als Peter und Flo. Wenig später erscheint dieselbe Scheibe neu mit dem Zusatz „Sportfreunde", aber ohne Hinweis auf Warner unter der Nummer Blickpunkt Pop 015. Die Optik entspricht der Erstveröffentlichung, aber die Bildelemente sind neu. Das Cover ist wieder in kaltes grünliches Licht getaucht. Es zeigt die Toilette im Atomic Café mit Fliesen, Stahl-Spülbecken, Spiegel und diesmal einem Handtrockner „Typ Air Wolf 401" mit Münchner Aufschrift samt einem daraufgeklebten Sticker „Plus". Fidi schreibt begeistert (kurz nach

Erscheinen der Neuausgabe im April 2001): „„wir und das atomic-klo werden beruehmt!!!‘ geht, liebe freunde, in den naechsten plattenladen und kauft sie, die neue alte cd von den sportfreunden. auf der cd selber und teilweise auch im booklet ist naemlich nicht nur das klo vom atomic zu sehen, sondern auch unser einzigartiger prima-leben-und-stereo-aufkleber. jetzt ist der erfolg nicht mehr aufzuhalten. das denkt zumindest der: fidi von plus.“

Den gemeinnützigen Verein „Prima leben und stereo“ gibt es noch heute. Er hat es sich zur Aufgabe gemacht, regionale Kultur, insbesondere Musikkultur, zu fördern. Er bietet dabei „einerseits den Kulturschaffenden vor Ort ein Forum und andererseits den Menschen kulturelle Veranstaltungen in unmittelbarer Nähe“. Farblich passend auf dem Cover ein Foto der Band, von links nach rechts: Flo mit Kapuze, Rüde mit „Atlantic City“-T-Shirt und großem Ohrring und rechts außen Peter. Flo und Rüde schauen entschlossen, Peter eher überrascht und verträumt mit hochgezogenen Augenbrauen. Die drei posieren zwar ganz klar für eine Kamera, aber vorbereitet oder sonderlich fotogen wirken sie nicht. Das Cover will dementsprechend nicht einladend sein; es will keinem größeren Publikum gefallen. Wie schon der Titel sagt: Hier ist ein „Ich“, das abhaut – dort sind die vielen anderen.

Ein späteres Markenzeichen der Sportfreunde Stiller wird schon mit diesem Erstlingswerk etabliert: Der Albumtitel klingt ausgefallen und originell, entspricht aber nicht unbedingt einem bestimmten Songtitel. Auch hier auf dem Stiller-Debüt gibt es kein Lied, das den Ausruf „Macht doch was ihr wollt – Ich geh' jetzt!“ aufgreifen oder zitieren würde. Die Lyrics werden auf dem Cover nicht abgedruckt, und die Liner Notes sind spartanisch gehalten: Nach den fünf Songtiteln werden in kleinerer Schrift die Musiker genannt: „Peter S. Brugger (Gesang und Gitarre) / Florian Weber (Schlagzeug – unter Protest) / Rüdiger Linhof (Bass – damals noch nicht)“. Und in noch kleinerer Schrift: „Andreas (Andi) Erhard (damals Bassist) / Bernd Dürnberger (Abwehr). Produziert von Mario Thaler. Aufgenommen im Uphon-Studio / Dezember '96 / Cover + Layout Daniel Fischer / Sportfreunde Foto Wellenreiter-Team“. Es folgen die Adresse von Marc Liebschers Firma Blickpunkt Pop samt Fax-Nummer und die heute noch – über ein Vierteljahrhundert später – aktuellen (freilich stark veränderten) Webseiten www.sportfreunde-stiller.de und www.blickpunkt-pop.de. Das erste Sportfreunde-Logo (wieder ein großes kursiviertes „S“, oben zuzüglich „Sportfreunde" und unten wie bisher der Ur-Name „Stiller") wird sechs Jahre lang bis zum Album *Die gute Seite* (2002) Bestand haben. Danach ändert sich der Look der Band.

Der Titel des Openers dieser EP (Gesamtlaufzeit knapp 17 Minuten) klingt falsch: „Wunderbaren Jahren" – im Dativ. Beim Lesen muss der vorhergehende Hinweis ergänzt werden: „In all den ..." Erzählt wird in einer für einen Indie-Punk-Song ungewöhnlich umständlichen Art rückblickend von einer vergangenen und guten Zeit und von einem besonderen Gemütszustand. Das Ich bedauert verpasste Chancen: „In all den wunderbaren Jahren, in denen ich nur knapp, ja nur um eine Haaresspitze breit – ich war wohl noch nicht bereit – daran vorbeigeschlittert bin, mit geschlossenen Augen und eingesperrtem Sinn, mit einem Herz, das wohl zu lang auf Eis gelegen hat, oder war es die Gelegenheit, die gefehlt hat."

Dieser erstaunliche Schachtelsatz – viele Fans können ihn seither auswendig – mit den Einschüben und Ergänzungen mündet in einen Zweifel, in eine Frage und schließlich in den Refrain („in all den wunderbaren Jahren"), ohne zu sagen, *woran* das Ich denn vorbeigeschlittert ist. Stattdessen wird gemutmaßt, ob das Ich *dafür* noch nicht bereit oder die Chance, die Gelegenheit, gar nicht vorhanden gewesen sei. Gleichzeitig steht fest: Die Jahre damals, sie waren wunderbar, egal, ob einem die Möglichkeiten entgangen sind oder nicht.

Peter fährt fort: „Oh nein, nein, es waren doch scheinbar große Nächte." Die Gelegenheiten also, sie waren da – scheinbar: „Sie hätten unglaublich sein können, ja, *müssen* – bei uns zweien." Das Ich ist sich nicht sicher: Waren die Nächte wirklich groß? Und zwischen „sein" und „können" lässt der Sänger der Melodie zuliebe eine lange Pause. Auch dieses überraschende Stummschalten im Redefluss, diese Lücken im Gesang werden zu Markenzeichen der Sportfreunde. Die harten Gitarrenriffs und das treibende Schlagzeug in „Wunderbaren Jahren" – Flo wirbelt wilde Fills zwischen den Refrains – grundieren den dazu kontrastierenden glatten und gedehnten Gesang Peters.

Solche Gegensätze und eben diese Aussetzer sind es, die zum genauen Hinhören zwingen. Den hymnischen Refrain grölt dann das Publikum ohnehin schon beim ersten Mal mit im Konzert. Feststeht: Gemeinsam hätten die Nächte groß sein müssen, denn, so fährt Peter fort: „Wir mit unseren Ideen, mit unsren Träumen, wir haben *es* schon vor uns gesehen. Wir haben allzu viel erhofft, und leider nichts getan, wie so oft." Trotz der desillusionierenden Quintessenz – es waren wunderbare Jahre.

Die Soundqualität dieser und aller weiteren Aufnahmen auf der EP ist rudimentär. Es scheppert. Punk. Roh. Ungeschliffen. Notwist-Produzent Mario Thaler hat in Weilheim im Uphon-Studio dafür gesorgt. Die polierte Wiederveröffentlichung 2001 irritiert dann manche Sporti-Fans, andere aber verlangen danach, wollen mehr davon. Sie lieben die Anfänge der Germeringer, in denen sie noch so hart klingen wie im Vorstadt-Übungskeller Knast.

Peter Bruggers Songwriting erzielt bereits mit „Wunderbaren Jahren", mit diesem außerordentlichen Debüt, einen Höhepunkt. Es enthält schon viele Ingredienzien, die seine späteren Lieder zu großen Hits machen werden. Die Wortwahl wechselt zwischen Ausgefallenem und Besonderheiten bis hin zu Kitsch: Das Fundament, der Duktus, ist dabei Alltagssprache, die durchsetzt ist mit Wörtern wie „Herz" und „Träume" und gleichzeitig angereichert mit eher umständlich scheinenden, ja romantisch-verstaubten Formulierungen: „mit eingesperrtem Sinn" und einem Herz auf Eis. Die Mischung macht's: Diese Kombination von erwartbaren Versen mit überraschenden Präzisierungen („um eine Haaresspitze"), mit gewagten Reimen und verschiedenen Stilsorten bei offenen Fragen, bei kleinen Geheimnissen (*woran* ist er vorbeigeschlittert, und *was* hat er vor sich gesehen?) werden zu weiteren Markenzeichen von Peter Bruggers Texten. Hier darf das Publikum eigene Gedanken ergänzen. Die Message und der Kern des Songs bleiben aber unmissverständlich und klar hier in den „Wunderbaren Jahren": *Viel erhofft, nichts getan, wie so oft.*

Immerhin wurde aber offensichtlich manchmal auch wirklich etwas getan, nicht oft, zu selten halt. Der Text kann durchaus auch als Mahnung für die Gegenwart gelesen werden, denn immerhin ist Peter Brugger beim Singen dieser Zeilen noch keine 25 Jahre alt. Er weiß damals: Unzählige Gelegenheiten liegen noch vor ihm. Er will künftig nicht an allzu vielen vorbeischlittern.

„Wunderbaren Jahren" wird seit 1995 auf nahezu jedem Stiller-Konzert gespielt. Viele Fans singen den Song Wort für Wort mit. Sollte zum 30-jährigen Band-Jubiläum 2025/26 die lang ersehnte Kompilation erscheinen, wird auf dieser Stiller-Best-of-Scheibe keinesfalls „Wunderbaren Jahren" fehlen, denn dieses Lied zeigt das Potential des Trios Mitte der 1990er Jahre und legt den Grundstein für die spätere Karriere der Sportfreunde. Der Song wird dann auch auf dem ersten Album *So wie einst Real Madrid* (2000) noch einmal erscheinen, und im Netz sind beeindruckende Konzert-Videos zu finden (u. a. von Rock am Ring 2013), in denen das Publikum vor der Bühne spontan einen Moshpit bildet, im Kreis läuft, hüpft. „Schubst euch!", ruft Peter in den Konzerten ins Publikum.

Es ist faszinierend, wie das Trio die Massen dirigiert, wie aus der Vogelperspektive die tanzenden Menschen, die wilden Mosher fließende Bewegungen in die Menge zaubern. Peter, Flo und Rüde drehen später ein Hit-and-Run-Video zu „Wunderbaren Jahren". Es macht dem Bandnamen alle Ehre. Die drei, gewandet in Trainingsanzüge, klauen die Meisterschale des FC Bayern München und flüchten mit der Trophäe vor der Polizei. Im Clip *tun* also die Sportfreunde etwas, sogar etwas Besonderes und Kriminelles, und stellen dabei den Bezug zum Fußball her, der im Song in seiner ursprünglichen Fassung ohne Filmmaterial noch nicht vorhanden ist.

Aber schon das zweite Lied auf der EP *Macht doch was ihr wollt – Ich geh' jetzt!*, macht deutlich: Die Sportfreunde sind begeisterte Kicker. Zu Wort kommt mit O-Tönen der in den Liner Notes genannte Fußballspieler Bernd Dürnberger. 1953 geboren, spielte Dürnberger nicht nur in der Abwehr, sondern auch im Mittelfeld und im Sturm. Von 1972 bis 1985 war er Stammspieler beim FC Bayern, erzielte 38 Tore und gewann mehrere Titel. Im Song wird folgender Wortwechsel eines Journalisten mit Dürnberger eingeblendet: „War ganz neben mir, voll umfunktioniert. Fast mit dem Schlusspfiff habe ich das eins zu null gemacht." Und später: „Ich habe schlecht gespielt. Aber ich bin ein Spieler. Ich gebe neunzig Minuten lang nicht auf." Und der Kommentar dazu: „Ein bewundernswerter, ich muss schon sagen ein beneidenswerter Spielzug."

Diese Statements ergänzen Peters Gedanken über seinen Status im Club: „Ich habe keine Lobby in meinem Fußballverein. Es ist nur mein Hobby. Wie wäre das fein, einmal der Star zu sein in meinem Fußballverein." Es schließt sich Peter Bruggers charakteristisches Zweifeln in den Lyrics an, dieses schnelle Hin und Her, ein Kurzpassspiel seiner Gedanken zwischen Wunschtraum und Realität: „Oder lieber doch nicht (Star sein). Wer mich in den Arsch tritt, ist ein Bösewicht." Peter kritisiert im Song: „Kurzsichtigkeit – dazu ist jeder bereit. Mancher Pass geht da leider viel zu weit." Das Lied endet mit einer Depri-Pointe: „Ist das denn nicht gemein, dort nicht der Star zu sein? Doch ich vergaß, dass ich nicht einmal auf der Ersatzbank saß." Nicht so Bernd Dürnberger. Bis heute ist er einer von nur drei deutschen Fußballspielern, die bei vier Endspielen des Europapokals der Landesmeister (später der UEFA Champions League) auf dem Spielfeld standen. Die anderen zwei sind Toni Kroos und Thomas Müller.

Der dritte Song „Alles das" rockt, bleibt textlich vage, erzählt von einer Fehlentscheidung, gesteht mangelnde Konsequenz ein: „Ich gebe zu, ich habe den Faden verloren. Und das, obwohl ich auserkoren schien, diese Sache durchzuziehen." Das Publikum darf je nach Erfahrungshorizont eigene Sackgassen in „Alles das" hineinprojizieren, vom verfehlten Hobby bis zum akademischen Scheitern. Das vierte Lied „Fahrt ins Grüne" ist eine dazu kontrastierende Uptempo-Nummer: „Das ist eine Fahrt ins Grüne, und wir schlimmen Jugendlichen müssen mal raus – raus von zu Haus." Es mutet etwas seltsam an, wenn ein Punk-Rocker von sich als einem „schlimmen Jugendlichen" singt. Es schwingt Ironie mit. Damit sind auch die Erwachsenen gemeint, die nichts davon halten, wenn Männer Anfang zwanzig die Uni schleifen lassen und stattdessen von Club zu Club ziehen mit einer Musik, die gewöhnungsbedürftig ist.

Die „Fahrt ins Grüne" – das Grüne ist in Germering zum Greifen nahe – sei wie eine lohnende Flucht nach vorn: „Jetzt geht's los, ein Schuss Adrenalin und nichts wie hin zu unbekanntem Hochgefühl ... So ein Gefühl wie schweben, sich von anderen abzuheben. Zusammen unterwegs." Das Vorstadt-Trio beweist hier seine Fähigkeit, purer Lebensfreude Ausdruck zu verleihen. „Unterwegs" ist das Stichwort, das auf der nächsten Mini-Disc wieder aufgegriffen wird: on the road.

Der letzte und fünfte Song „Kleines Geheimnis" ist ein ruhiger Abschluss, ein Liebeslied mit Einschränkungen, mit dem Hinweis, dass nicht einmal die beste Freundin alles wissen müsse.

Wenn man zufrieden ist, dann ist es auch nicht schwer, zurückzublicken

Peter rückblickend über seine Motivation: „Was mich total reizt, ist Zeugs mitzuteilen oder ein Gefühl zu teilen, und das geht gut über gesungene Texte. Wenn es gelingt in guten Momenten, wenn der Klang der Stimme da ist, kann dann etwas Großes entstehen." Zum Songwriting präzisiert er: „Erst mal schreibe ich es für mich auf, um zu versuchen, das Gefühl, das gerade in mir ist, auf Papier zu bringen oder es dann in Musik umzumünzen. Dass also das Gefühl, das gerade da ist, einen Weg findet nach draußen und dass es in die Musik findet. Wäre ich jemand, der sich leichter tun würde, über Zeugs zu sprechen, dann müsste ich vielleicht keine Lieder schreiben." Peter lacht und verweist auf „Fahrt ins Grüne": „In ‚Fahrt ins Grüne' geht es darum, in diesen jungen Jahren nach der Schule ins Leben rauszugehen, das Leben zu packen, in dieses intensive leidenschaftliche Leben einzutauchen. Da – verpackt in so ein Lebensgefühl – war schon sehr viel drin von mir. Dieser Wunsch, dieses Leben einzusaugen. Vielleicht verklausuliert, vielleicht ein bisschen staksig und in dieses Düsch-düsch-Düsch eingepackt, zeigt sich oder verschwindet der Peter." Und er lacht. Die Songs sind im Kasten, das Cover wird produziert. Aber es dauert noch Monate, bis die Band ihren ersten Silberling in Händen halten darf.

Der Autor und Künstler Michael (Michi) Sailer spielt damals selbst in verschiedenen Bands in und um München und erinnert sich an die Anfänge von Marc Liebscher und Stiller. „Ich weiß nicht mehr, wie lang wir uns kennen, der Marc und ich, wahrscheinlich länger, als ich denke, Mitte oder Ende der Achtziger. Tollwut hießen ab 1982 The Comics, da hab ich Abitur gemacht, mit 18, und bin bei den Marionetz eingestiegen (bis 1984). The Comics waren ja nie wirklich berühmt, aber zu unseren Konzerten kam immer eine Clique mit ein paar Leuten aus unserer alten Schule, und irgendwann war der Marc da auch dabei. Und wollte dann später gern ins Musikgeschäft, da haben wir ein paar Mal drüber geredet. Ab 1990 war ich nebenbei Musikjournalist, weil wir mit der Band so wenig verdient haben, und da hab ich ihn eines Tages bei Virgin Records getroffen, wo er an einem Tisch im Gang saß und irgendwas sortiert hat. Wir waren damals oft beim Mittagessen, weil ich um die Ecke wohne und unsere Redaktion auch gleich in der Nähe war. Er war am Anfang vielleicht ein bisserl unsicher in dem Business, das damals ja noch von Typen in Anzügen und Krawatten bestimmt war, aber man hat schon gemerkt, dass er ein Riesentalent für den Job hat. Darum hab ich immer versucht, ihn für uns zu begeistern, weil wir keinen richtigen Manager hatten. Aber wir waren ihm wohl ein bisschen zu unberechenbar. Damit hat er ja auch recht gehabt, aber damals hat mich das saumäßig frustriert. Er hat dann auch mal beim Gerhard

Strunz von Rough Trade gearbeitet und ein Programmheft rausgegeben, für das ich ab und zu Kritiken geschrieben hab, und hatte ein paar Bands, um die er sich kümmerte, hat einen Sampler gemacht, mal ein Festival veranstaltet. Seine Bands waren alle sehr nett, aber ich hab uns eben als die kommenden Superstars gesehen und gedacht, er wäre der ideale Mann dafür. Unser Malcolm McLaren. Er hat sich aber immer rausgewunden, ‚zu wenig britisch' oder so. Und dann hat er irgendwann von einem Konzert am Abend zuvor erzählt und gemeint, die Band sei der absolute Hammer gewesen, mit der wolle er was machen. Konnte ich mir natürlich nicht vorstellen, dass jemand besser ist als wir, und wenn doch, hätt ich's nie zugegeben."

Marc Liebscher macht Nägel mit Köpfen. Der Musikjournalist Dirk Wagner nennt ihn „den vierten Mann des Trios. Ein Virtuose auf den Instrumenten Terminkalender, Telefon und Kasse". Wenig später treffen sich Marc und Michi wieder: „Als er mir die Kassette gab – Aufschrift mit blauem Edding: ‚Stiller' – und gesagt hat, das sei jetzt DIE Band überhaupt, war ich logischerweise mordseifersüchtig und hab versucht, ihm das madig zu machen. Das Tape war noch kein Demo, bloß ein Übungsraummitschnitt, und hörte sich an wie ein Staubsauger auf zwei Stufen. Oder wie Amon Düül, aufgenommen mit einer elektrischen Zahnbürste. Also eigentlich so wie unsere frühen Comics-Kassetten, bloß höchstens halb so schnell. Aber dass da was dran war, hab ich schon gemerkt und deswegen auch mitgeholfen, dass was draus wird, obwohl ich so neidisch war."

Jannik Heinzelmann ist heute erster Vorsitzender der „Subkultur", einer Bühne und Kultureinrichtung im Alten Schlachthof von Fürstenfeldbruck. Er erinnert sich an viele Bands aus dem Umland, die in der Subkultur angefangen haben: Die Bananafishbones, Kettcar oder Schandmaul. Damals habe es auch noch eine völlig unbekannte Band aus Germering gegeben namens Stiller: „Die Bewerbung kam mit Kassette und muss grausam geklungen haben. So kam es dann, dass die Subkultur die Sportfreunde Stiller abgelehnt hat."

Im Januar 1997 eröffnet das Atomic Café in der Neuturmstraße 5. Die Grafiker Christian Heine und Roland Schunk betreiben auch die „Geschmackszentrale S.P.E.C.T.R.E." und setzen auf ein Musikkonzept, das die „Brücke schlägt zwischen Independent-Pop, Beat, Britpop und Rare Soul/Jazz, elektronischer Musik und Garage", wie es in der Pressemitteilung heißt. Die Innenausstattung ist außerordentlich: orangefarbener Tresen, Lavalampen und farblich passende Kunstledersofas. Heine und Schunk sind enge Vertraute der Sportis und designen u. a. einige Cover von Blickpunkt-Pop-Alben. Marc Liebscher legt im Atomic Platten auf. Schon kurz nach der Eröffnung ist er dran: „Fr. 17.1. Smart Club: Britpop mit DJ Marc Liebscher, jeden Freitag, Eintritt 10,- DM, Einlass 21 Uhr". Peter und Flo jobben im Atomic, Ersterer als Gläserspüler, Letzterer als Barchef. Und sie nutzen die Bühne des Atomic. Am Freitag, 14.2. treten Ultra Violet mit dem Slogan „Germ-Pop at it's sweetest" auf und am Freitag, 3.3., Stiller (ohne den Zusatz Sportfreunde) mit dem Slogan „C 95 Punkrock a go go".

Das Atomic entwickelt sich in München rasch zu einem Zentrum des deutschlandweiten Indie-Rock, wobei heimische Bands besonders gefördert werden. Im Juni tritt Isar 12 mit Achim Bogdahn und dem Slogan „Isar Listening oder Schrammel Trip-Hop" auf. Im Juli sind The Vertical Orange Car Crash dran mit dem Slogan: „Germeringer Schule der ersten Stunde: Noisy, hypnotisch, langsamer als Slow". Aber auch das Backstage bleibt bedeutend. Dort erscheint der Sampler *Die Wüste lebt* mit Stillers „Wunderbaren Jahren".

Am 28. Februar 1997 treten drei Bands im Knast auf, Stiller mit Andi am Bass, Ultra Violet und Erwins Co-Stars. Katrin Hildebrand lässt in ihrer Konzertbesprechung kein gutes Haar an der Beschallungsanlage. „Der Soundcheck ist eine Katastrophe." Das gesamte Konzert sei von einer wirr verzerrten Akustik überschattet worden, und die Co-Stars steckten noch in den Kinderschuhen. Aber sie erkennt „zwei der interessantesten Münchner Nachwuchsbands auf dem Weg zu einer vielleicht bald ausgedehnten Karriere". Der Abend steht unter dem Motto „Drei Klang Dimensionen". Erwin erinnert sich: „Wir fanden das eine passende Überschrift. Sie bezieht sich auf die Band Rheingold und ihren Hit ‚Dreiklangsdimensionen'. Ich finde, das war ein guter NDW-Song und deshalb der Slogan: drei Bands mit Dreiklängen und drei Akkorden", erinnert sich Erwin, lacht und fährt fort: „Wir haben viele Konzerte veranstaltet in jener Zeit im Knast. Und wir haben auch in München gespielt. Das tollste Konzert, das ich vom Peter kenne und bei dem wir auch aufgetreten sind als erste von drei Bands, war damals im Backstage Club. Das muss noch vor der Endkrass-Zeit gewesen sein, weil Peter bei Car Crash Schlagzeug gespielt hat. Wir sind für eine andere Band eingesprungen, die verhindert war. Andi Erhard,

Bassist bei Car Crash, hat uns gefragt, ob wir wollten. Da haben Car Crash noch in Originalbesetzung so ein bisschen wie die amerikanische Indie-Rockband Codeine gespielt. Das war ganz toll, ganz finster, und Peter war super am Schlagzeug. Ich fand Vertical Car Crash eine richtig phantastisch gute Band. Und an dem Abend habe ich auch Klaus Götzfried kennengelernt.“ Die beiden werden gemeinsam viel für Indie-Bands aus Bayern leisten.

Trotz dieser ersten Erfolge verlässt mit Beginn der Atomic-Phase Andi Erhard die Band Stiller. Er liest lieber Bücher als dass er auf der Bühne steht. Er liebt die Zurückgezogenheit und die Stille. Flo und Peter sind sehr enttäuscht, als Andi von einem Tag auf den anderen geht. Sie wollen ihn eines Abends zu Hause abholen. Proben stehen an. Andi sitzt auf dem Bett im ausgebauten Dachboden seines Elternhauses in Germering. Vor ihm stehen Flo und Peter. Aber Andi will nicht mehr. „Ich mache nicht mehr mit. Keinen Bock mehr“, sagt er den beiden. Ganz überraschend kommt es nicht. „Er hat schon früh gesagt, dass das nichts für ihn sei, er wollte nicht ewig auf Reisen gehen“, sagt Flo. „Ich glaube auch, dass er die Musik nicht so toll fand. Das war ihm zu einfach, zu trivial. Wir haben einfach drei, vier Akkorde durchgerotzt. Aber Andi stand eher auf Musik, die ein bisschen arty ist.“

Am nächsten Tag treten Sänger und Gitarrist Peter und Schlagzeuger Florian als Duo auf. Mit ihnen auf der Bühne steht statt eines Bassisten eine *Raumschiff Enterprise*-Figur aus Pappe. Auch als Vorgruppe der Punkband The Bates treten sie zweimal lediglich als Duo auf. Michi Sailer erinnert sich, wie Marc auf der Suche war: „Der Marc rief mich an, ob wir ein Bier trinken gingen, und fragt dann plötzlich, ob ich mir das vorstellen könne, ich als Bassist. Andis Ausstieg kam wohl ziemlich plötzlich und zu einem sehr ungünstigen Zeitpunkt, danach gab's einen Auftritt mit einem Kleiderständer als Bassist. Oder war's eine Schaufensterpuppe? Egal, jedenfalls ging das nicht auf die Dauer. Ich war ja schon mal Bassist, bei Marionetz, Bühne kenn ich eh, also war das schon einen ernsthaften Gedanken wert. Allerdings hatte ich ja noch meine eigene Band, und bei Stiller fing damals gerade der Stress an, und wenn ich eines hasse, dann sind es lange Tourneen und so Promo-Auftritte, Playback im Fernsehen inklusive Kurz-Talk mit einem Grinsehühnchen und so was. Wir haben darüber einen Abend lang nachgedacht und diskutiert und abgewogen und uns dann darauf geeinigt, dass ich ein bisserl zu alt für das

Image der Band bin. Ein lustiges Argument, wenn man bedenkt, dass die Zeit, wo Popmusiker generell nicht älter als 21 sein durften, damals ja schon lang vorbei war. Aber stimmt natürlich: Der Peter ist neun Jahre jünger als ich, der Flo sogar elf. Und der Rüdiger passt sowieso viel besser in die Band als so ein zynischer Anarchist wie ich. Richtig froh über die Entscheidung war ich aber erst 2006, als ich beim Baden am Schwabinger Bach war und so in der Wiese lag, und da ruft der Marc an und plärrt ins Telefon: ‚Was glaubst du, wo ich gerade bin? In Berlin! Bei Jogi Löw und der Nationalmannschaft!' Wow, hab ich mir gedacht, da möchte ich jetzt nicht sein müssen. Letztlich: doch Glück gehabt. Obwohl, in der vollen Olympiahalle spielen hätte mich schon auch mal gefreut, nur so aus Interesse."

Andi Erhard schafft sein Abi, studiert Germanistik und promoviert. „Das Studium, die Doktorarbeit, all das, was ich statt der Band getan habe, hat für mich total Sinn gemacht", sagt er. „Und wenn man zufrieden ist, dann ist es auch nicht schwer, zurückzublicken und zu sagen: Da konnte ich einfach nicht mit, das war nicht mein Weg." Das Trio Andi, Flo und Peter bleibt befreundet. Sie werden auch immer wieder erfolgreich gemeinsam Fußballspielen für die Atomic Allstars.

Macht doch was ihr wollt – Ich bleib jetzt doch!

Peter und Flo fehlt wochenlang ein Bassist. Der neue heißt schließlich Rüdiger „Rüde" Linhof (geboren am 26. Februar 1973 in München). Im Februar 1997 läuft nämlich Rüdes selbst festgesetzte Frist aus. Ein Jahr hatte er sich Zeit gegeben, seinen Traum zu verwirklichen, eine Band mit Zukunftsperspektive zu finden und den Durchbruch zu schaffen. Er hatte es als Bassspieler bei diversen Rock- und Heavy-Metal-Bands versucht, aber es gab immer musikalische oder persönliche Differenzen. Sollte es nicht klappen, würde er sich als Kindergärtner bewerben. Eine Münchner Freundin gibt ihm bei einer Faschingsparty 1997 die Telefonnummer von zwei Musikern, die einen Bassisten suchen. Rüde unternimmt einen letzten Versuch. Die Verabredung soll in einem neu eröffneten Club stattfinden, in dem er noch nie war, auch weil dem Club der Ruf vorauseilt, eine 60er-Jahre Bar zu sein – das Atomic Café.

Skeptisch geht Rüde hin – mit Bayern-1-Repertoire hat er eigentlich nichts am Hut. „Ich schäme mich heute noch dafür, wie ich da angekommen bin. Mit Zopf und Kappe, aber ohne Plan", erinnert sich Rüde. „Die meisten Bands zerbrechen, bevor sie sich gefunden haben. Bevor ich Peter und Flo kannte, spielte ich pro Woche in drei bis vier Bands, auf der Suche nach der richtigen. Ich bin jedes Mal entweder kopfschüttelnd oder depressiv rausgegangen. Man findet unglaubliche Verspanntheiten und charakterliche Untiefen, denn jeder Musiker will ein Star sein und der Beste an seinem Instrument. Das finde ich grundfalsch. Ich wollte einfach nur Musik machen und hatte gar nicht den Anspruch, gut zu sein."

Rüde weiß, dass es schon einige Bassisten vor ihm bei Peter und Flo versucht haben. Er sagt: „Ich hatte die Band einmal live gesehen und fand sie großartig, weil sie auf der Bühne nur Blödsinn gemacht und eigentlich ganz wenig gespielt haben. Flo hat Fußballtricks gezeigt, und Peter hat eine Ewigkeit versucht, seine Gitarre zu stimmen." Als Rüdiger vorspielt, merken die drei rasch, dass die Chemie stimmen könnte. Rüde gefällt das Duo: „Das war so ganz anders – kein Mensch fuckelt, der Schlagzeuger total hölzern, der Gitarrist nicht in der Lage, ein Solo zu spielen. Es war traumhaft."

Peter erinnert sich: „Rüde hat dann Florian bei der ersten Probe dadurch überzeugt, dass er zwar genauso scheiße gespielt hat wie wir, aber dabei wie ein Irrer rumgesprungen ist. Gleich rein in die Bass-Box seines Vorgängers, die noch da stand. Das hat Flo gefallen. Rüde kam wirklich wie gerufen." Die drei teilen sich ab sofort Bar und Band. „Der Anfang der Sportfreunde Stiller ist ‚Atomic-Orange'", sagt Rüde. „Der Peter und ich arbeiteten als Gläserspüler, der Flo war Barchef. Nebenbei haben wir mitgeschrieben, was der DJ aufgelegt hat, um ein Gespür zu kriegen, was gut ist und was geht." Rüde erinnert sich: „Klar war es Arbeit, aber man hatte auch Zeit, um Leute kennenzulernen und zu ratschen. Man kriegt viel mit an der Bar, im Idealfall ist man ja nüchtern." In Atomic-Orange werden auch die Cover der ersten beiden Alben der Sportis getaucht. Das Cover des ersten Albums *So wie einst Real Madrid* zeigt Flo, Rüde und Peter vor dem Glitzervorhang des Atomic, von dem sich Rüde einen Original-Teil als Erinnerungsstück sichert.

Der erste große Zeitungsartikel über Stiller erscheint im *Fürstenfeldbrucker Tagblatt* (damals zur *Süddeutschen Zeitung* gehörend) im März 1997 auf den Jugendseiten. Germering liegt im Landkreis Fürstenfeldbruck. Wer dort wohnt, fährt Autos mit dem Kennzeichen FFB. Heute versuchen manche PKW-Besitzer aus dem Speckgürtel rund um die Isarmetropole ein Kennzeichen mit dem M für München zu bekommen. Sie fühlen sich besser als Bewohner des Großraums der Landeshauptstadt. Damals aber werden solche Sonderwünsche auf den KFZ-Zulassungsstellen nicht erfüllt. Die Bewohner in Fürstenfeldbruck sind sowieso stolz auf ihre Eigenständigkeit und auf das ganz eigene Provinz-Flair. An die Großbaustellen in Freiham und die heutige Metropolregion München ist in den 1990er Jahren noch nicht zu denken. Zwischen Germering und München gibt es große Forste, Wiesen und viele unbebaute Flächen. Wer in die Stadt fährt, verlässt „das Land“, um ins Zentrum des Geschehens zu gelangen – und durchquert dabei weite Areale, auf denen auch Landwirtschaft betrieben wird. Germering ist damals gefühlt noch weit entfernt von München. Heute hingegen scheinen die Städte im Eiltempo zusammenzuwachsen. In Germering – in der Vorstadtwelt zwischen der versnobten Hauptstadt und ländlicher Idylle – bestehen Mitte der 1990er Jahre die besten Voraussetzungen für eine prägende Indie-Sozialisation.

Das Foto im *Fürstenfeldbrucker Tagblatt* zeigt die drei Jungs so, wie sie oft auch später noch porträtiert werden: Flo und Rüde mit Mützen. Mittig und im Vordergrund Peter – mit geschlossenem Mund schmunzelnd. Die Kleidung konventionell, die Haare eher kurz. Es sind keine äußerlichen Hinweise auf irgendeine Art von Punk zu erkennen. Vor allem Peter wirkt schon damals wie der ideale Schwiegersohn: Etwas schelmisch zwar, aber vertrauenserweckend und brav blickt er direkt in die Kamera. Die potentiellen Schwiegermütter möchten ihm durchs verstrubelte Haar fahren. Was sich aber bei späteren Foto-Shootings ändern wird: die Umgebung. Stiller stehen hier im Stoppelfeld eines Germeringer Bauern. Entsprechend werden sie vom *Fürstenfeldbrucker Tagblatt* als „Landkreis-Band“ bezeichnet.

Stiller üben in jener Zeit immer noch im Knast. Die beiden Sozialpädagogen Klaus Götzfried und Erwin Zißelsberger fördern den Germ-Pop, organisieren Gigs im Knast und bringen die Germeringer Bands dann auch nach München, v. a. in die Glockenbachwerkstatt. Götzfried spielt in vielen Formationen, fördert die Indie-Kultur in Bayern und stirbt viel zu früh schon 2003 mit nur 37 Jahren an Krebs. Zißelsberger, der seit 1995 im Knast als Sozialpädagoge arbeitet (in der Cordobar bis 2022 tätig), selbst Musiker u. a. bei den Co-Stars und drei Jahre älter als Peter ist, erinnert sich schmunzelnd an die Namensgebung: „Wir haben überlegt, wie wir heißen könnten. Wir dachten, es gibt schon so viele Stars im Knast, dann können wir doch nur die Co-Stars sein. Wir haben unseren Status eingesehen und uns so genannt."

Die Gründung der Band mit den Stars Stiller liegt im März 1997 ein gutes Jahr zurück, und sie nennt sich nach dem Fußballtrainer des Sportvereins Germering immer noch (Hans) Stiller – ohne Vornamen und ohne den Zusatz „Sportfreunde". Das ist auch noch für die Regionalpresse durchaus gewöhnungsbedürftig. Das *Fürstenfeldbrucker Tagblatt* schreibt entsprechend, die Band habe sich „kurioserweise" nach dem Fußballtrainer benannt. Doch darauf wird sie sich – ebenso wie die überregionale Presse – bald einstellen. Es gibt zu diesem Zeitpunkt noch keine einzige Platte von Stiller. Aber stolz verkündet die Überschrift zu den Lokalmatadoren: „Germeringer Band spielt bei Festivals mit Kiss und Aerosmith."

Der Artikel trägt die Handschrift des Stiller-Managers Marc Liebscher. Weitsichtig überlegt dieser, wie er seine Jungs in die Presse bringen kann. Ein kleines Ereignis wird hoch gehängt. Und neue Kontakte könnten schon bald für noch größere Schlagzeilen sorgen, obwohl es tatsächlich keinen Tonträger gibt von Stiller. Auch hier will Liebscher bald Abhilfe schaffen, denn bei den Major Labels ist bislang kein Durchdringen. Abgesehen von den vielen Gigs im ersten Jahr ihres Bestehens und qualitativ mangelhaften Demos haben Stiller wenig vorzuweisen – bis auf ihren unbändigen Willen, irgendwann den Durchbruch zu schaffen. Doch dieser wird auf sich warten lassen. Es braucht viel Ausdauer und gute Nerven für die Germeringer, um dereinst zu einer der beliebtesten Bands Deutschlands zu werden.

Peter Brugger präsentiert sich dem *Fürstenfeldbrucker Tagblatt* im März 1997 als Wortführer und Kopf von Stiller. Er spricht als Einziger und wird als „Gitarrist, Sänger und Songschreiber von Stiller" definiert. „Wir sind viel herumgekommen im vergangenen Jahr", sagt Peter einleitend. Dementsprechend seien neue Kontakte entstanden (u. a. zur Band Rekord und deren Manager, einem der drei bis heute im Musikbusiness aktiven Lieberberg-Söhne). Dieser verschafft den Germeringern Auftrittsmöglichkeiten bei den beiden großen Pfingst-Open-Airs „Rock am Ring" am Nürburgring in der Eifel (gegründet

1985 von Marek Lieberberg) am 17. Mai und tags darauf bei „Rock im Park" in Nürnberg (gegründet 1993 ebenfalls von Marek Lieberberg).

Stolz verkündet das *Fürstenfeldbrucker Tagblatt*: „Zu beiden Veranstaltungen werden mindestens 60.000 Zuschauer erwartet. Die Germeringer stehen dort neben Superstars wie Kiss, Aerosmith, den Ärzten oder Supertramp auf der Tagesordnung." Peter sagt: „Wir sind wahrscheinlich die einzige Band, die ohne Plattenvertrag da spielt. Aufgeregt bin ich eigentlich nicht. Ich freue mich eher drauf. Das packen wir schon." Peter verrät zudem, dass nun intensiv geprobt werde, zumal Rüdiger erst kürzlich den ausgestiegenen Andi Erhard ersetzt habe.

Gegen Ende des Artikels wird die Euphorie etwas gebremst: Stiller werden am Ring nämlich nicht auf der Stadionbühne „neben den ganz Großen" stehen, sondern „in den frühen Tagesstunden" im sogenannten „Alternatent", einem kleinen Zelt auf dem Festivalgelände, spielen, worin sich die noch wenig bekannten Bands präsentieren können. Das *Tagblatt* schreibt: „Auch dort mangelt es nicht an klingenden Namen. Unter anderem heizen Stiller für Supergrass (gegründet 1993 in Oxford) und die Presidents of the United States of America (gegründet 1993 in Seattle) ein." Die damals klingenden Namen sind heute weitgehend vergessen: Das *Tagblatt* attestiert den Germeringern aber: „Der Wunsch nach dem großen Durchbruch ist bei Stiller durchaus vorhanden." Und Peter sagt: „Wenn wir es jetzt nicht ernsthaft versuchen würden, wären wir echt blöd."

Das *Tagblatt* kündigt schließlich den ersten Stiller-Silberling an: Kurz vor den großen Pfingst-Konzerten soll nämlich endlich – in Eigenproduktion – die Maxi *Macht doch was ihr wollt – ich geh' jetzt!* erscheinen. Und weitere Gigs werden angekündigt: Am 27. März spielen Stiller im Rahmen des „Fun for free"-Festivals in der Muffathalle und am 29. April im Backstage. Ihnen eilt der Ruf voraus: Stiller spielen überall, wo es nur möglich ist. Franz Kotteder und Michael Grill schreiben später in der *Süddeutschen Zeitung* im Rahmen eines Festivalberichts: „Da waren die Lokalmatadoren Sportfreunde Stiller, die sowieso überall spielen, wo eine Steckdose ist." Die Freude, sich vor Publikum auszuprobieren, der Lebenshunger und der Ehrgeiz, aus der Provinz heraus in der Landeshauptstadt und deutschlandweit wahrgenommen zu werden, treiben das Trio voran. Und auch unter diesen einfachen Produktionsbedingungen einer Newcomer-Band macht sich ein Hang zum Perfektionismus bemerkbar.

Für die Band ist es ein neues Gefühl, bei Gigs nun endlich einen Tonträger – ihren ersten – zu signieren und zu verkaufen. Im Atomic lassen sich Stammgäste die CD oder T-Shirts widmen. „Jedes Autogramm, um das wir gebeten wurden, war wie ein Orden für uns. Im Atomic liegen so viele Erinnerungen. Unendlich viele diffuse Disco-Momente haben wir hier erlebt. In das Mischpult hat unser Manager schon reingekotzt", erzählt Rüde. Die Gründe für die momentane Übelkeit Liebschers liegen im Dunkeln.

Die Sportfreunde Stiller gelten jedenfalls als die Spitze des Germ-Pop. Ende der 1990er Jahre spielen sie im Schnitt 200 Konzerte im Jahr. Zahlreiche Bands wie Ultra Violet, Splendid oder The Vertical Orange Car Crash erregen ebenfalls Aufmerksamkeit: Die Indie-Szene in der Isar-Metropole lädt die Vorstadt-Kapellen in die Hauptstadt ein. Aber dann lösen sich die meisten Formationen nach und nach auf, auch Splendid („die Germ-Pop-Beatles"), die vielversprechend u. a. als Vorband von Weezer und mit einer EP (auch bei Blickpunkt Pop) sowie dem Song „Sommermädchen" 1997 starten. Nach dem Split urteilte die *Süddeutsche Zeitung*: „Splendid waren die Hausband des Strom. Sie kamen ihren Vorbildern, Britpop-Bands wie den Charlatans oder Oasis in Sachen Perfektion zum Teil sehr nahe." Reunions gab es allenthalben. Aber letztlich fehlte die Ausdauer: „Insofern war das Ganze also schon ziemlich übertrieben (mit dem Germ-Pop). Aber klar, uns hat das damals auch geholfen, weil wir oft in Germering aufgetreten sind und ganz München auf uns geschaut hat", erinnert sich Peter Brugger.

„Da kam ein Rundfax vom Marc, in dem er bekanntgab: ‚Stiller wird es nicht mehr geben!', also dass die Band einen neuen Namen sucht, weil irgendeine Hamburger Combo meinte, sie habe ein Recht auf die Bezeichnung ‚Stiller'", erinnert sich Michi Sailer: „Gab's die überhaupt? Keine Ahnung. Anfang der Achtziger kann ich mich an so ein NDW-Ding erinnern, wer weiß. Jedenfalls ziemlich blöd von denen, weil sie nach der ‚Kompliment'-Single wahrscheinlich ihre eigenen Platten gut hätten verkaufen können, im Windschatten sozusagen. Mein Vorschlag war ‚Stiller F.C.', so wie bei britischen Fußballclubs. Hat sich leider nicht durchgesetzt, wär vielleicht auch nicht so kommerziell gewesen. Ab September hießen sie ‚Sportfreunde', das hat danach das Image ziemlich geprägt, weniger wegen Fußball, eher dieses Bild von: ‚Wir werden immer lustige Amateure bleiben und nie abgefuckte Altprofis werden.' Das wirkt ja eigentlich bis heute. Ziemlich cooler Move, im Nachhinein, war aber vielleicht gar nicht so geplant … Marcs glückliches Händchen eben."

Marc Liebscher fasst den Stand am 31. Juli 1997 also in einer Pressemitteilung zusammen: „Stiller wird es nicht mehr geben – oder vielleicht doch?" Er erwähnt die Leistungen der Band: Schon über 70 Konzerte in diesem Jahr u. a. als Support von Fury in the Slaughterhouse oder Tocotronic. Drei Samplerbeiträge („Free & Easy", „Komm küssen", „The Smart Club"). Marc weiter: „Kein Zufall also, dass der weltgrößte Musikverlag Warner/Chappell einen Optionsvertrag mit der Band abgeschlossen hat." Gleichzeitig erwähnt er, dass die Debüt-Mini-CD *Macht doch was ihr wollt – Ich geh' jetzt!* von Intercord finanziert worden sei und die Alternative Charts erreicht habe (*Musikexpress/Sounds* und *Zillo*). Bis Ende des Jahres seien bereits 35 weitere Konzerte ausgemacht, inklusive eines Auftritts bei TV München. Als nächste Mini-CD kündigt Marc (ironiefrei) eine Scheibe mit dem Titel *Macht doch was ihr wollt – Ich bleib jetzt doch!* an, die so aber nie verwirklicht werden wird. Schließlich kommt er auf das Problem zu sprechen: In Hamburg gebe es „falsche Stiller", die zufällig von den „echten Stiller" aus München erfahren hätten. Daraufhin hätten die „falschen" beim Hamburger Patentamt den Namen angemeldet und wollten ihn nun den „echten" verbieten. „Das nächste Konzert in München wird definitiv unter dem Namen Stiller am 11.8. um 21 h im Theatron (Eintritt frei) stattfinden. Ob die Band, die am 9.9. im Rahmen des Free & Easy Festivals im Backstage spielen wird, Stiller heißen wird, wissen wir leider noch nicht!"

Heute fallen wir hundertpro nicht vom Brett

Am 9. September 1997 treten Stiller als Stiller beim Free & Easy Festival im Backstage auf: Landkreis-Bands rocken die Metropole. Beim Konzert ist der Club brechend voll. Das Urteil der Medien hier und anderswo: Die härtere Variante des Tocotronic-Sounds sorge für Begeisterung. Manchmal taucht aber der Vorwurf auf, Stiller seien mit dem Erfolg von Tocotronic hochgespült worden, sie seien nur eine Tocotronic-Kopie: „Wir werden immer mit Tocotronic verglichen. Mag sein, dass sie es geschafft haben, deutschsprachige Musik wieder populär zu machen, und dass wir davon profitiert haben. Aber ansonsten verbindet uns gar nichts mit ihnen. Erstens machen wir einen schnelleren und raueren Sound. Zweitens sind unsere Texte lange nicht so düster und lakonisch wie die von Tocotronic. Außerdem sind wir schon immer viel getourt und haben uns auch so hochgespielt", sagt Peter Brugger. Beim Festival treten einige befreundete Bands auf, u. a. Ultra Violet, die bereits den Hit „Start" vorweisen können; die Band Höngdobel aus Fürstenfeldbruck oder die Band Isar 12 mit Sänger Achim Bogdahn. Am Bass wird er von einem alten Bekannten unterstützt: Andi Erhard aus Germering und seiner Freundin und Sängerin Theresa Wilhelm (einer weiteren Vertreterin des Germ-Pop).

Am 12. September 1997 erklärt Marc Liebscher in einem Rundfax die juristischen Schwierigkeiten mit Hamburg und macht die Namensänderung offiziell: „… Stiller aus München heißen deshalb ab sofort Sportfreunde Stiller." Es dauert nicht lang, und die Fans haben einen Kosenamen für ihre Stars: Sportfreunde Stiller – die Sportis. Die Musiker versuchen, ihr Studium fortzusetzen, sie kicken leidenschaftlich in ihrer Freizeit, und das Wichtigste: Sie treten auf, wo es nur geht. Aber der große Moment, in dem sich der Vertreter eines Major Labels, ein Artists-&-Repertoire-Manager „zufällig" im Publikum befindet und sich von der Energie der Sportis mitreißen lässt, dieser magische Moment bleibt aus. Im Gegenteil, es ereignen sich niederschmetternde Szenen: „Du fährst nach Potsdam und triffst dich mit einem Plattenfirmenchef und spielst extra für den ein Konzert vor zehn Leuten in dem miesesten Schuppen, den es gibt. Und du merkst, dass der Typ nach dem dritten Lied seine Freundin ansieht und heimgehen will", erinnert sich Rüde, und Flo ergänzt: „Wir haben im Waschhaus oben gespielt, wo's total eng ist. Unten hat Samy Deluxe gespielt, und ich bin nach unserem Auftritt runter, und da steht der besagte Typ mit seiner Freundin und tanzt zu Samy Deluxe. Er hat später gesagt, dass die Absage die schlechteste Entscheidung seiner Karriere gewesen sei."

Rüde muss heute noch an die Fortsetzung des Abends denken: „Und wir in der Nacht zurück und in einem Riesenstau gestanden. Wo man sich dann fragt: Wie soll das nur jemals was werden." Peter Brugger sagt rückblickend, es habe schon Angebote gegeben, aber „wir wollten eine coole Plattenfirma haben". Manager Marc Liebscher gelingt es nach wie vor nicht, einen Plattenvertrag mit einer großen und „coolen" Firma zu bekommen. Trotz „Wunderbaren Jahren" wird das Potential, das immense Talent der Sportfreunde bei den

Entscheidern in den Konzernen nicht erkannt. „Es gab mal einen Moment, wo wir einen Vertrag fast in der Tasche hatten, mit Intercord, aber das wurde dann nichts", erinnert sich Peter. „Darüber waren wir letztendlich froh, weil die Firma dann bald pleitegegangen ist. Aber damals dachte ich schon: ‚Geil, jetzt haben wir's geschafft!'"

Es hilft nichts: Es muss ein zweites Demo her, ein zweiter Tonträger, wieder in Eigenregie, wieder auf Marc Liebschers kleinem Label Blickpunkt Pop. Im Oktober 1997 vervielfältigt Liebscher ein Demotape ohne Titel, aber mit drei Songs: „Unterwegs", „Nur einmal" und das rare „An diesem Tag". Aufgenommen und gemischt werden die Lieder von Stefan Caron Ende September 1997. Die Maxwell High Position Kassette im Plastik Jewel-Case bildet die Basis für die nächste EP. Aufgenommen wurde sie im Downtown Studio in der Augustenstraße in München, gegründet von Artur Silber und Jochen Scheffter. Die beiden erinnern sich: „Eine der ersten Bands aus dem Feierwerk-Wettbewerb, die wir produziert haben, waren die Sportfreunde Stiller. Mit den hier entstandenen Demos ist ihr Manager Marc Liebscher damals zu Tim Renner gegangen. Den Umgang speziell mit jungen Bands haben wir wirklich gut drauf. Die Kunst ist, dass du ihnen schnell die Angst nimmst."

Im Januar 1998 treten die Sportfreunde im Substanz auf. Es ist ihr erstes ausverkauftes Konzert. Peter erinnert sich: „Zum ersten Mal war auch ein Fernsehteam dabei. Wir waren sehr aufgeregt. Ich im grünen Hemd, durchgeschwitzt. Das Substanz ist cool, weil es ein Rockschuppen ist und nichts von einer Jugendzentrum-Atmosphäre hat. Es ist etabliert … Der Backstage-Raum ist unten im Keller, und man muss sich vor dem Auftritt durch die Menge quetschen, um auf die Bühne zu kommen. Das war mein erstes Erlebnis von Massen. Unglaublich."

Im Frühjahr 1998 werden die Atomic Allstars gegründet. Flo und Peter sind einige Jahre lang Stammspieler bei den Freizeitkickern. Allerdings werden sie künftig durch die Tourneepläne und das Dasein als Rockstars (statt „Fußballstars") ab und an daran gehindert, an den Turnieren teilzunehmen. Vor allem Flo macht aber immer wieder bei den Allstars mit. Und Andi ist auch mal als Mittelfeldstratege, mal als Stürmer dabei. Beim Cup der *Abendzeitung* belegen die Atomic Allstars 2007 und 2009 den ersten Platz. Dabei spielen sie gegen Mannschaften mit klingenden Namen wie Barfuß Jerusalem und Juventus Urin.

Die Allstars kicken bis 2018, danach ist es vorbei – mit der Mannschaft und mit dem Club. Allerdings lebt beides weiter im digitalen Raum oder im Stadtmuseum in der Ausstellung „Nachts. Clubkultur in München“ (verlängert bis 7. Januar 2024).

Betitelt wird die zweite EP *Thonträger* in Anspielung an den Fußballer Olaf Thon, der auch auf dem Cover zu sehen ist: dynamisch am Ball – vorwärtsstürmend. Das Schwarz-Weiß-Bild ist unscharf, wie von einem Fernseher abfotografiert. Im Innenteil ist ein doppelseitiges Schwarz-Weiß-Foto von Michi Sailer abgebildet: Peter von hinten im Scheinwerferlicht, Gesichter im Publikum. Michi Sailer erinnert sich: „‚Richtige‘ Fotografen waren meistens viel zu teuer, also hab ich mir eine alte Nikon und ein paar Objektive besorgt und alles fotografiert, was es gab, eben auch Konzerte, und manchmal sogar richtig Geld verdient. Dem Marc hab ich das Bild aber selbstverständlich geschenkt. Wenn’s für Motor Music gewesen wäre, hätte ich mir das vielleicht noch mal überlegt. Oder auch nicht. Ich hab ja auch nie Eintritt bezahlt.“

Olaf Thon wurde 1966 geboren und 1984 bekannt, als er im DFB-Pokal-Halbfinale als 18-Jähriger drei Tore für Schalke 04 gegen den FC Bayern schoss. 1988 interessierte sich u. a. Real Madrid für Thon, der sich dann aber für den FC Bayern entschied. Die Ablösesumme betrug 3,5 Millionen Mark. Dort spielte er bis 1995 und gewann dreimal die deutsche Meisterschaft. Von 1984 bis 1998 spielte er für die deutsche Nationalmannschaft. Er nahm an den Weltmeisterschaften 1986, 1990 und 1998 sowie an der Europameisterschaft 1988 teil. Zum Erscheinen von *Thonträger* fiel Olaf Thon am 25. Juni 1998 bei seinem letzten Spiel für die deutsche Auswahl mit einem Treffer während der Weltmeisterschaft in Frankreich auf.

Die Sportfreunde spielen indes nicht „nur“ Fußball: Sie sind rundherum sportlich und begeistern sich auch fürs Surfen, was schon in den Liner Notes ihres Debüts *Macht doch was ihr wollt – Ich geh’ jetzt!* deutlich wurde, als sie sich beim „Wellenreiter-Team“ für das Foto bedankten. Dementsprechend heißt der Opener auf *Thonträger* „Wellenreiten“. Peter singt euphorisch: „Guten Morgen. Jetzt ist Schluss. Die tanzlosen Tage sind vorbei. Gib mir Speichel oder zumindest einen Kuss. Die Weichen sind längst gestellt. Wir müssen los. Irgendwas schiebt und zieht uns. Uns umgibt der Glanz der Sonne. Lass uns Wellenreiten gehen.“ Die Sportfreunde beweisen wieder, wie gute Laune und Lebenslust mit einem eingängigen Punk-Pop-Song transportiert wird. Erstaunlicherweise verbirgt sich der Erfolg dieses Liedes weniger in den Refrain-Passagen „Lass uns wellenreiten gehen“ und „Keinen Augenblick mehr ohne das Gefühl von heute Morgen“, sondern eher im Satz dazwischen: „Heute fallen wir hundertpro nicht vom Brett.“ Diese Zuversicht prägt sich ein. Eingeschoben wird in einem Instrumental eine Referenz an den Beach-Boys-Chorgesang. Welches Gefühl das genau war, heute Morgen, das erfahren wir nicht, aber es war ein wunderbares.

Auf dem Land in Trostberg nachmittags bei einem Open Air auf einem Kiesparkplatz vor 50 Leuten

Der Song erscheint im Jahr 2000 wie „Wunderbaren Jahren“ neu aufgenommen als „Wellenreiten ’54“ auf dem Debütalbum *So wie einst Real Madrid.* Das erste Musikvideo der Sportfreunde Stiller überhaupt wird für „Wellenreiten“ im Sommer 1999 aufgenommen. Es entsteht im Germeringer Freibad und spielt mit Schwarz-Weiß- und Farb-Ästhetik: „Wet and Wild“ ist das Motto alter Surfer-Aufnahmen, die eingeblendet werden. Dominierend sind im Video die drei gut gebauten Jungs, die auf den Sprungbrettern posieren. „Da hatte ich noch einen Körper!“, so Flo. „Ich weiß noch ganz genau, wie ich versucht habe, meine Brusthaare vor den anwesenden Damen zu vertuschen“, erinnert sich Peter ironisch. Die drei wagen sich abwechselnd auf das Zehnmeterbrett, die beiden anderen sind jeweils auf den niedrigeren Brettern. Sie stoßen sich immer wieder freudig und mutig (und fast gleichzeitig) ab und vollbringen allerhand Gewichtsverlagerungen und Kunststückchen in der Luft. In Zeitlupe rudern sie mit den Armen, strampeln mit den Beinen, fallen aus höchster Höhe dem Wasser entgegen. Rund dreißig Mal muss jeder springen, bis die Aufnahmen im Kasten sind. Perfektion wird angestrebt, und Marc Liebscher ist natürlich auch mit von der Partie und riskiert laut eigener Aussage einen Sonnenbrand. Die Musiker und Turmspringer riskieren mehr. „Man kann an der Sprungtechnik genau erkennen, dass einer früher im Germeringer Freibad bei der Arschbombenparade dabei war und zwei andere natürlich nicht“, sagt Peter. „Ich glaube, derjenige, den du meinst, das bist nicht du, Peter, oder?“ Darauf Peter: „Rüde, deine Armhaltung sagt einfach alles.“

Viel nackte und nasse Haut sowie Unterwasseraufnahmen sind zu sehen. Am Rand des Beckens sitzen fünf attraktive junge Frauen in dunklen Bikinis und schauen dem Treiben mal gelangweilt, mal bewundernd, mal gespannt zu. Plötzlich genervt von den Wasserspritzern einer Arschbombe gehen sie auf die Wiese und spielen – Fußball. Ein entgeisterter Macho-Bademeister mit Fliegerbrille beobachtet das Ganze. Es ist Max Fellmann, der heute für das Magazin der *Süddeutschen Zeitung* schreibt („einer der wenigen gebürtigen Münchner in der Redaktion"). Fellmann ist einer der ersten Journalisten, die Marc Liebscher um seine Meinung zum ersten Stiller-Demotape bittet. Fellmann ist Berufsanfänger wie die Sportis selbst. Er moniert in einem Fax an Liebscher, dass offensichtlich niemand in der Band Stiller imstande sei, die Gitarren zu stimmen. Wenig später ist er einer der Video-Akteure im Freibad Germering, eben der Bademeister, und er schauspielert, dass er in seinem Ausguck gerade die Welt nicht mehr versteht. Die Mädchen spielen Fußball, statt den Sprungbrett-Helden zuzuschauen? „Das ist die deutsche Damennationalmannschaft, die wir extra dafür engagiert haben", witzelt Rüde. „Was man hier auch gut sehen kann", amüsiert sich Peter bei einem ungewollten Übersteiger. „Die hatten Spaß beim Video-Dreh, im Gegensatz zu einem von uns, der dreißig Mal vom Zehnmeterbrett springen musste", giftelt Flo. „Man sieht im Video nicht die blauen Flecken, die wir an den Ärschen hatten", sagt Rüde: „Naja, der Flo hatte keinen blauen Fleck, weil vom Fünfmeterbrett kriegt man keinen blauen Fleck, wenn man einen Bauchplatscher macht."

Am Ende des Videos gehen auch die Mädchen ins Wasser und springen vom Turm. Mit einfachen Mitteln gelingt dem Trio ein Clip, der nicht „hundertpro" zum Surf-Thema passt, aber vom imaginierten Brett fallen die Germeringer jedenfalls nicht. Im Gegenteil: Das Video wird eine wichtige Stufe auf der Karriereleiter der Sportis sein. Während die Vorab-Single „Wellenreiten" 1999 erscheint und das Video auf MTV und Viva läuft, verbringen die Sportfreunde viel Zeit im Hörsaal und büffeln zu Hause für die Uni. Song und Video bringen der Band den Slogan „mitreißender Freibad-Pop" (*Süddeutsche Zeitung*) ein.

Eine weitere Leidenschaft ist das Unterwegssein. „Anfangs waren wir ein ziemlicher Chaotentrupp, der dauernd auf Achse war", erinnert sich Peter, Ex-Mitglied der Band Stufe Drei, dem Germeringer Trio mit Andi Erhard und Florian Zwietnig. Rüde ergänzt: „Für uns ist dieses Unterwegssein total wichtig. Diese ganze Abwechslung, überall so viel Trubel zu haben und dann zu Hause überhaupt nicht mehr zu wissen, was los ist. Wir sind einmal sogar für ein zwanzigminütiges Konzert nach Berlin und am selben Abend wieder heimgefahren.“ Die „Fahrt ins Grüne“ von der Debüt-EP findet hier dank Jack Kerouacs Kultroman *On The Road* ihre Fortsetzung.

Als zweiter Track auf *Thonträger* ist Steve Allen am Piano im Jahr 1958 zu hören, wie er den nächsten Gast seiner TV-Show mit den Worten ankündigt: „In the 1950s the nation recognizes and admits a social movement called Beat Generation. A novel titled *On The Road* became a bestseller and it's author Jack Kerouac became a celebrity. Partly maybe because he'd written a powerful and successful book, partly because he seemed to be the embodyment of this new generation. Jack and I made an album together few months back in which I played the backround piano for his poetry reading and at that time I made a note to book him for the show because I thought you would enjoy meeting him. So here he is, Jack Kerouac!“

Auf Steve Allens Intro folgt der Song „Unterwegs“, einer der härtesten und punkigsten, den die Sportis jemals produziert haben. Hypnos TV postet „Unterwegs“ auf YouTube mit den Worten: „taken from the album ‚Thonträger‘ (1998) … very far away from the major label-bullshit later on …“ Peter Brugger schreit sich die Seele aus dem Leib. Es schwingt Bewunderung und Sehnsucht mit. Klar: Kerouac ist Vorbild, seine Romane Lieblingslektüre außerhalb der Schule und auch außerhalb der Uni. Kerouacs spontane Prosa findet sich in den Lyrics der Germeringer. Geschrieben hat Peter alle Texte auf dieser EP allein bis auf „Unterwegs“, den er sich gemeinsam mit Stufe-Drei-Kumpel Florian Zwietnig ausgedacht hat. Überhaupt steht Peter wieder im Mittelpunkt, auch optisch. Das Gruppenbild besteht aus zwei aneinandergeklebten Aufnahmen, einmal Rüde links mit Peter, dann Peter links mit Flo, sodass Peter zweimal in der Mitte erscheint.

Peter fragt im Song, ob er die Kerouac-Story nur geträumt habe und wo Jack jetzt sei und wie es damals gewesen sei in Amerika: „Du und Dean und Marylou [das sind Jack Kerouac und die Romanfigur Dean [Moriarty, in Wirklichkeit Neal Cassady] sowie Deans Freundin Marylou [eigentlich LuAnne Henderson]], in den Straßen, in den Gassen mit abgetragenen Jeans. Gestern schien es mir, als wäre ich dabei gewesen. Neben Dean und dir am Tresen, oder war ich nur im Traum mit euch? Unterweeeegs!" Und davor schon einleitend: „Wo warst du heute Nacht, Jack Kerouac? Ich habe dich gesucht. Würde gern wissen, wie es damals wirklich war: '47, '48, '49 in Amerika. Unterweeeeegs!" Dieser, der knalligste Song von Sportfreunde Stiller, nimmt ihren erfolgreichsten Fußballsong vorweg, indem er wichtige Lebensjahre Jack Kerouacs aufzählt, in denen der US-Autor erlebte, worüber er dann in *On the Road* schrieb. Im Song „Unterwegs" ist in nuce „'54, '74, '90, 2006" enthalten. Thematisch allerdings geht es nicht um Fußball, sondern um „Sex, Drugs 'n' Jazz", um rauschhaftes und intensives Leben, um das Modell der Beat Generation.

Die Germeringer bleiben auch später Verehrer der Beats und werden immer mal wieder daran erinnern: Am Ende eines ihrer erfolgreichsten Songs, „Ein Kompliment", ist folgender Text im amerikanischen Original zu hören: „Out we jumped in the warm, mad night, hearing a wild tenorman's bawling horns across the way going, ee-yah, ee-yah, and hands clapping to the beat and folks yelling go, go, go. And far from escorting the girls into the place, Dean Moriarty was already racing across the street with his huge bandit's thumb in the air yelling, blow, man, blow." Es spricht Jack Kerouac selbst: „Blow, man, blow." Diese Aufnahme hat im Mai 1957 stattgefunden, vier Monate vor Erscheinen des Romans *On the Road*, und schildert eine Szene in einem Jazz Club in San Francisco 1947. Daher Peters Ruf: „'47!"

Das auf diese Kerouac-Lesung folgende Lied auf dem Album *Die gute Seite* (2002) heißt „Sportbeat" und spielt auf die Beat Generation an, als deren bedeutendster Vertreter Jack Kerouac gilt. Um den Lebenshunger, die Abweichungen von der Norm, die Ablehnung des Spießigen durch die Sportfreunde besser zu verstehen, kann die Beschäftigung mit den Beats in den 1940er und 1950er Jahren hilfreich sein. Es lohnt sich, parallel zur Bandbiografie der Sportis den Lebensgeschichten von Jack Kerouac, Allen Ginsberg, William S. Burroughs, Neal Cassady, Lucien Carr, Herbert Huncke, Ken Kesey oder Lawrence Ferlinghetti nachzugehen. Sie verwirklichten eine Subkultur, die das Rauschhafte und die sexuelle Freiheit propagierte und gleichzeitig die Konsumgesellschaft der Nachkriegszeit ablehnte. Hinzu kommt, dass Jack Kerouac ein Sportfreund erster Güte war: Als Teenager bekommt er ein Stipendium für die Columbia University dank seiner herausragenden Leistungen im Football. Ein Beinbruch verhindert dann aber Jacks Karriere als Profi. Und auch Neal

Cassady ist ausgesprochen sportlich, was in alten Schwarz-Weiß-Filmen gut zu sehen ist. Und beide, Jack und Neal sind sexuell sehr aktiv.

„Nur einmal und zwar sehr gern möchte ich mit dir *verkehren.* Ich möchte dich verwirren, dich belehren, mich bei dir verlieren und nicht wiederkehren.“ Peter reimt *verkehren* mit verehren, begehren, bekehren, verwehren und sogar gern. Es ist der vierte Track auf *Thonträger*, gleich nach „Unterwegs“, und steht im Verdacht, statt im Rausch mit dem Reimlexikon verfasst worden zu sein: „Nur ein einziges Mal, ja, wirklich nur ein Mal und zwar sehr gern, möchte ich mit dir verkehren.“ Die Beatniks trieben es entschieden bunter und waren deutlich fordernder. Eine Rarität: die Mundharmonika, die dem Song eine Folk-Note gibt. Darauf folgt „Stereo“ mit der Bitte, das Gegenüber solle doch mal still sein, er höre sowieso schon stereo. Es könne alles so einfach sein, wenn sie sich gegenseitig erzählten, was ihnen am Herzen liege. Denn es gehe leider nicht alles so, wie der andere es sich vorstelle: „Denk doch mal um und sag nicht einfach, es ist so und so. Und überhaupt lässt du nichts andres gelten, weil recht hast ja sowieso nur du.“

Unverstanden wird sich hier der schnellsprechende Peter noch öfter fühlen. Den Abschluss bildet das bedächtig zweifelnde: „Jetzt haben wir's euch gezeigt … oder haben wir's vergeigt?“ „Jetzt haben wir's euch bewiesen, oder haben wir uns gar zu früh gepriesen?“ Nein: „Wellenreiten“ und „Unterwegs“ werden fortan auf vielen Gigs gespielt. Die Sportis sind insgeheim die Nummer eins des deutschen Twen-Punk. Sie sind nicht frisch und freundlich, sie sind nicht nett und harmlos, sie produzieren keinen bayuwarischen Schrammelrock und bemühen sich auch nicht um Ernsthaftigkeit. Sie sind ungestüm, gradlinig und roh und voller Emotionen. Ihre Erfolge in den überfüllten Clubs – u. a. im Februar 1998 im Babylon – und das Mini-Album *Thonträger* sowie möglicherweise Michi Sailer tragen dazu bei, dass endlich auch die Plattenbosse der Formation aus Germering eine Chance geben.

Michi schreibt damals u. a. für das WOM-Journal und erinnert sich: „Das Einzige, was ich journalistisch wirklich beigetragen hab, war eine Kritik über die zweite EP, im Juni 1998 im WOM-Journal, damals erstaunlicherweise die bei weitem meistgelesene Musikzeitschrift in Deutschland, 300.000 Leser – kann man sich heute nicht mehr vorstellen, was Popmusik da noch bedeutet hat. Das mit der Kritik ging eigentlich gar nicht, weil WOM ein bundesweites

Unternehmen war. Deshalb hatten wir zwar redaktionell völlige Freiheit, was wir schreiben – wir waren ja nicht auf Anzeigenkunden angewiesen, sondern die auf uns –, konnten aber keine Platten ins Heft nehmen, die keinen Vertrieb hatten, weil WOM die nicht zentral bestellen konnte. In diesem Fall war aber der Geschäftsführer in Urlaub, und ich als Plattenredakteur hab den Text hineingeschmuggelt, in dem ich mich auch noch recht abfällig über die blöde Industrie geäußert hab, die die Band damals immer noch ignorierte. Unsere Rezensionen waren generell kritisch, manchmal arrogant, oft extrem harte Verrisse, für die uns die Leser geliebt haben, und manchmal glühende Hymnen, weil wir irgendwie ja die größten Fans waren. In dem Fall war's eine Hymne, aber wie üblich kein Wort übertrieben oder gelogen. Vielleicht sind danach ein paar Leute in den entsprechenden Bunkern doch mal langsam aufgewacht: Huch, haben wir da was übersehen? Stolz wär ich darauf nicht, aber gefreut hat's mich schon. Obwohl es mir lieber gewesen wäre, Stiller wären geblieben, wie sie damals waren, und nicht bei Motor gelandet, als Fan, meine ich."

Und so klingt Michi Sailers WOM-Hymne: „*Thonträger* ist die geilste Platte von einer deutsch sprechenden Band, die seit langer, seit wer weiß wie langer Zeit erschienen ist. Mit zwei der schönsten Songs, die ich kenne. Und ich wage noch eine Prognose: Fast niemand (aufs Ganze gesehen) wird diese Platte kaufen. Viele werden in vielen Jahren viel Geld dafür zahlen, wenn sie einem der seltenen Exemplare leuchtenden Auges gegenüberstehen – im gut sortierten Raritätenhandel. Denn die drei Sportfreunde haben Pech: Sie kommen aus einer Gegend, die dumme Journalisten sofort zur Verwendung solcher Vokabeln wie ‚bajuwarisch' und ‚Buben' nötigt. Das ist schlecht. Denn obwohl inzwischen dank Bands wie The Notwist längst klar ist, wo Deutschlands musikalisches Epizentrum auch zu suchen sein könnte, haben nicht nur dumme Journalisten davon nichts mitgekriegt: Während in Berlin, Hamburg und anderswo für die Armada nutzloser und langweiliger Tocotronic- und Sterne-Replikanten der Weg aus dem Gitarrengeschäft direkt zur Vertragsunterzeichnung führt, gibt die im Süden ansässige Plattenindustrie ihr Geld für Sorgen- und andere Brecher aus und wundert sich, dass die keiner will. Also müssen Bands wie Sportfreunde Stiller ihre Platten selber machen, zum zweiten Mal schon, und wieder nur mit sieben Songs, weil das Geld nicht für mehr gereicht hat. Das ist schade, aber ehe man sich über solchen Widersinn die Haare raufen kann, dröhnt Peters

Gitarre los, als sei alles egal, und dann ist auch alles andere egal, ein knappe halbe Stunde lang, und dann wieder von vorn. ‚Jetzt haben wir's euch gezeigt und dabei fast die ganze Sache vergeigt' – nein, liebe Sportfreunde, auslachen tun wir die anderen. Ihr habt gewonnen: sieben zu null."

Zum Erstaunen aller wechselt der Namensgeber und Fußballtrainer Hans Stiller dann von der Bezirksligamannschaft SV Germering zum FC Emmering. (Später wird er Trainer beim TSV München-Milbertshofen.) Derweil werden die Sportis gemeinsam mit der Band Splendid von der deutschen Botschaft nach Usbekistan eingeladen und absolvieren im August mehrere Auftritte, u. a. in Schachrisabs und Samarkand und zuletzt in einer Nachtbar in Taschkent. Von den turbulenten Gigs zeugt ein Video: Die Sportis blödeln halbnackt mit Perücken, performen u. a. „Rocket Radio", überzeugen aber scheinbar nicht, denn eine TV-Moderatorin fragt den Veranstalter nach dem Gig: „Wie kamen Sie dazu, diese ambitionierte, jedoch unglücklich agierende Band nach Taschkent zu holen?" Der Festivalleiter daraufhin: „Nun ja, wir suchten eine Band aus Deutschland mit großem Namen. Dass man uns dann diese drei Rotzlöffel schickte, ist in der Tat unglücklich." Der TV-Bericht enthält danach Interviews mit Leuten aus dem Publikum. Ein Mädchen sagt: „Der Sänger hatte so blöde Rockposen drauf. Der Bassist ist der Süßeste. Wie der springen kann! Der Schlagzeuger scheint mir ein menschenfressendes Monster zu sein." Schnitt. Peter geht in einen winzigen Pool schwimmen, wird aber durch einen Hai in die Tiefe gezogen. Wenig später steigt schmatzend Flo aus dem Pool. Weitere Konzertmitschnitte zeigen die Sportis in Punk-Stimmung und ein ziemlich begeistertes Publikum sowie Polizisten vor der Bühne, die für Ordnung sorgen. Wie sehr die Sportis auch via Untertitel blödeln, zeigt sich gegen Ende: „… ferner bekam jeder einen voll funktionierenden Lada, in dem einer der drei nun Seerosen züchtet. Diese sind für 11 Euro das Stück erhältlich."

Bald nach der Rückkehr aus Usbekistan lösen sich Splendid auf. Allerdings macht Bassist Jochen Quindel, der kurz vor Usbekistan ausgestiegen ist, solo weiter (er spielte davor schon in der Band Projekt Paul) und setzt seiner Heimatstadt Germering noch das eine oder andere Liedermacher-Denkmal: „Die Endstadion ist Germering. Wertstoffhöfe, Siedlungsbrei, Edeka und Allgut, ja, das ist Germering … Und wem es nicht gefällt, jeder hier kann gehen."

Die Sportfreunde erleben auch harte Momente bei den Gigs. Journalist Josef Winkler erinnert sich, die Band im Sommer 1998 gesehen zu haben. Sie spielt auf dem Land in Trostberg nachmittags bei einem Open Air auf einem Kiesparkplatz vor 50 Leuten. Im August 1998 erscheint die erste Ausgabe des witzigen Fanzines *Pitti Platsch 3000* – Popkultur sportiv. Das Heft kostet zwei Mark und enthält Interviews u. a. mit Tocotronic, The Notwist oder Klaus Cornfield, der auch Bilder beisteuert. Peter kommt ausführlich zu Wort. Das Interview findet bereits am 12. Juli 1998 statt, an dem Abend findet auch das WM-Spiel um Platz 3 zwischen Brasilien und Frankreich statt: „Ich möchte gern mit den Beasty Boys verglichen werden. Die haben sich einen so wahnsinnig geilen Zustand erschaffen. Die machen halt zwei Jahre lang irgendwas – kümmern sich um ihr Label, um ihre Mode – und bringen irgendwann ein Album raus, das wieder so einschlägt – wahrscheinlich. Es ist gar nicht mal so hittig, aber einfach cool. Das möchte ich erreichen … Heute, das Spiel um Platz 3 geht mir ziemlich am Arsch vorbei. Aber was wirklich hart war: Wir haben zeitgleich mit dem Spiel Deutschland – Kroatien ein Konzert gehabt, in Österreich. Wir wollten nicht antreten. Wir haben gefordert, entweder früher oder nachher. Aber dann ging's halt einfach nicht, und wir haben es uns auf Video aufnehmen lassen. Wir sind natürlich verzweifelt. Aber ich find's geil, wirklich fünf Wochen lang nur Fußball zu glotzen … Ohhh, ja, die Freundin. Wir haben gesagt, wenn wir das überstehen, dann gehören wir zusammen … Dem Olaf Thon haben wir eine CD geschickt. Er hat noch nicht reagiert. Aber der hatte in letzter Zeit wohl auch Wichtigeres zu tun … ‚Isla Bonita' von Madonna haben wir heute im Bus gesungen. Heute haben wir lauter 80er-Jahre-Hits gesungen. Das war so geil."

Und auf die bevorstehende Reise nach Usbekistan angesprochen: „Wir sind von der deutschen Botschaft eingeladen worden, spielen zusammen mit Splendid drei Konzerte innerhalb von zehn Tagen Aufenthalt, lernen das Land kennen und rocken dort." Auf die Frage, wie viele Tagebücher er schon unterschrieben habe an diesem Tag: „(Stolz) Ein WM-Tagebuch und vier CDs". Und zu Panini-Alben: „Scheiße. Ich hab's wieder vergessen. Ich brauch unbedingt Tauschpartner. Sammelt ihr Panini?" Zu Fernsehserien: „*Verbotene Liebe*, Mann, da habe ich mich echt gut ausgekannt. *Lindenstraße* auch. Aber in letzter Zeit habe ich einfach keine Zeit gehabt – dank Fußball." Über *Thonträger* urteilt *Pitti*

Platsch 3000: „Weilheim, München: Bayern scheint endlich aus dem musikalischen Tiefschlaf zu erwachen. Zeigen wir's denen da oben! München rockt! ‚Die bayerische Antwort auf Tocotronic' blahblaht die Presse. Aber die Sportfreunde machen *den* Powerpop! Und diese Mini-CD ist einfach viel zu kurz. Der Refrain des letzten Tracks sagt es: ‚Jetzt haben wir's euch bewiesen, oder haben wir uns gar zu früh gepriesen?' Nein!"

Die größten Lieder der Pop-Geschichte waren immer die einfachsten

Am 15. Oktober 1998 spielen die Sportis im Berliner Molotow. In der *taz* erscheint eine begeisterte Vorankündigung samt langfristiger Prognose: „Mutig und mit großem Einsatz erobern die Sportfreunde Terrain in der Tabelle der Popmusik." Über Marc Liebscher schreibt die *taz*, der Manager habe sich in der Indie-Pop-Liga bereits seine Meriten verdient und baue nun das Sportfreunde-Team behutsam und beharrlich auf. Statt die drei Talente mit einer verfrühten CD zu verheizen, habe er sie auf zwei selbstfinanzierten EPs zwei Kurzeinsätze bestreiten lassen. Aber der volle Einsatz folge bald.

Im Frühjahr 1999 steht endlich fest: Sportfreunde Stiller werden ihr erstes echtes Album bei einem Major Label veröffentlichen, bei Tim Renners Motor Music. Die *BRAVO* klopft sofort an: Die Newcomer werden mit bravem Schwiegersöhne-Foto präsentiert. Die Band verbringt fortan noch mehr Zeit mit ihrer Musik, mit neuen Songs, mit Gigs und immer weniger mit Fußballspielen und Studium. Auch die Fußballtruppe Atomic Allstars, die aus dem Atomic Café hervorgegangen ist (in dem einer der DJs Marc Liebscher ist), muss immer öfter auf Peter Brugger verzichten. Im Frühling 1999 treten die Sportis so oft wie möglich auf, wobei Rüde auf der Bühne auch die Fußorgel spielt: „Ich habe es mir mit 14 Jahren so gewünscht, einmal in einer Band zu spielen und ein Konzert zu geben. In der Zeit war ich Riesenfan der Ramones, der Sex Pistols, auch der Ärzte und der Toten Hosen, und ich dachte mir: ‚Wahnsinn, einmal so etwas erleben zu dürfen.' Teilweise überkommt mich so ein unglaubliches Glücksgefühl, wenn ich hinter der Bühne stehe und weiß, dass es gleich losgeht. Das ist für mich das Größte." Peter sagt: „Ich kann mir oft vor dem Auftritt immer noch gar nicht vorstellen, wie das gleich sein wird. Aber sobald du oben stehst, ist das einfach geil. Flo haut in sein Schlagzeug rein, und ein Brett überfährt einen von hinten. Das ist einfach ein super Gefühl. Und wenn auch noch viele Leute da sind, dann ist es noch besser."

Konzertkritiker sind begeistert von der „Spielfreude" der Sportis bei Live-Auftritten, was auch mit dem ersten richtigen Plattenvertrag zu tun haben könnte, sprechen vom angenehmen und witzigen Trio oder von den frechen Kicker-Kommentaren zwischen den Songs, insbesondere zum FC Bayern und zum TSV München 1860: „Einmal Löwe, immer unten". Unter den Musikjournalisten bildet sich allmählich ein Fußballsprech aus, der bis heute praktiziert wird. Jede Gelegenheit wird von den Medien für ein mehr oder weniger gelungenes Fußball-Wortspiel verwendet, und manchmal wird das Trio selbst als Kicker-Team geschildert. So entsteht ein teilweise neuartiges Musik-Kicker-Idiom: Aus einem als Freundschaftsspiel anberaumten Auftritt wurde eine Band, deren Stärke in der Taktik liegt; die drei Freunde sind schier unschlagbar; sie bleiben die besten Lausbuben im Rock, hoch energetisch bis in die Verlängerung.

Bei Interviews wird „auf den (Fußball-)Zeh der Burschen von ‚Sportfreunde Stiller' gefühlt"; es wird gefragt, wie denn die Heim- und Auswärtsspiele in den Amateurclubs so laufen (damit sind Konzerte innerhalb und außerhalb Bayerns in kleinen Venues gemeint); von einem ersten „Länderspieleinsatz in Usbekistan" ist die Rede; der „hünenhafte Linhof ist nach der ersten EP auf der Bassposition für Erhard zum Team gestoßen" und sei aus der „Auftrittsbesetzung nicht mehr wegzudenken"; die Taktik bestehe darin, wie der US-Verein Nirvana in der „klassischen Grunge Dreierkette" aufzutreten; Kickerschuhe hätten die Sportis zum Glück gegen Gitarren eingetauscht; sie hätten sich endlich zu einem Major-Plattendeal hochgespielt; mit ihren Ohrwurm-Hooklines forderten die Jungs geradezu nach der nächsten *La Ola*; Brugger führe das Spiel mit Gitarre und Gesang an; reif für die Champions League seien auch die Texte; manche Reime würden im jugendlichen Überschwang aber ins Leere gehen; sie seien unschlagbar, so wie einst Real Madrid; ‚Wir müssen gewinnen' sei keine Phrase, die nur Angst vor dem Abstieg ausdrücke; sie hätten Anspruch auf einen Platz in der Champions League des Gitarren-Pops; mit etwas mehr Training könnten sie sich wohl bald erste Hoffnungen auf einen Ersatzbankplatz im Deutschpop-Nationalteam von Tocotronic und Kollegen machen; in der Liga stünden sie musikalisch neben Tocotronic, Samba, Aeronauten oder Blumfeld; die Stärke liege mehr in der Spielfreude als im Kopfballspiel; wo Tocotronic bekennen müsse, dass sie Ballsportarten hassen, da würden Sportfreunde Stiller erst auf den Platz gehen; geniale überraschende Spielzüge im Stile eines Stefan Effenberg; butterweiche Melodienpässe auf die CD gezirkelt; weiter geht das Kurzpassspiel zum nächsten Lied; und wieder zurück ins Rock-Mittelfeld; die Akustikballade falle aus dem taktischen Konzept; Songs wie guter Fußball; aber die CD sei ein Lattenkracher; „mit Schönspielerei gewinnt man nicht“, das passe auf das Album wie eine Blutgrätsche ans Schienbein; der Mannschaftsbus sei ins spanische Studio gesteuert worden; da erfolge der Anpfiff mit einem Lied, dessen Titel einer Frage entspreche, die sich viele Stiller-Fans bestimmt schon gestellt hätten; man könne die nächsten drei Lieder in der Fußballsprache als ein Abtasten beider Mannschaften (Musiker vs. Publikum) bezeichnen, wobei Strafraumszenen Mangelware seien; das Trio habe sich freigespielt; das Trio lasse sich in die Defensive drängen; dieses Lied könne man praktisch als Eigentor bezeichnen; jenes Lied sei ein Anschlusstreffer für den Gegner; in Sachen musikalische Fertigkeiten hätten die Sportis noch nie das Format eines Zidane oder Beckhams, sondern eher das eines Guido Buchwalds gehabt; man liefere solide Acker-Arbeit ab, agiere zwar manchmal etwas ungestüm und ungelenk, aber dafür gelinge einem ab und zu etwas Großartiges wie der Übersteiger im WM-Viertelfinale 1990, und fortan dürfe man sich liebevoll Diego nennen lassen; der Trainer Hans Stiller sei zufrieden gewesen mit dem Heimspiel der Sportfreunde, sei mit einem Leuchten in den Augen, wie man es bei Erich Ribbeck lange nicht gesehen habe, an das Mikrofon getreten und habe gesagt, die Jungs würden ganz schön Gas geben; auf so ein Spiel habe man lange warten müssen, aber jetzt könne man wieder stolz sein auf die eigene Heimat-Mannschaft; Drummer Flo, der so aussehe wie Stefan Beinlich, habe von hinten für ein Angriffsstakkato gesorgt – vorn hätten Peter und Rüdiger die Tore gemacht; das Publikum, enttäuscht vom Nationalmannschafts-Gegurke der letzten Monate, sei dankbar gewesen für die klugen Spielzüge; einige hätten in ihrer Euphorie sogar das Spielfeld gestürmt, zum Teil auch nackt; nichts habe die Sportfreunde von ihrem Spielfluss abbringen können, so könne Fußballdeutschland wieder aufatmen und hoffen – großer Nachwuchs kündige sich an und werde die

Welt erobern; ob Ball ins Tor oder Song ins Ohr, für beide gelte, „das Ding muss rein, egal wie“; jetzt werde die ganze Breite des Raumes ausgenutzt; das beste Sturm-Trio seit Klinsi und Fritz Walter; die neuen Songs bewegten sich auf gleicher Ballhöhe wie das Material vom *Real Madrid*-Album; das sei alles doch eher unteres Mittelfeld; die Torausbeute falle dieses Mal magerer aus; das Album sei ein bisschen wie ein Trainingslager in Spanien; man mache sich fit für die nächste Runde, studiere hier neue Spielzüge ein und frische dort alte Tricks auf, am Ende aber gelte: „Wichtig ist es auf dem Platz“ (gemeint sind Live-Konzerte); von dem morgigen Auftritt sei ein kombinationssicheres Direktspiel mit schönen Pässen zu erwarten; die Freunde hätten die Eckfahnen in den Vordergrund gerückt, zeigten etwaigen spieltechnischen Defiziten per Zwerchfell erschütternder Spaßpunk-Breitseite die rote Karte.

Vor allem in den Anfangsjahren machen die Sportis sprachlich gern mit. So antwortet Peter auf eine gelungene Frage mit „Volltreffer!“; sagt am Anfang einer Tour, dass die „Saisonvorbereitung nicht optimal“ gewesen sei, dass man jetzt froh sei, „wenn man nicht über den Ball stolpere“, und Flo schreibt im Fotoband *Tourbo-ok* über die Vorband Ash: „Ash spielten um 20:00 Uhr eine klasse Partie, kamen oft über außen und nutzten ihre Chancen. Volley teilweise. Ich war seitlicher Zaungast.“ Zudem nennt die Band ihre aktuellen Konzertreisen „Tour des Monats“ in Anlehnung an die monatliche Auszeichnung „Tor des Monats“ im Ersten. Und am Ende der letzten Zugabe sagt Peter: „Vielen Dank für den wunderbaren Torabschluss.“

Die Presse urteilt: Herausragend live seien die Darbietungen von den „Wunderbaren Jahren“ und von „Unterwegs“, „Wellenreiten“ habe darüber hinaus das Potential, sich zum Sommerhit 1999 zu entwickeln. Anfang Mai spielen die Sportis in München im restlos ausverkauften Incognito. Gegen Ende des Konzerts springt Peter in die Höhe: „Wir sind der Meinung, das war Spitze“, erinnert er an Moderator und Entertainer Hans Rosenthal. Ausführlich würdigen die Sportis die TV-Sendung *Dalli Dalli* dann auf dem vorletzten Song ihres ersten Albums *So wie einst Real Madrid* (es erscheint September 2000): „Spitze“. Seine letzte *Dalli Dalli*-Sendung moderierte Hans Rosenthal 1986. Von 1995 bis 1997 läuft *Dalli Dalli* wieder im ZDF. Damit ist die Sendung beim Publikum erneut sehr präsent. Der eingefrorene „Spitzensprung“ im Fernsehen bleibt das Markenzeichen von Hans Rosenthal und *Dalli Dalli*. Das verschwitzte

Publikum im Incognito tanzt, hüpft und springt mit Peter, Rüde und Flo. Die Kommentare danach: geile Melodien zu fetziger Gitarre, Bass mitten in die Magengrube, rockige Drums, Traum-Stimme.

Im Sommer und Herbst 1999 sind die Sportfreunde mit der Konzeption und den Aufnahmen für ihr erstes Album beschäftigt, treten aber immer wieder bei besonderen Anlässen auf, beispielsweise beim MTV-Southside Open Air Festival im Juni auf dem Gelände des ehemaligen Flugplatzes Neubiberg. Die Bühne ist etwa 40 Meter breit und 10 Meter hoch. Es kommen rund 27.000 Besucher. 37 Acts treten auf zwei Bühnen an diesem Wochenende mit Woodstock-Feeling auf, u. a. Blur, Massive Attack, Courtney Love (sie wird ihrem Ruf als Schlampe der Rockmusik gerecht), Marilyn Manson (spielt nur 20 Minuten, woraufhin das Publikum randaliert), Placebo, Stereolab, Chemical Brothers. Die deutsche Rock-Pop-Szene begeistert das Publikum, u. a. die Fantastischen Vier, Guano Apes oder Liquido.

Als Lokalmatadore treten die Bananafishbones aus Bad Tölz (sie sind mit den Sportis befreundet seit den allerersten Anfängen 1995), The Notwist aus Weilheim und eben Sportfreunde Stiller aus Germering auf. Die Kollegen aus Niedersachsen, die ebenfalls beim Festival spielen, sind heute weniger präsent: Ich-Zwerg, Mellow Sirens, Eat No Fish, Oohmph! Der Tagespass kostet 60 Mark, das komplette Festivalticket inklusive Camping 94 Mark. Empfohlen wird die Anreise per S-Bahn. Der MVV setzt auch nachts Sonderzüge ein. „Wellenreiten" passt perfekt in diese Festival-Atmosphäre bei gutem Wetter (inklusive Gewitter am Samstagabend) mit einer Hunderttausend-Watt-Musikanlage, mit 300 Scheinwerfern, Stroboskopen, mehreren Nebelmaschinen, drei Dutzend Versorgungsständen und einem großen Basarbereich ähnlich wie beim Tollwood samt Trampolin und Balooning sowie einer noch viel größeren Fläche für die Camper: „Keinen Augenblick mehr ohne das Gefühl von heute Morgen" heißt denn auch einer der Ohrwurm-Sätze beim bayerischen Southside-Festival, das beweist: Der Indie-Rock kommt gerade sehr gut im Mainstream an.

Mit Bands wie Attwenger, Blumfeld, Isar 12 oder FSK bleibt das viel kleinere Open Air in Puch abseits vom massentauglichen Rock. Zum zehnten Mal findet es am 24. Juli 1999 statt. Stammgäste sind die Sportfreunde. Für alle, die nicht mit dem Auto zum Festival fahren, bieten die Veranstalter einen

Bus-Shuttle-Service vom Petershauser Bahnhof aus an – ganz ohne Stau und Woodstock-Feeling. An noch kleineren Venues zeigen die Sportis gern eine kleine Slow-Motion-Performance, fixiert auf einem Schwarz-Weiß-Foto in der Asta-Kneipe in Rosenheim 1999, ausverkauft mit 85 Gästen. Flo holt aus, bewegt sich mit den anderen zwei fast eine Minute lang nur ganz langsam. Die Zeitlupen-Darstellung wird zum Running Gag. Bei solchen Gigs verwenden die Sportis einen Palletten-Vorhang wie im Atomic Café.

Am 30. Juli 1999 wird das „Wellenreiten"-Video im Atomic Café vorgestellt in Anwesenheit der Band und ihres Managers Marc Liebscher. Auch ein Film der turbulenten Usbekistan-Tour wird gezeigt. Liebscher weist darauf hin, dass die Sportis mit einer einmaligen Ausstrahlung des „Wellenreiter"-Videos auf Viva Zwei mehr Leute erreichten, als sie es in einem Jahr mit 80 Konzerten schaffen könnten. Liebscher war ein Frühstarter und Kenner der Szene. Er reiste als Fan der Band Die Ärzte hinterher und entwickelte so einen Blick für das, was auf einer Tour drumherum passiert. Er holte als 18-Jähriger den britischen Songwriter Rodney Allen nach Deutschland und veranstaltete mit ihm Konzerte, weil das für ihn die einzige Möglichkeit war, sein Idol live zu erleben, weil er so auch als DJ Platten auflegen konnte und vielen Leuten gute Musik näherbrachte. Rodney selbst war erst 16 Jahre alt, als er 1986 von Martin Whitehead entdeckt wurde und bei ihm seinen ersten Plattenvertrag bekam. Whitehead hatte kurz davor das Label The Subway Organization gegründet und war selbst Songwriter und Gitarrist bei der Indie-Pop-Band The Flatmates, deren Song „Shimmer" 1988 Platz zwei der UK-Indie-Charts erreichte.

Marc Liebscher kannte all diese Verbindungen im Zusammenhang des Indie-Pop-Booms Großbritanniens. Rodney selbst, ein flinker Rhythmusgitarrist, veröffentlichte bei Whitehead das Album *Happysad* (1987) und die EP *Circle Line* (1988), war danach kurze Zeit Gitarrist bei The Chesterfields und ging schließlich zu den 1981 gegründeten und bis heute aktiven The Blue Aeroplanes, bei denen er manchmal auch solo sang. Rodney blieb dort bis 1995. Für Marc war er einer der ganz Großen des Britpop. Es gelingt Marc, mit Rodney 1989 im damaligen Club Vogue ein Konzert zu organisieren (1995 ein weiteres – das erste – in der Musikkneipe Südstadt in der Thalkirchner Straße). Gemeinsam mit Max Göbl organisiert er als Kleinfirma Sonic Flower über 50 Konzerte: „Eine Superkonstellation, auflegen und Bands buchen", so Marc.

Der heutige Musikmanager (er betreut u. a. Malva oder Paul Kowol) und Musiker (Gitarre, Keyboard, Piano bei Cat Sun Flower) Gerald „Gerry“ Huber erinnert sich an die Anfangsjahre: „Ich habe Marc Mitte 1992 kennengelernt. Er und sein Kumpel Maxi Göbl waren damals ein DJ-Duo. Beide waren Fans meiner Band Cat Sun Flower. Nach einem Auftritt kamen sie zu uns und haben sich vorgestellt. Marc arbeitete damals unter dem jetzigen Target-Chef Michael Löffler als Azubi bei Mama Concerts. Als dann 1993 ein Support Act für die Tournee der Blue Aeroplanes gesucht wurde, hat Marc uns gefragt, und wir haben sie gespielt. Danach war er kurzzeitig unser Manager (wozu ich auch noch ein paar Anekdoten wüsste ;-) – mit Anfang 20! Schon damals meinte er: ‚Irgendwann krieg ich eine Band bei einer Major Company unter.‘ Er sollte rbehalten. Danach haben wir noch zusammen den *Guide* gemacht, ein Konzert-Veranstaltungsheftchen. Ganz wie von selbst habe ich also immer die News mitbekommen und die Art und Weise, wie er seine Sportfreunde angeboten hat, z. B. als ‚Buffalo Tom auf Deutsch‘.“

Gerald Huber erinnert sich, dass er einer der Ersten gewesen sei, denen Marc das allererste Demotape von Stiller in die Hand gedrückt habe – und wie er zusammen mit Marc eines der ersten Konzerte der Sportfreunde im Substanz organisierte. Daran erinnert sich seinerseits auch Peter noch gut, als besonderen Moment in der Zuschauermenge. Huber: „Mit den ‚Dreien‘ verbindet mich seit jeher ein freundschaftliches Verhältnis, auch wenn wir uns wenig sehen. Da ich seit Anfang der 90er auch als Musikjournalist tätig bin, habe ich überall, wo ich die Möglichkeit hatte, über sie berichtet, so z. B. auch im *Penthouse*, da kannten sie noch recht wenige, danach womöglich ein paar ältere, lüsterne Männer mehr ;-). Na, wie auch immer: Marc und mich (und unsere Partnerinnen) verbindet seit über dreißig Jahren eine enge, vertrauensvolle Freundschaft, und wir treffen uns im Pini zum Kaffeetrinken, zum Austausch, da auch ich semiprofessionell im Künstler-Management tätig bin, für Malva und/oder Paul Kowol, den ich bis vor einem Jahr zusammen mit Marc betreut habe. Egal ob Flo, Rüde oder Peter, immer wenn ich einen der Sportfreunde treffe, sind sie genauso wie damals: nett, höflich, lustig, interessiert, aufgeschlossen, schlau, freundlich. Die haben sich, in meiner Wahrnehmung zumindest, nicht verändert, was für top Charaktere spricht. Ich mag alle vier sehr gern, und es ist eine große Freude, ihre Karriere aus der

Ferne, von den Anfängen bis heute und hoffentlich noch eine gute Weile, beobachten und begleiten zu dürfen", so Huber.

Im Juli 1999 schafft Marc Liebscher mit den Sportis den bisherigen Peak seiner Karriere. Er lernt ja davor schon das Event-Handwerk bei Marcel Avrams Mama Concerts, legt im 1993 im Souterrain des Lindwurmhofs eröffneten Stromlinien-Club („Strom", wo zuvor – seit 1968 – die legendäre Disco „Crash" war) und im Atomic Café auf, versucht es mit eher kurzlebigen Bands wie Splendid oder The Vertical Orange Crash (sie lösen sich 2001 auf, treten allerdings 2004 im Raum München wieder auf), gilt damals als „die gute Seele der Germeringer Popgemeinde" (*Süddeutsche Zeitung* – obwohl er es gleichzeitig mit der Band Samba aus dem Münsterland versucht), ist gut vernetzt in der deutschen Indie-Szene, versorgt flächendeckend Fanzines und Stadtmagazine mit den beiden bei seinem Label erschienen EPs der Sportis, beantwortet immer noch persönlich jede Fan-Anfrage und bereitet das erste Album der Sportis bei Motor Music vor. Die Sportfreunde tun selbst alles, um erfolgreich zu sein: „Ich würde sogar mit Mehmed Scholl ins P1 gehen", witzelt Peter, der sich immer noch beklagt, im Tourbus für die Uni büffeln zu müssen.

Am 9. April 1999 treten sie in Berlin im Marx auf. „Die tanzlosen Tage sind vorbei!" freut sich die *taz* und spricht von fußballbesessenen Punkpoppern, ihren rasanten Dreiminuten-Songs, von „musikalischem Fitnessprogramm", und eine Deutschlandtour würden die Sportfreunde wohl „im Joggtempo zu Fuß zurücklegen, nur um wie ihr Idol Jack Kerouac mal wieder ‚Unterwegs' zu sein". Bei ihren Konzerten würden sich die drei stets zu Gunsten des Publikums mit höchstem sportlichen Ehrgeiz verausgaben. Der Begriff „Punkpopper" fällt öfter im Zusammenhang mit den Sportfreunden in den ersten Jahren. Michi Sailer analysiert: „Punk gab's 1976, mit einem langen Rattenschwanz bis Ende 77. Punk war in erster Linie total neu, schockierend, schrill und grell, dagegen. Das hat dem Establishment eine solche Angst gemacht, dass die dachten, das ganze westliche System stürzt zusammen. Das war auch der Ansatz, situationistisch: Wir nehmen euch die Welt weg! 1978 war das nicht mehr neu. Was wir so um 1980 rum gemacht haben, war eigentlich auch nicht Punk, es hörte sich ja auch vollkommen anders an als die Musik damals, aber es gab keinen guten Begriff dafür. Wesentlich blieb aber, dass die Musik neu, anders, gewagt und irgendwie auch schockierend sein musste, siehe Post-Punk, Bands wie Gang of

Four, PIL, die Banshees, der ganze tobende Untergrund. Irgendwann waren die Möglichkeiten aber erschöpft, es gab keine Grenzen mehr zum Überschreiten, und da fing das Comeback der Popmusik an, ungefähr 1983. Das war da irgendwie auch wieder neu, nach dem ganzen dunklen Weltzerstörungs-Wahnsinn. Und es war sogar irgendwie situationistisch, weil es so plötzlich kam, dass es die ‚Herrschenden' (also auch die Plattenindustrie) schon wieder völlig überfordert hat: Schlagartig flogen Tausende Singles in die Läden, alles Hits, alle nicht bei einem Major, sondern selbstgemacht! Die kriegen aber irgendwann doch alles unter Kontrolle, was sich vermarkten lässt. Stiller waren am Anfang absolute Popmusik, rebellisch, laut, schnell und melodiös, mit so einem kleinen Schuss Grunge, wie man das nannte – einer zaghaften Verweigerungsgeste. Später ist selbstverständlich auch das wieder zur Formel erstarrt, das geht halt immer so, und da sagt man dann am besten: Hauptsache, der Song geht ins Ohr."

Das Engagement der Sportis fordert Opfer. Freunden ist es oft schwer zu vermitteln, warum man sich so selten sehen kann, warum man immer auf Achse ist: „Je häufiger diese Leute auch mal mit dabei sind und uns zum Beispiel auf Festivals oder im Studio besuchen, umso mehr kann man dieses Leben mit Außenstehenden schon irgendwie teilen", sagt Peter. „Aber nur durch Erzählungen ist das sehr schwer zu vermitteln. Ich finde manchmal auch, dass das ein sehr kaputtes Leben ist, wenn man stellenweise stundenlang nur im Bus hockt, total tot ist und durchhängt, weil man am Vorabend wieder ein Konzert hatte und das ewig lang ging. Man kann überhaupt keinen klaren Gedanken mehr fassen. Erst am Abend geht es so langsam wieder los, dann redest du mit Leuten und erlebst so viel – das ist wirklich schwer zu beschreiben. Man hat eben einfach nicht mehr so viel Zeit, um sich um Freundschaften zu kümmern. Das ist wirklich etwas, das gegen das Ganze spricht, so intensiv es auch ist. Du wendest wirklich viel Zeit auf, rund um die Uhr denkt man nur an die Musik. Da geht schon etwas verloren, was Freundschaften anbelangt."

Am Germeringer Open Air an der BMX-Bahn können die Sportis Mitte September 1999 nicht auftreten. Das Publikum muss sich mit den ebenfalls aus Germering stammenden Co-Stars begnügen, deren Kopf Erwin Zißelsberger ist. Im Gepäck haben sie die gerade erschienene EP *Demain, Peut-être* (*Morgen, vielleicht*). Weiter treten auf: S.L.A.N.G („harte Riffs" mit „poppigen Strophen" und „laszivem Stöhngesang", so kündigt es der Pressetext an) und die schon beliebten Butterside Down, Manana Beat und Marigold. Die Germeringer vermissen aber ihre Hausband, die Wellenreiter-Knastbrüder. Sie wollen die positive Energie und die Euphorie spüren: „Sobald wir auf der Bühne stehen, wird bei jedem von uns ein Schalter umgelegt, da kann ich noch so müde sein. Irgendwas tut sich da, das Adrenalin schießt hoch, oder vielleicht ist es auch das Feuer, das in Rüdigers Körper brennt. Ich finde es jedenfalls bei einem Konzert wichtig, dass eine Band ihre Lieder nicht nur runterspielt. Das kann schön sein, aber nicht mehr. Deshalb sollte jedes Konzert von uns ein gemeinschaftliches Erlebnis sein“, fordert Peter.

Und was machen Sportfreunde Stiller im Studio und beim Songwriting anders als all die Bands aus ihrem Umfeld, die heute weitgehend vergessen sind: „Musik muss aus dem Bauch kommen. Ich muss keine superkomplizierten Stücke machen, sondern Songs mit einfachen Strukturen, die harmonisch klingen. Schließlich waren ja auch die größten Lieder der Pop-Geschichte immer die einfachsten. Hauptsache, es macht Spaß“, sagt Peter Brugger während der Entstehung der ersten Lieder für das Debütalbum *So wie einst Real Madrid*. „Ich glaube, dass mir das Texten und Singen bis heute dabei hilft, mich authentisch zu verhalten und selbstsicherer zu werden“, sagt er noch 2013.

Hier bist du Mensch, hier darfst du's wirklich sein

Die Lo-Fi-Zeiten der Sportis sind vorbei. Die Aufnahmen finden im Casa Pepe Studio, einer ausgebauten Finca im spanischen Jávea statt. Die Hafenstadt (im Valenzianischen Xàbia genannt), liegt zwischen Valencia und Alicante, hat heute fast 30.000 Einwohner und bietet den Einheimischen und Touristen mehrere Badestrände. Das Klima dort zählt zu den besten der Welt. Studio, Wohnhaus, Swimmingpool (alles beieinander) sorgen für eine gute und kreative Arbeits- und Freizeitatmosphäre. Und alles ist neu hier, denn der 1960 geborene Musikproduzent Uwe „Don“ Hoffmann weiht das Casa Pepe Studio in Xàbia 1997, also nur gut zwei Jahre vor Ankunft der Sportfreunde, ein. Damals mutet Xàbia wie ein romantisches Fischerdorf an. Zuvor hat Hoffmann u. a. Schlagzeug bei The Other Ones gespielt, 1982 das Preußen Tonstudio in Berlin gegründet und dort etwa Die Ärzte produziert. Hoffmann sorgt dafür, dass der

Sound der Sportfreunde ab sofort weicher, eingängiger und melodiöser wird, u. a. auch dank mehr Keyboards, dank künstlicher Streicher und Bläser. Die Produktion ist vergleichsweise aufwendig und bedeutet einen Richtungswechsel weg vom Indie-Rock hin zum Mainstream-Pop. Auch die Songtexte verlassen hin und wieder das ursprünglich emotional Aufgeladene, das Drängende der Frühphase. Sie sind nach wie vor originell, aber manchmal allgemeinerer Art und geschliffener, was sich auch da und dort in der Themenwahl zeigt.

Der Opener „Rocket Radio" enthält die Zeile: „Ich versichere Ihnen, und das ist nicht gemein gemeint, Melodien haben schon Millionen vereint." Peter Brugger formuliert unmissverständlich Wunsch und Ziel seines Songwritings. Das Booklet enthält detaillierte Infos: Alle Texte hat Peter geschrieben, bei einigen wenigen Songs hat er sie gemeinsam mit Flo oder mit Flo und Rüde verfasst. Im Hintergrund läuft die Kooperation mit Natascha Augustin weiter: „Peter S. Brugger: Warner/Chappell", heißt es am Ende der Song-Infos ohne vergleichbare Hinweise für Flo und Rüde. Dabei wird das Album produziert von „Motor Music GmbH, Hamburg, A Universal Music Company". Zwei Songs nehmen die Sportis nicht in Spanien auf, („Spitze" und „Wellenreiten '54"), sondern im Plan 1 Studio in München. Die Freunde-Fotos stammen wieder von Tibor Bozi, das Artwork von den Gründern des Atomic Café und der Firma s.p.e.c.t.r.e münchen, und alle Titel wurden gemastert bei m.m.sound. Bemerkenswert der Hinweis: „eingekleidet von big star, hennes & mauritz, lacoste / angezogen von susi legat". Die Studenten aus der Vorstadt versuchen sich als Fashionistas. Fotografiert wurden die Germeringer Models in spe in München in der Scalar Lounge, im K3-Studio und hauptsächlich im Atomic Café.

Als Erstes werden im Tonstudio die Schlagzeugspuren aufgenommen. Deshalb ist Florian vor den anderen fertig. Danach schreibt er Arbeiten für die Uni und lernt weiter. Während der Studioarbeit bleiben sie sowieso eng mit der Heimat verbunden. Kommilitonen faxen die Aufgaben ins Studio. Auch Peter ist ehrgeizig, möchte weiterstudieren: „Ich bin damals leicht übermotiviert von Valencia extra für ein Seminar nach Hause geflogen. Den Schein hätte ich dringend gebraucht, und ich hatte schon zweimal gefehlt. Nach dem Flug nach München war ich aber so müde, dass ich nicht hingegangen bin." Peter hasst Statistik: „Das war die gefürchtete Klausur bei den Sportstudenten. Für alle, die etwas anderes studieren, wäre die völlig lächerlich, aber bei uns hatten alle Angst davor, und die Hälfte ist durchgerasselt, weil man da denken muss." Peter scheitert aber erst mal nicht an Statistik, sondern im Fach Leichtathletik: Er sollte die Kugel sechs Meter weit werfen, schafft aber nur ca. vier Meter zwanzig. Ein Kommilitone nimmt eine leichtere Kugel, eine für Frauen, und besteht die Prüfung, aber Peter schummelt nicht. Er wechselt zu Sport auf Lehramt, und damit kommt das Fach Latein hinzu.

Im Frühling 2000 sagt er dem *Spiegel*: „Ich habe durch mein Latein-Studium die deutsche Sprache erst richtig begriffen. Latein hat meinen Blick für die deutsche Grammatik geschärft. Ich habe gelernt, punktgenau zu formulieren." Das Studium will er unbedingt fortsetzen: „Die Zeiten sind vorbei, in denen es für einen Musiker nur um Sex, Drugs und Rock 'n' Roll gehen konnte und alles andere scheißegal war. Ich möchte nicht mit 50 als Altrocker irgendwo auf Dorfbühnen oder bei Volksfesten im Bierzelt spielen. Da würde ich schon lieber als Lehrer arbeiten." Aber er müsste dreimal pro Woche in der Früh um sieben erscheinen. Er versucht es, immer wieder, scheitert aber letztlich. Der Dozent rügt ihn: „Ja, muast'n do singa?" Peter bleibt immatrikuliert, vor allem wegen der Krankversicherung, widmet sich aber immer stärker der Musik. Seine Eltern machen sich Sorgen. Peter zitiert seine Mutter wie den Dozenten mit den Worten „Ja, muast'n do singa?" „Sie wollte mich überreden, aufzuhören. Das mit dem Musizieren sei ja okay, aber ob ich das Singen nicht lassen könne?", erklärt Peter.

„Rocket Radio" zielt einerseits hoch (Melodien vereinen Millionen), andererseits reduziert der Song die Erwartungen, so als ließen sich die HörerInnen auf eine Radiosendung ein. Zu Beginn wird denn auch am Transistorradio der Sender gesucht. (In den Liner Notes wird jeder Song kurz kommentiert: „stell den sender ein!") Dann legen die Sportis los. Uptempo. Straighter Gitarrenrock. Das Publikum wird angesprochen: „Guten Tag, sehr verehrte Damen und Herren, Sie sollten sich jetzt nicht beschweren. Waren es nicht Sie, die sagten, Sie hätten gern mal was auf die Ohren?" Und Peter schlägt vor: „Wie wäre es, wenn Sie sich nur wenige Minuten den Geist durchfluten lassen, sich mit neuen Ideen befassen, die Sie sonst so nicht sehen." Die Produktion ist ausgeklügelt. Garage war gestern. Jetzt ist es perfekt abgemischt inklusive der

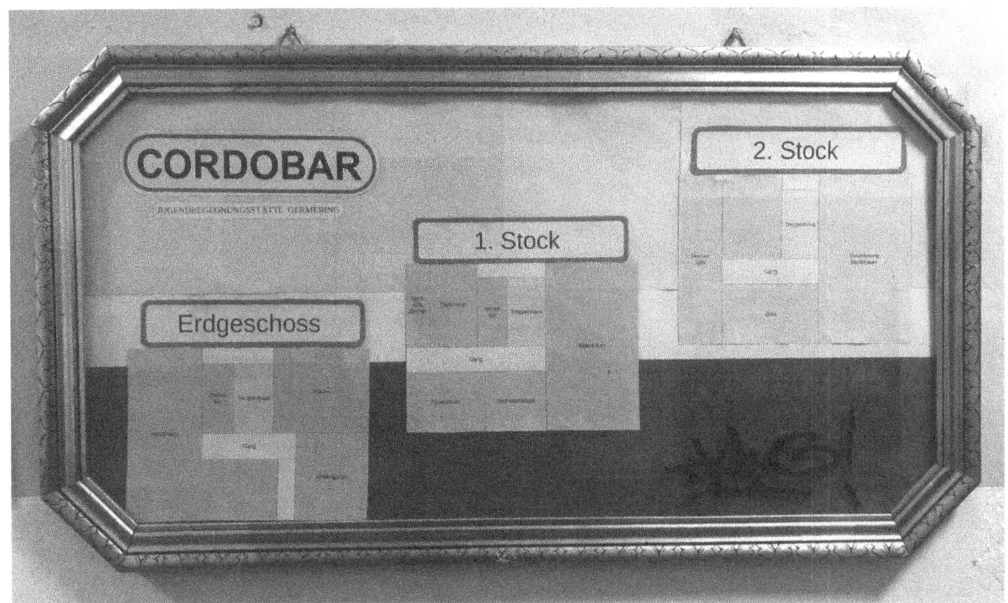

Der „Knast", heute Cordobar, Schauplatz des ersten Auftritts.

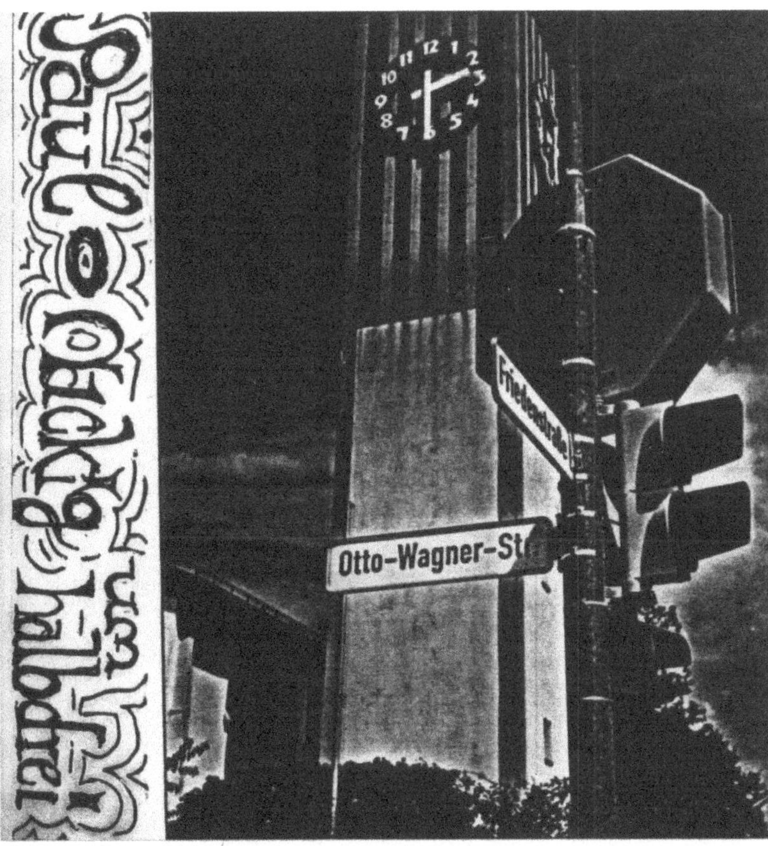

Nackig um halb drei in Germering 1994 – Peter Brugger als Drummer in der Band Projekt Paul.

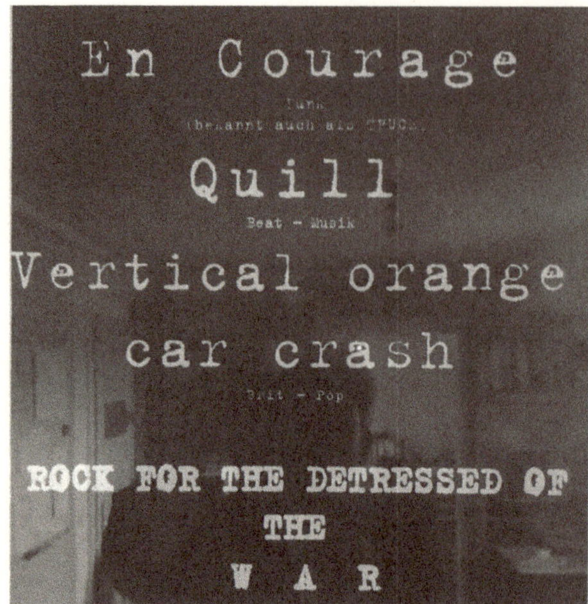

Vertical Orange Car Crash
mit Peter Brugger als Drummer
live im Knast 1995.

Germ-O-Tronic

Konzerte angesagter Germeringer Bands

The Vertical Orange Car Crash (wunderschön trauriger Noisepop zwischen Codeine und Buffalo Tom):
16. Juli im Backstage Club
25. Juli an der FH München

Ultra Violet (Sixties-Sound nicht nur für Mods und solche, die es werden wollen):
15. Juli im Mainstreet Club
16. Juli im Backstage Club
20. Juli im Calimu
3. August in der Wunderbar

Stiller (Kicker-Abonnenten und Verehrer des tocotronischen Schrammelsounds):
20. Juli in der Wunderbar

Splendid (Lässige Klamotten, groovy Orgel und vieles mehr):
31. Juli Biergarten Open Air, FH Pasing am Stadtpark *zof*

Stiller – noch ohne Sportfreunde –
spielen 1996 Kicker-Punk in der Wunderbar.

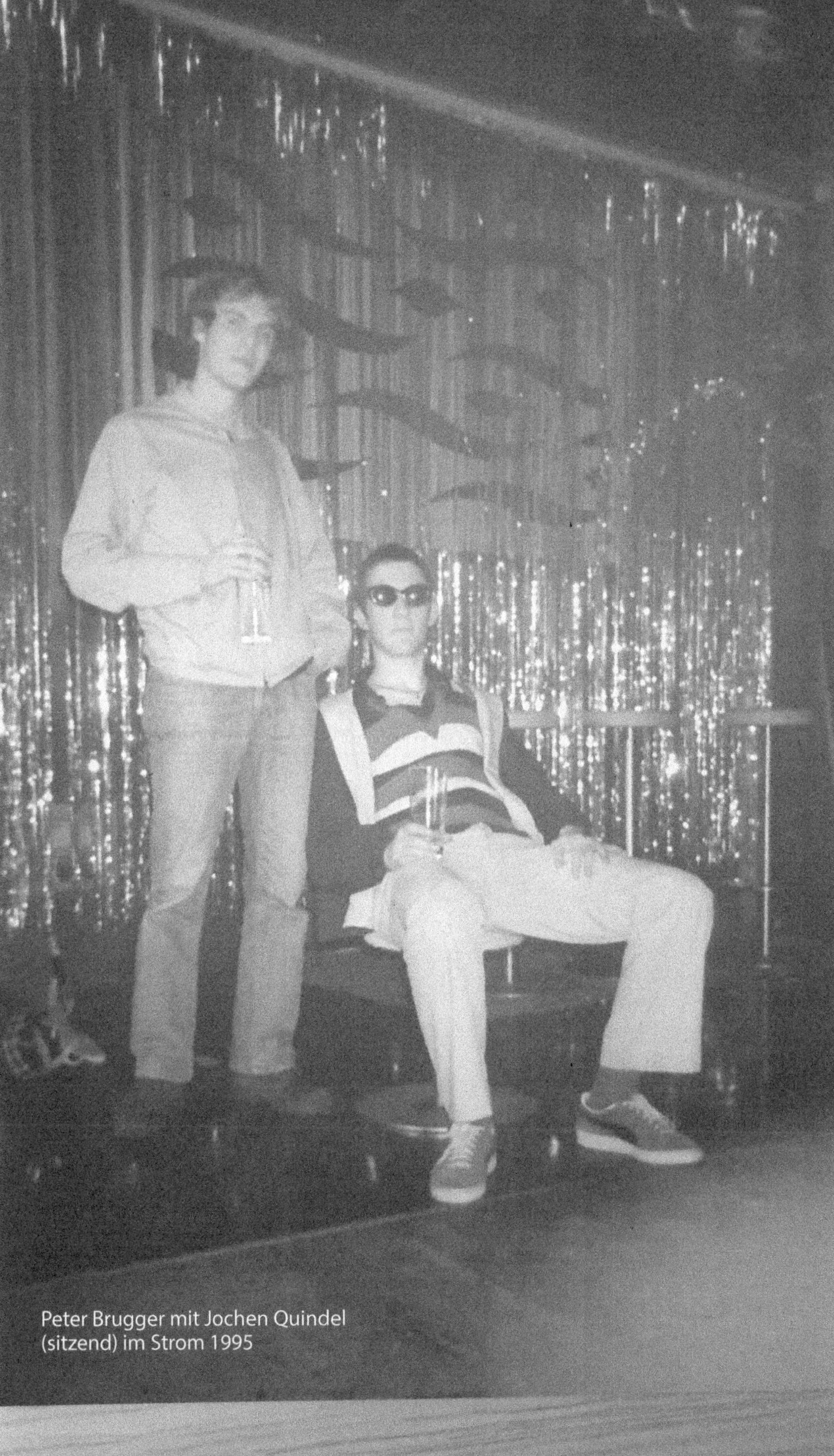

Peter Brugger mit Jochen Quindel
(sitzend) im Strom 1995

DER GERMERING-KOSMOS

PUMA
Jochen

SPLENDID
Bene
Jochen
Gunther
Thomas

QUILL
Anja
Gunther
Markus
Holger

ULTRA VIOLET
Sascha
Christoph
Alex
Stephan

THE VERTICAL ORANGE CAR CRASH
Thomas
~~Sascha~~
Andi
Peter

STILLER
Florian
Andi
Peter

Skizze von Christoph Koch zu den wichtigsten Knast-Bands 1996.

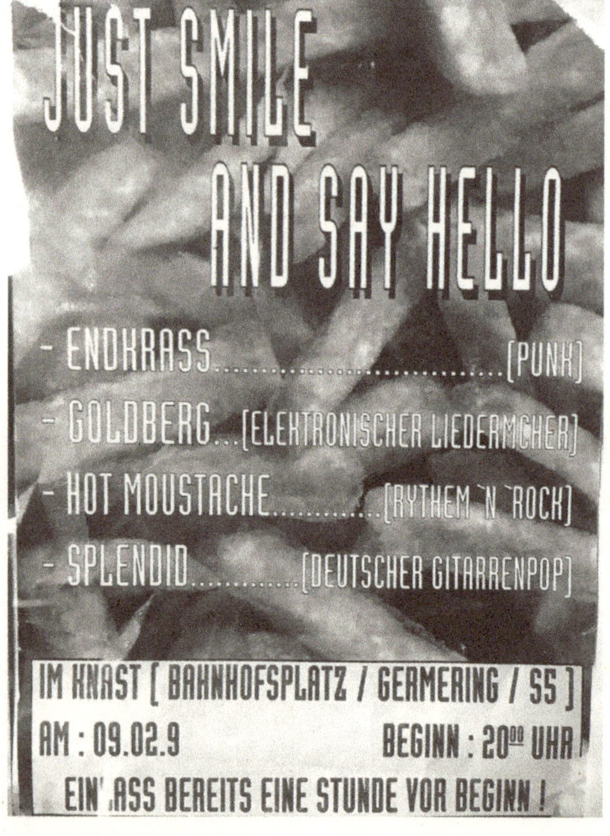

Endkrass spielen Punk im Knast 1996.

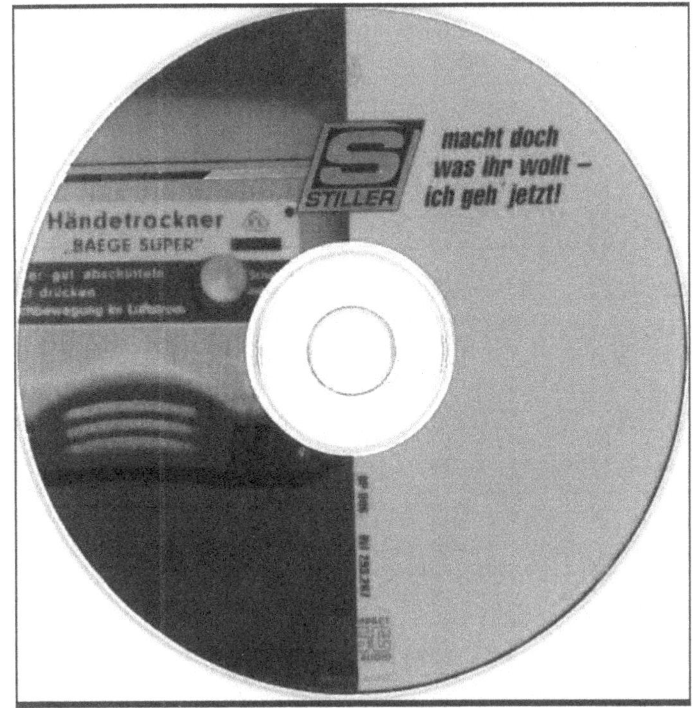

Das Stiller-Logo auf der ersten Mini-Disc, noch ohne Sportfreunde.

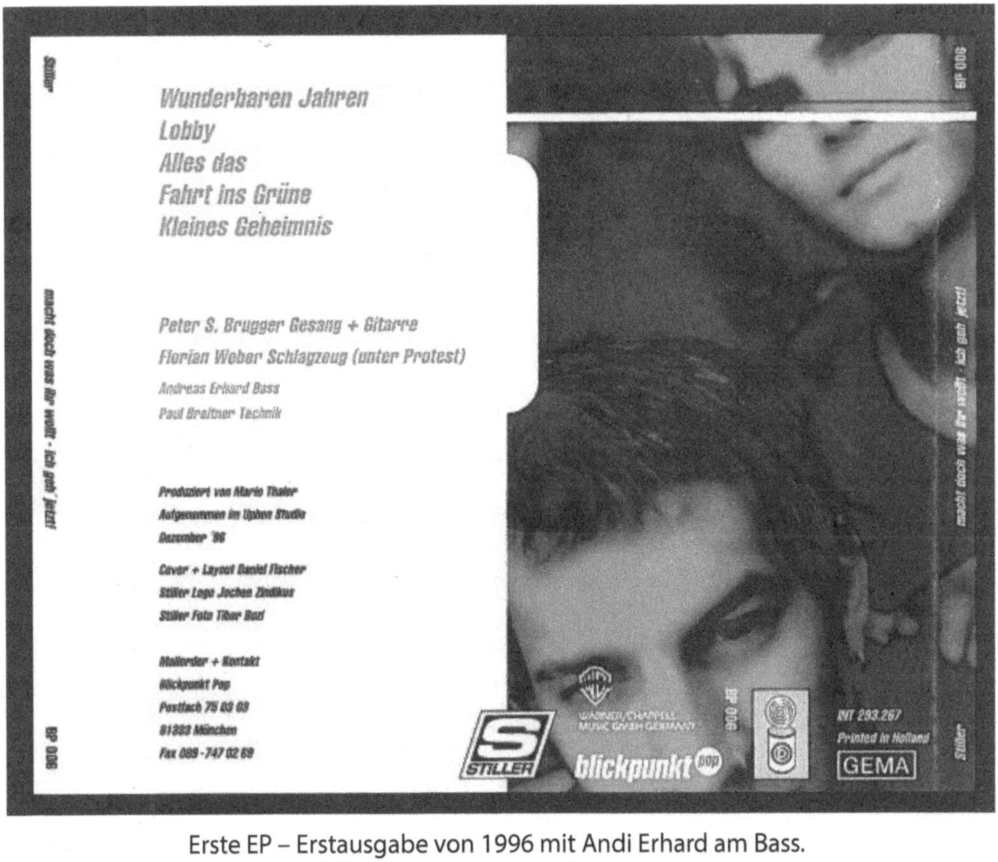

Stiller

Wunderbaren Jahren
Lobby
Alles das
Fahrt ins Grüne
Kleines Geheimnis

Peter S. Brugger Gesang + Gitarre
Florian Weber Schlagzeug (unter Protest)
Andreas Erhard Bass
Paul Breitner Technik

Produziert von Mario Thaler
Aufgenommen im Uphon Studio
Dezember '96

Cover + Layout Daniel Fischer
Stiller Foto Tibor Bozi

Mailorder + Kontakt
Blickpunkt Pop
München

macht doch was ihr wollt - ich geh jetzt!

BP 006

STILLER
blickpunkt pop
Printed in Holland
GEMA

Erste EP – Erstausgabe von 1996 mit Andi Erhard am Bass.

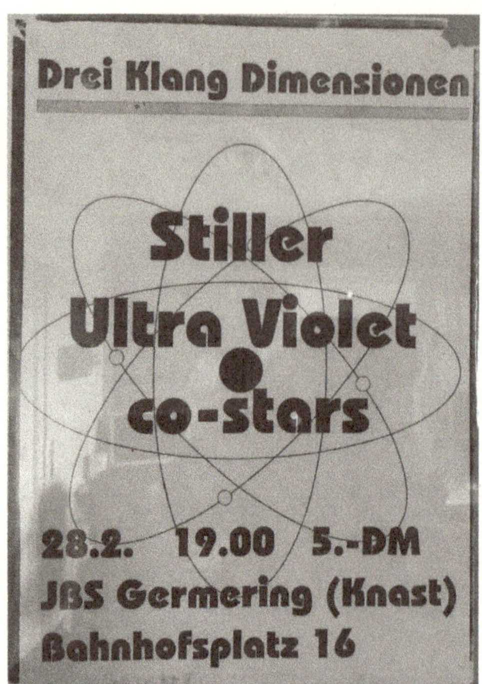

Germeringer Bands live im Knast im Februar 1997.

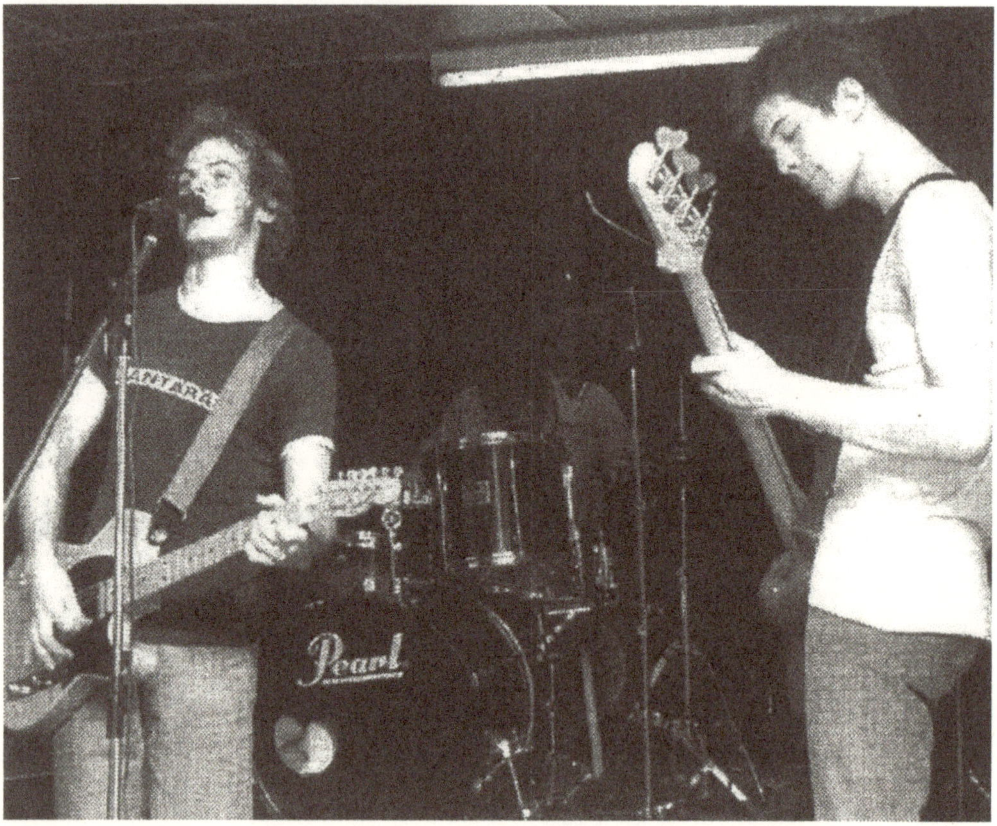

Stiller im Knast noch mit Andi Erhard am Bass (rechts im Bild) 1997.

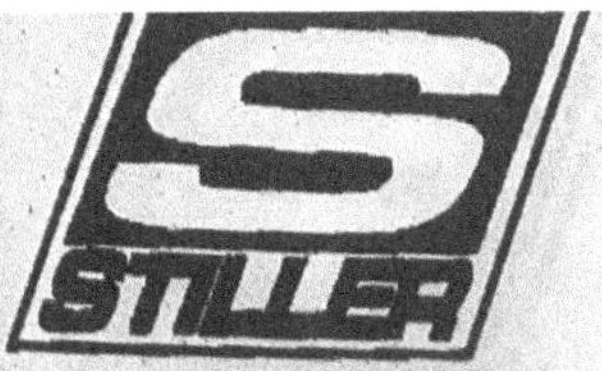

kontakt• blickpunkt pop• p.o.box 75 0303• 81333 münchen
tel 089• 747 0816• fax 089• 747 0269
sportfreunde stiller im internet: http://www.barbarella.textart.de/stiller.htr

AN DEN EMPFÄNGER: siehe unten aufgeführt
VOM ABSENDER: **blickpunkt pop, marc liebscher**
VERFAXT AM: 12.09.97
WEIL UND WEGEN: sportfreunde stiller

an
wom journal michi sailer
kir florian braunschweig
musik express wolfgang hertel
hammer markus kavka
wea sonja brüggemann
scoop frank pagen
markthalle helmut heuer
prinz hamburg jürgen ziemer
blindfish henry von fintel
detlef diederichsen
münchner anne seiler
prinz max fellmann
stern christian seidl
barbarella

hallo,

hiermit möchten wir uns bei euch allen bedanken, die uns mit ihren schreiben versucht haben zu helfen. vor einer woche war ich mit unserem anwalt in hamburg vor dem zivilgericht. die anklage wurde zwar abgewiesen (leider nur aufgrund eines formellen anklagefehlers der kollegen von stiller aus hamburg), der richter hat sich mit dem „fall" wirklich auseinandergesetzt (auch mit euren schreiben!), sieht aber im falle einer neuerlichen anklage wenig chancen für uns, weil es die andere band offensichtlich länger gibt als stiller aus münchen. unser versuch und der rat des richters einen außergerichtlichen vergleich anzustreben war nicht möglich. nachdem uns die angelegenheit zeit, nerven und geld gekostet hat und wir besseres zu tun haben (z.b. liveauftritte, termine siehe folgende seite), haben wir entschlossen uns umzubenennen: stiller aus münchen heißen deshalb ab sofort

sportfreunde stiller.

bitte nehmt das zur kenntnis, gegen eine veröffentlichung in eurem medium (soweit ihr eins zur verfügung habt) würden wir uns natürlich freuen. der nächste auftritt in hamburg findet am 16.11. zusammen mit rekord (aus wiesbaden) im knust statt. dorthin würdn wir euch gerne auf eine tasse bier einladen (also natürlich nur die hamburger....)

nochmals, vielen dank für eure hilfe und unterstützung

schöne grüße. marc

Im September 1997 wird die Umbenennung öffentlich.

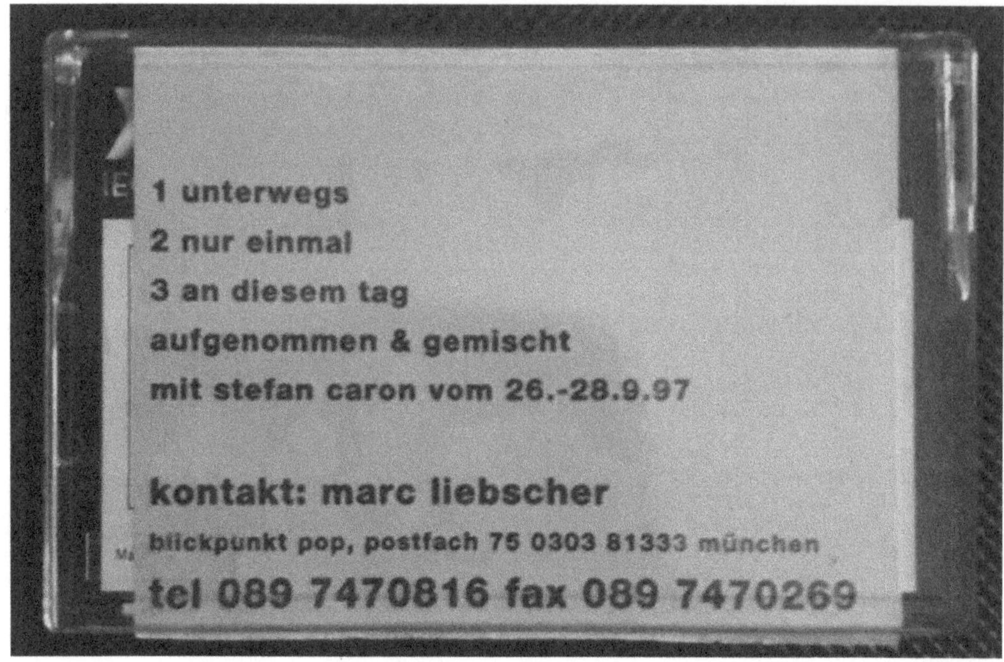

Im Oktober 1997 verschickt Marc Liebscher ein neues Demotape.

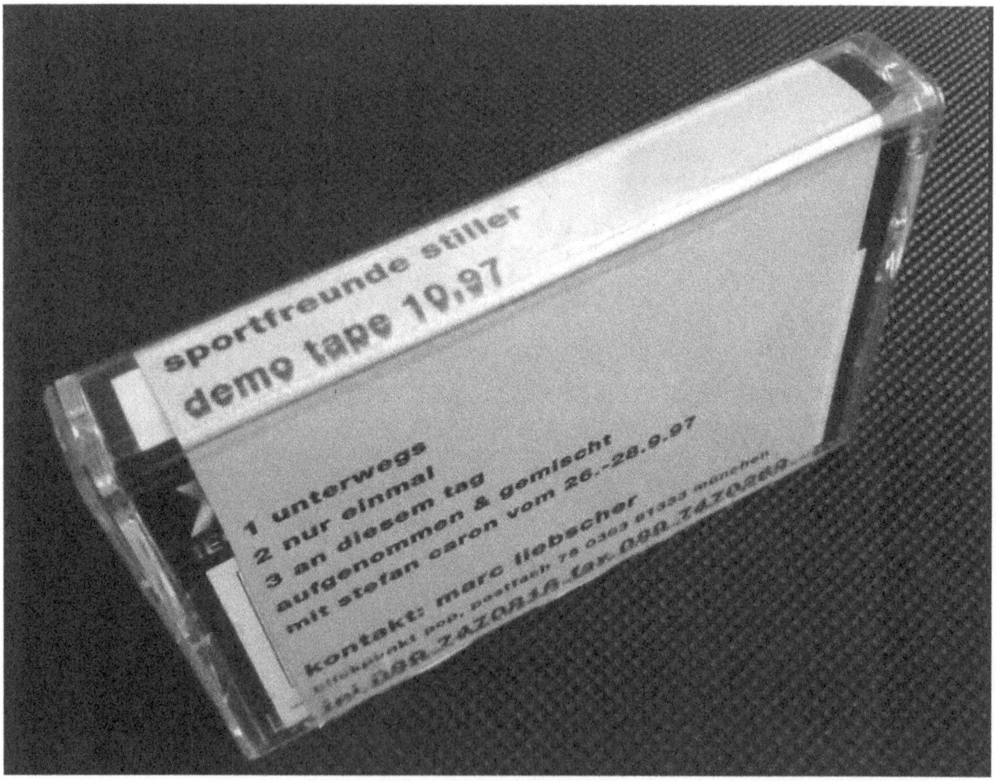

Die Songs werden mit dem neuen Bassisten Rüdiger Linhof aufgenommen.

Background-Stimmen und der zahlreichen im Verlauf des Albums (Laufspielzeit fast eine Stunde) eingespielten O-Töne sowie zahlreicher Synthie- und sonstiger Sound-Effekte.

Die Hörer werden auch im zweiten Song weiterhin gesiezt, was nach den vorangegangenen Songs auf den beiden Mini-Discs merkwürdig wirkt. Früher fühlte sich das Publikum von den Sportis geduzt. Die Live-Atmosphäre entsprach den kleinen Clubs wie dem Knast, wie dem Atomic Café und unzähligen anderen Locations im deutschsprachigen Raum. Und explizit hieß es noch vor zwei Jahren: „Jetzt haben wir's *euch* gezeigt ..." Aber hier steuert man nun schon mittelgroße Bühnen und Hallen als Headliner an, gibt sich als futuristisches Reisebüro aus wie in „Einmal Mond und zurück": „Was hätten Sie denn gern? Verweigert Ihnen Ihr Leben das, wonach Sie suchen? Und wonach Sie wirklich streben, das ist doch gar kein Problem. Wir übernehmen das. Unter Garantie findet sich im Angebot auch was für Sie." Sportfreunde Stiller für alle? Später werden sie von einem Journalisten (Duzfreund seit frühen Tagen) gefragt: „Sie werden bis heute in Interviews praktisch immer geduzt. Andere werden ab einem gewissen Alter gesiezt. Warum Sie nicht?" Peter Brugger: „Das liegt daran, dass wir uns immer mit Vornamen vorstellen. Ich finde Siezen komisch. Florian Weber: „Es klingt so geschäftlich. Ich fühl mich durch das Siezen gleich älter." Rüdiger Linhof: „Im Kontext der Musik begegnet man sich eher auf so einer Herzensebene. Wir duzen das Publikum, die Leute duzen uns. Dann in einem offiziellen Gespräch plötzlich ins Sie zu wechseln ... eigenartig." In diesem Fall antwortet Flo nicht. Werden die Sportis zu dritt interviewt, ist aber oft er derjenige, der sofort den ersten Satz spontan sagt. Peter überlegt etwas, antwortet als Zweiter. Rüde hört sich das alles an und gibt als Dritter eine andere Sicht der Dinge.

Track 1 und 2 werden sich nicht zu Live-Songs entwickeln und künftig selten vor Publikum gespielt. Vielleicht fehlt es beim Songwriting an der Aufrichtigkeit der Anfangstage, am geradeheraus getexteten und unverstellten Erlebnis. Und ganz trauen es sich die Sportis möglicherweise noch nicht zu, die „Band für alle" zu sein, wie der dritte Song „Fast wie von selbst" – ein Mitsing-Ohrwurm – andeutet. Er kann als Liebeslied verstanden werden, aber auch als Selbstaussage mit einem „Wir", das sich auf die Band bezieht: „Fast wie von selbst sind wir hierhergekommen. Und jetzt stehen wir wie benommen hier. Fast wie von selbst hat es seinen Lauf genommen. Und jetzt stehen wir wie verloren hier": Synthie-Piepser, Gitarren- und Geigenklänge und Pizzicato-Streicher, und alle schunkeln hymnisch mit.

Beim vierten Song „'94 (novanta quattro)" besinnen sich die Sportis aufs Kicken, allerdings auf Italo-„Calcio": Peter singt durchgängig (und deutlich besser als beispielsweise Spliff mit ihrem Carbonara-Akzent) auf Italienisch. Die Italienerin Grazia hört in ihrer Münchner Pizzeria Romana 2023 den Song zum ersten Mal und ist felsenfest überzeugt, dass da ein Neapolitaner singt: „Die Geschichte wird sich nie wiederholen. Es wird nicht wieder 1994 sein", singt Peter auf Italienisch. In den Liner Notes wird kommentiert: „eine ganze nation trauert, doch die geschichte wird sich nicht wiederholen. so hofft italien seit '94." Bei der Weltmeisterschaft in Frankreich 1994 war der Ausnahmespieler und tragische Held des Turniers Roberto Baggio, der im Jahr zuvor FIFA-Weltfußballer des Jahres geworden war. Er brachte fast im Alleingang die Squadra Azzurra ins Finale, verschoss dort jedoch gegen Brasilien den entscheidenden Elfmeter, wodurch Italien „nur" Vizeweltmeister wurde. Das Bild von Baggio, der vornübergebeugt mit gesenktem Kopf am Elfmeterpunkt stehen bleibt, beide Hände auf die Knie gestützt, gehört zu den ikonographischen der Fußballgeschichte. „Du gibst dem TV einen Kuss und siehst ihn, der dir zeigt, wie man spielt, wie Ba-ba-ba-batigol für Florenz."

Baggio spielte von 1985 bis 1990 bei Florenz. Sein spektakulärer Wechsel zum Erzrivalen Juventus Turin führte bei Protestaktionen von Ultras zu vielen Verletzten am Arno. „Ich wollte in Florenz bleiben, aber ich wurde gegen meinen Willen zu diesem Transfer gezwungen. Mein Herz wird immer violett bleiben", sagte Baggio. Batigol ist der Spitzname von Gabriel Omar Batistuta. Der Argentinier ist bis heute mit 168 Toren der erfolgreichste Torschütze des AC Florenz. Mit 56 Toren in 78 Länderspielen war er bis 2016 der erfolgreichste Torschütze bei den Argentiniern. Dann übertraf ihn Messi. Für Fiorentina spielte Batistuta von 1991 – also kurz nach Baggios Abgang – bis 2000, bis zum Erscheinen von *So wie einst Real Madrid*.

„Alles Liebe, alles Gute" könnte als schwungvoller und lieb gemeinter Gutelaune-Song durchgehen im Sinne von: schön, dass es all die anderen gibt, und es wäre toll, wenn man sich mal wiedersieht usw. Aber Peter durchbricht die Idylle. Fast verschluckt er die Zeile: „Ansonsten wär's jetzt richtig, dass du dich verpisst." Die Sportis bewahren sich hier etwas von ihrer Punk-Attitüde, und am Ende rufen sie „Ali, boma ye" in Anlehnung an das Publikum beim Boxkampf „Rumble in the Jungle" 1974 in Kinshasa zwischen Muhammad Ali und George Foreman. In den Liner Notes kommentieren sie: „... trifft sich, sieht sich, geht und vergisst sich." Der nächste Song „Aber besser wär's" erinnert inhaltlich an „Wunderbaren Jahren": „Wir zwei könnten Helden sein, nur wir beide zusammen, oder wie früher, einfach klein und manchmal gefangen. Wir könnten unsere eigene Geschichte schreiben, oder nächtelang vor dem Fernseher hängenbleiben." Studentisches Leben mit neuen Sportschuhen, mit Sonnenbaden oder tagsüber im Bett bleiben oder dann doch unter die Leute gehen – studentische Unentschlossenheit und Wahlfreiheit. Und letztlich immer wieder die Sorge, die eigene Geschichte nicht zu schreiben: Mit diesen Zweifeln fließt die Sorge in die Lieder ein, ist Motivation, um kreativ zu bleiben, um auf die Bühne und ins Studio zu gehen, um Interviews zu geben und um weitere Songs zu schreiben. In den Liner Notes zitieren die Sportis David Bowie: „we can be heroes just for one day. wer die wahl hat ..."

Zum siebten Stück „Heimatlied" drehen die Germeringer ein Video u. a. mit Achim Bogdahn. Das Trio tritt in Anzug und Krawatte auf. Simuliert wird der Blick hinter die TV-Kulissen einer Kochshow: „Kurt und Gabi präsentieren *Kochfreunde – Das dynamische Derby* – heute zu Gast: Rüde, Peter, Flo." Peter begrüßt Achim mit einer besonderen Geste (die in den folgenden Jahren zum Running Gag wird) und beginnt am Herd bei seinen Gastgebern. Rüde und Flo schütteln abschätzig den Kopf. Auch die Kameraleute (mehrfach im Bild Rüdes Bruder Michael Linhof), der Regisseur (gespielt von Marc Liebscher) und andere in der Szene scheinen von Peters Kochabsichten nicht angetan. Peter kocht einen Strammen Max. Die Zutatenliste für eine Person wird eingeblendet: 1 Scheibe Bauernbrot, 1 TL Butter, 50 g gewürfelter roher Schinken, 2 Eier, 2 TL Schnittlauchröllchen, 1 Gewürzgurke, 1 Tomate. Es folgt Rüde mit Raclette-Kochschürze. Er stellt Toast Hawaii her. Danach wird die Zutatenliste für zwölf Personen eingeblendet. Schließlich ist Flo mit einer „Mit Gewürzen kochen"-Schürze zu sehen. Er stellt inklusive einer artistischen Einlage („Ich komme aus einer Zirkusfamilie, lauter Clowns") Schaschlik her. Die Zutatenliste für acht Personen folgt.

Nun ist das Publikum aufgefordert zu voten – unter der Münchner Telefonnummer: 089 – 260 261 70. (Unschwer lässt sich erkennen, dass dies auch noch Jahrzehnte später die Telefonnummer von Marc Liebschers Firma Blickpunkt Pop ist.) Die Durchwahl 1 ist für Peters Strammen Max, die 2 für Rüdes Toast Hawaii, die 3 für Flos Schaschlik. Rüdes Toast gewinnt mit Abstand. Dazu singen die Germeringer einen Text, der keinen direkten Bezug zum Video vermuten lässt. Der Kontrast zwischen dem Video („Mehmet Scholl findet es scheiße", sagt Rüde, der es selbst auch nicht gut findet: „Ich musste meine Haare davor kämmen lassen. Ich kämme sie nur einmal im Jahr") und den ungewöhnlich ernsten Lyrics ist erheblich. Peter singt davon, dass es ihm „hier" so vorkomme, wie nach einem perfekten Tor, wie nach einer langen Fahrt zurück, wie Liebe auf den ersten Blick, wie nach einem heißen Tee an einem Wintertag, wie eine gute Idee, wenn ihm lange nichts eingefallen ist. „Denn hier bist du Mensch, hier darfst du wirklich sein", variiert der Refrain des Germeringer Trios Goethes *Faust* („Hier bin ich Mensch, hier darf ich's sein". Der Drogeriemarkt dm übernimmt das Zitat erst nach dem „Heimatlied", davon und von Goethe inspiriert: „Hier bin ich Mensch, hier kauf ich ein"). Danach macht Peter einen Ausflug in die Klassik: Ihm kommt es „hier" so vor wie Meilen entfernt von draußen vor der Tür, so leicht. Zuvor sei alles schwer gewesen. Es fließe „hier", als hörte er Smetanas *Die Moldau*. Alles klinge zusammen wie bei einer Symphonie. Woanders gebe es das selten oder nie.

Motivieren, inspirieren, appellieren und dabei reagieren, engagieren, faszinieren

Peter Brugger zitiert in „Heimatlied" das Drama Wolfgang Borcherts von 1946, Symbol der Schwierigkeiten in der Nachkriegsgesellschaft, sowie als Kontrast die sinfonische Dichtung des tschechischen Komponisten Friedrich Smetana: *Die Moldau*, der zweite Teil aus dem sechsteiligen Zyklus *Mein Vaterland*, worin der Lauf des gleichnamigen Flusses nachgezeichnet wird. Der Komposition *Die Moldau* wurde Pathos und patriotisch übertreibendes Getöse vorgeworfen. Smetana selbst engagierte sich seit 1861 für die tschechische Nationalbewegung. Bei Peter Brugger folgt nun in seinem Song pure Heimatfreude „Uuuuaaahhhaaa" schreit der Germeringer: Das Schöne daran sei nämlich, dass er es jeden Tag sehen könne, dass er es jederzeit bewundern könne, dass es all das täglich für ihn gebe. Wer das gedacht hätte? Es sei eben ein Heimatlied. Der Kommentar in den Liner Notes lautet: „nach einer langen fahrt zurück, dort wo die freunde sind." Fans des Atomic Café vermuten, dass der Song ihrem Club gewidmet sei. Live spielen sie das elektronische Piepsen und Zwitschern hier und auch bei anderen Songs auf einem roten Roland AX-1 Umhänge-Synthesizer.

Als das Lied 1999 entsteht, hat Deutschland ein Jahrzehnt rechtsextremistischer Gewalt hinter sich: '91 Hoyerswerda, '92 Rostock-Lichtenhagen und Mölln, '93 Solingen und viele weitere Anschläge. 1993 veröffentlichen die Toten Hosen das Lied „Willkommen in Deutschland" mit den Zeilen: „Wenn ein Mensch aus einem andern Land ohne Angst hier nicht mehr leben kann, weil täglich immer mehr passiert, weil der Hass auf Fremde eskaliert, und keiner weiß wie und wann man diesen Schwachsinn stoppen wird." Und ab 2000 mordet unentdeckt die Terrorgruppe Nationalsozialistischer Untergrund. Anfang der Nullerjahre reagiert die linke Szene verstärkt auf möglicherweise nationalistische Tendenzen in der deutschen Popmusik. Die Sportfreunde und Marc Liebscher lassen seit Anbeginn ihrer Karriere keinen Zweifel an ihrer demokratischen Gesinnung, werden u. a. 2008 die Single „Antinazibund" veröffentlichen und sich auf vielfältige Weise und bis heute gegen Deutschtümelei und Neonazis engagieren.

Der achte Song auf dem Album ist die Neuaufnahme von „Wunderbaren Jahren", die runder und softer klingt als die ursprüngliche Fassung: Die Stimme wirkt weicher, das Schlagzeug dumpfer, dafür der Gesamt-Sound voller inklusive Background-Chor. Die einzelnen Instrumente heben sich klarer voneinander ab, aber Peters Gesang wirkt auf der Urfassung spontaner, und Flos Drumfills gegen Ende des Songs waren variantenreicher. Die Sportis widmen das Lied Kevin Arnold. So heißt die Hauptfigur in der US-TV-Serie *The Wonder Years*, die unter dem Titel *Wunderbare Jahre* ab Februar 1990 und bis Dezember 1995 (114 Folgen) von RTL ausgestrahlt wurde. Kevin Arnold wird darin von Fred Savage gespielt. Die Serie erzählt von der Kindheit Kevin Arnolds in Kalifornien in den 1960er und 1970er Jahren. Als Regisseur greift Savage 2021 und 2022 die Idee noch einmal auf und dreht zwei neue Staffeln.

Der neunte Song „Hockey (Field)" ist ein seltener Rap der Sportis. Statt „Funky" schreien sie „Hockey" (gemeint ist Rasenhockey) und animieren zur „Sportart Nr. 83", wo „das Gras geschoren, der Spaß geboren" ist. Peter verarbeitet den vergeblichen Hockey-Versuch: „Außer sich zu plagen, war nichts zu holen, und meine Sohlen haben gebrannt, so bin ich gerannt." Trotzdem wirbt er dafür und duzt auch wieder die HörerInnen: „Wir laden euch ein, wenn auch ihr schwitzen wollt. Nur wissen sollt ihr das eine: Gesund und munter geht es zu hier beim Hockey." Eishockey finden die Sportis auch gut: „Es ist laut und hart, so wie unsere Konzerte."

Darauf folgt „Willkommen im Club", der offenbar für alle und alles offen ist. Eine schöne kleine Vision, weil niemand mehr einsam ist, weil alle eine Sprache sprechen: „Hier findest du Komplizen, wirklich niemanden musst du siezen." Schön ist Peters Lacher bei „Kaviar" und die ebenso willkommenen Polizisten, die sich auf Bierkisten reimen. In „Money Mark" zitieren die Sportis zu Beginn das Münzenrasseln aus „Money" von Pink Floyd, um dann ausführlich einen Erfolgsmenschen zu porträtieren, bei dem alles zu Gold wird, was er anfasst. Dann die Reaktion: „Bevor ich so bin wie du, bin ich lieber zweiter Sieger." Aber beim Sport geht es nicht um Leben oder Tod, es geht um mehr. „Wir müssen gewinnen", singen die Sportis: „Die Chance des Lebens, der ganz große Moment ist da. Jedermann hält den Atem an, Held oder Statist, binnen kurzer Frist … Mit ganzem Herzen dabei, alles zu geben ist nicht genug. Hingabe bis aufs Blut. Was zählt ist jetzt der Augenblick, kein Weg führt zurück, denn wer Angst hat, der verliert."

Es folgt ein Instrumental und danach „Spitze" mit witzigen O-Tönen aus alten Sendungen mit Hans Rosenthal und den Schnellsprech-Antworten im Dialog auf die Fragen „Was fällt Ihnen alles zum Thema Sport ein? – Achtung, konzentrieren, dalli dalli!", und danach die Antworten zu „Was fällt Ihnen alles zum Thema Freunde ein? – So, jetzt wollen wir mal richtig einsteigen, 15 Sekunden Zeit, dalli dalli!" Zu Sport u. a.: Hammerwerfen, Trikot tauschen, Handball spielen, 100 Meter laufen, Ski fahren, Startbahn, rudern, schwimmen, Helmut Rahn, Fairplay, Radfahren, Ping-Pong, Eisstockschießen, Fische angeln, Hymnen singen, Olli Kahn (ne, nicht Olli Kahn), K.O. schlagen, vom Feld tragen (und im Singsang) Ma-ma-ma-maradona. Zu Freundschaft: Kohle borgen, Briefe schreiben, Pläne schmieden, treu bleiben, austeilen, einstecken, vom Zehner springen, cool sein, verreisen, träumen, Unterricht versäumen, Panini tauschen, Harmonie, sich berauschen, Euphorie, ausgehen, fernsehen, lachen, streiten, drüberstehen und sich immer wieder sehen, (und im Singsang) gute Freunde kann niemand trennen.

Michi Sailer (bei dem sich die Sportis im Booklet bedanken) sieht den Sport-Kult heute kritisch: „Popmusik und Sport oder Fitness und dieser ganze neofaschistische Selbstoptimierungswahn, das geht ja eigentlich gar nicht zusammen. Aber in den Neunzigern war Sport zumindest zu einem kleinen Teil noch was anderes, vielleicht. Trotzdem, seltsam ist's irgendwie schon. Ich stelle mir gerade die Sex Pistols als Handballmannschaft vor. Oder The Clash auf dem Tennisplatz. Die Faces 1972 mit isotonischen Energy Drinks! Oder die New York Dolls beim Joggen … Da hat sich halt die Popmusik insgesamt total gewandelt, ebenso wie die gesellschaftliche Ideologie. Subkultur hieß früher mal vor allem: Es muss den Eltern Angst einjagen! Die Autoritäten müssen sich bedroht fühlen! Und dazu gehörte natürlich nicht nur Anarchismus, Linksradikalismus und geheimnisvolle Sexpraktiken, sondern auch Selbstzerstörung. Als Akt der Verweigerung: Du kriegst uns nicht, Kapitalismus! Lieber machen wir uns selber kaputt, zum Wohle der Revolution! Drogen waren da sehr wichtig, Teil der Gegenkultur. Als Punkband waren wir eigentlich bei jedem Auftritt besoffen oder randvoll mit Speed, ich war auch mal auf LSD auf der Bühne (weniger lustig!), und eine Rockband ohne mindestens einen Junkie gab's nicht. Die gibt's wahrscheinlich heute immer noch, aber die Junkies joggen dann fröhlich mit … Britpop, vor allem die Lad-Rock-Szene so ab 1993, das wäre ohne Massen von Koks undenkbar gewesen. Heute ist das entweder so ein Lifestyle-Ding, ein bisschen verschämt und heimlich, oder es geht sowieso um Gesundheit, wie beim Kiffen. Man raucht ja heute eigentlich nur noch Gras, weil das so gesund ist. Dagegen ist Tabak fast schon wieder subversiv."

Den Abschluss des Albums bildet die Neuaufnahme von „Wellenreiten". Hier fehlt das Synthie-Intro der Ur-Aufnahme, die Stimme Peters gelangt diesmal nicht in die Nähe des Überschlags wie beim Produzenten-Team bestehend aus Mario Thaler und Olaf Opal, genannt Galore, zwei Jahre früher. Dafür wird jetzt der „wet & wild!!!!!!!!!!!!!!!!" (Liner Notes) Film-Dialog eingeblendet. Mann: „Surfer, dein richtiges Leben beginnt jetzt." Frau: „Er ist ein Suchender. Die Welle sucht er. Die perfekte Welle." Mann: „Also los!" Und so wird das Album mit der Ohrwurm-Zeile abgeschlossen: „Keinen Augenblick mehr ohne das Gefühl von heute Morgen." Der Song wird 1999 vorausgekoppelt. Als Singles folgen noch „Fast wie von selbst" und „Heimatlied". Allerdings kann sich keiner der drei Songs in den Charts platzieren, obwohl die Kritiken mehrheitlich positiv sind. Aber es gibt auch negative Reaktionen. Flo erinnert sich: „Über ‚Wellenreiten' hat damals ein Fanzine geschrieben: ‚So was hör ich nicht mal beim Scheißen. Null Punkte.' Hat mich total fertiggemacht. Heute lache ich drüber. Man wird zur Teflonpfanne."

Die drei Germeringer bedanken sich im Booklet u. a. bei Natascha Augustin, Achim Bogdahn, Tibor Bozi, Max Fellmann, Daniel Lieberberg, Hans Stiller. Peter bedankt sich speziell u. a. bei Susu, Germering Florioso und dem FC Eichenau. Das Trio definiert sich im Booklet wie folgt: „sportfreunde-stiller sind: / peter balboa: gesang, gitarre / rüdiger: bass, fußorgel / flori-rakete: schlagzeug, casio u. telefon". Der Spitzname Balboa wird Peter fortan lange begleiten. Da ist einerseits Silvester Stallone, der in seiner Rolle als Boxer Rocky Balboa aus Philadelphia mit unbedingtem Siegeswillen überzeugt. Zudem glänzt in den USA der Fußballer Marcelo Balboa, der an den Weltmeisterschaften '90, '94 und '98 teilnimmt und u. a. durch sein Fairplay auffällt. Und schließlich macht seit 2005 Javier Balboa bei Real Madrid für einige Spielzeiten auf sich aufmerksam. Und die Fans grölen: „So wie einst Real Madrid", ursprünglich ein Fan-Chant des FC Bayern, den es in verschiedenen (auch unschönen) Varianten gibt: „So wie Eisen und Granit, so wie einst Real Madrid – scheiß Madrid! Und so zogen wir in die Bundesliga ein. Und wir werden wieder deutscher Meister sein. Oh FCB. Oh FCB", oder: „Eine Festung aus Granit, so wie einst Real Madrid – scheiß Madrid!"

Das Album *So wie einst Real Madrid* schafft es auf Platz 46 der deutschen Charts und bleibt sechs Wochen unter den Top 100. Die Bonus-Version *Extended Realität* beinhaltet auf der zweiten CD fünf Songs, darunter Neuaufnahmen von „Nur (noch) einmal" und „Jetzt haben wir es euch gezeigt" sowie drei weitere Lieder. „Anders definieren", ein von allen dreien geschriebener Uptempo-Track handelt im Imperfekt davon, dass die Sportis sich eigentlich anders definieren, mal etwas Neues ausprobieren und die anderen schockieren wollten: „Motivieren, inspirieren, appellieren und dabei reagieren, engagieren, faszinieren und dabei protestieren, kritisieren, zelebrieren und dabei sich anders definieren." Der rockige Song über Selbstzweifel hat es nicht auf das reguläre Album geschafft, ebensowenig wie „Donde?", der stark auf Synthesizer setzt, einen Kinderchor singen lässt und ein Gruß samt Kuss an das spanische Umfeld ist. Der Abschluss „Trashpiloten" hätte ein alternativer Album-Opener sein können, ist er doch schon ein erprobter

Live-Kracher. Das Publikum wird wieder gesiezt, die Gastgeber sind zum Abflug bereit, vom Absturz nicht weit entfernt und bieten den Soundtrack zum Dasein.

Ein Rezensent urteilt über *So wie einst Real Madrid*, das perfekt produzierte Album klinge recht glatt und gefällig. Damit wolle man die Jungs von Seiten der Plattenfirma wohl auf eine anspruchsvolle Echt-Variante trimmen. Aber die Begeisterung für das Sportis-Debüt überwiegt bei den Kritikern und hält lange an. Die *Süddeutsche Zeitung* schreibt Ende Mai 2000: „… und nach dem Surfhit ‚Wellenreiten' galt das Trio aus Germering schon geraume Zeit als heißer Aufstiegskandidat." Die Besprechung bezieht sich auf den Fan-Chant: „So wie Eisen und Granit, so wie einst Real Madrid", und folgert, dass die Sportfreunde mit diesem Album nun endgültig in die Bundesliga aufsteigen würden. Der „zündende Gitarrenpop" klinge so ungebremst, dass man sich kaum vorzustellen vermöge, was diese Band noch aufhalten könnte auf dem Weg zum Mond bzw. zur Tabellenspitze. Das liege auch daran, dass viele Arrangements im Punkrock wurzelten. „Rocket Radio" ginge in ‚Double Time' glatt als Ramones-Nummer durch. Die Verbindung von trockenem Realismus und trotzigem Eigensinn mit so unverblümter wie ungestümer Freude am Dasein müsse man schon fast als Antithese zu den stetigen Reflexionen der Hamburger Schule (Tocotronic) werten. Sportfreunde Stiller könnten so den München-Pop beleben bzw. begründen.

13 Jahre nach Erscheinen und zu Beginn der eigenen Rundfunktätigkeit nimmt Puls Radio, „das junge Content-Netzwerk des Bayerischen Rundfunks", das Debütalbum der Sportis in die sogenannte „Ruhmeshalle" auf: Die Sportfreunde würden damit keine politische Message verfolgen, sondern Spaß haben wollen – und das auf Deutsch. Das Album dürfe – auch in der Gegenwart (2013) – auf keiner Abifete fehlen. Von „catchy Akkordfolgen", „Fußballmetaphern", „Kindheitsnostalgie", von „rumpeligem Gitarrenrock mit feinem Pop-Anstrich inklusive Streicher", von der „geglückten Gratwanderung zwischen Indie und Mainstream" ist die Rede. „Songs wie ‚Wellenreiten' oder ‚Wunderbaren Jahren' sind so eingängig, dass sie die betrunkene Festivalmenge mitgrölen kann, und doch so unangepasst, dass selbst die eingefleischte Indie Crowd dazu den Finger in die Höhe streckt." Und nicht zuletzt schenkten einem die Sportis damit auch ein klein wenig Heimatgefühl. Das komme beim Hören weder peinlich noch politisch rüber, „sondern einfach nur gut", urteilt der Bayerische Rundfunk.

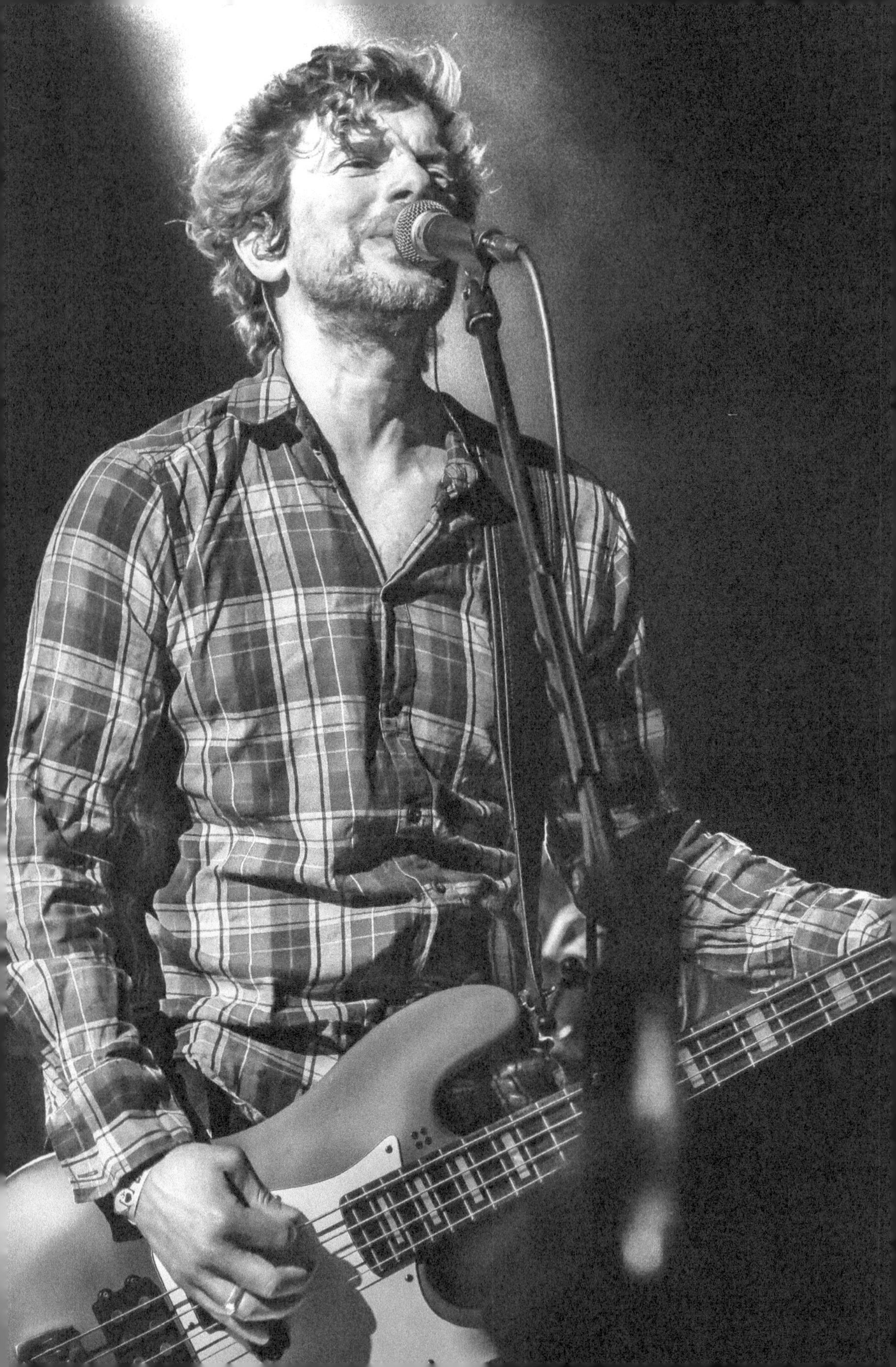

TEIL ZWEI
Stino-Punks wie ich, stinknormale Punks, die trotz ihres bürgerlichen Aussehens die Szene aufmischen

Ganz unpeinliche deutsche Texte

Im Herbst 1999 zeigen sich die Sportfreunde wieder ihrem heimischen Publikum. Die Tour ist lang und hart. Am 6. Oktober spielen sie im CAT in Ulm, am 7. Oktober im Schwimmbad Music Club in Heidelberg, am 8. im Circus in Koblenz, am 9. im Kulturzentrum Grend in Essen, am 10. im Sojus in Monheim, am 15. im Falkendom in Bielefeld. Viele Pressetermine und weitere Gigs kommen hinzu. Am 24. Oktober 1999 treten sie schließlich (nebst The Notwist und einigen Newcomer-Bands an anderen Tagen) im Rahmen der oberbayerischen Jugendkulturtage „Isotope '99 – das junge Kulturfestival" in Landsberg am Lech auf. Im Vorprogramm spielen Nova aus Augsburg mit der EP *Star* im Gepäck (früher hieß die Band Mary Go Round, später Nova International). Noch vor Erscheinen ihres ersten Albums gelten Sportfreunde Stiller – zumindest in Oberbayern – mit nur zwei EPs im Rücken schon als Headliner.

Inzwischen wächst die Germ-Pop-Szene. Knast-Chef Erwin Zißelsberger gründet gemeinsam mit Klaus Götzfried (er stirbt viel zu früh 2003) La Ultima Ola. Der lose Verbund aus Musikern und Veranstaltern organisiert Gigs und veröffentlicht im folgenden Jahr einen Sampler, auf dem 13 Bands vertreten sind. Selbsterklärtes Ziel ist es, gute Indie-Musik „rauszukriegen aus den Bandkellern, reinzukriegen in die Herzen, in das Leben und rauf, auf die Bühnen". Die *Süddeutsche Zeitung* definiert kurz nach Erscheinen des Samplers: „La Ultima Ola, die Germeringer/Münchner Schaltzentrale für gute Musik". Und La Ultima Ola ihrerseits definiert: „Sportfreunde Stiller – die beste Band Münchens". Im November spielen die Sportis in der Heinrich-Heine-Uni in Düsseldorf. Dabei sind Euphorie und Nervosität vor Erscheinen des ersten Albums groß, und die Frühjahrstour 2000 ist bereits in Planung. Feststeht: Es müssen weitere Videos her.

Mike Oldfield lässt sich vom Pico del Teide, dem höchsten Berg auf der Kanaren-Insel Teneriffa, inspirieren und komponiert das Instrumentalstück „Mount Teidi", das auf seinem siebten Studioalbum *Five Miles Out* (1982) erscheint. Der Teide, 3700 Meter über Meer, ist die höchste Erhebung auf spanischem Staatsgebiet. Die Bergregion auf der beliebten Urlaubsinsel ist inzwischen ein

Nationalpark und steht auf der Weltnaturerbe-Liste der UNESCO (seit 2007). Der Teide ist heute einer der meistbesuchten Nationalparks der Welt. Auf dem Teide befindet sich auch eines der weltweit größten Sonnenteleskope. Der Teide ist ein Schichtvulkan, in weiten Teilen ein baumloses Gebirge aus Gestein, das den Eindruck erweckt, nicht mehr hier auf der Welt, sondern auf einem Erdtrabanten zu sein. Im März 2000 drehen die Sportfreunde genau aus diesem Grund auf dem Teide, „der Krone Teneriffas", ihr zweites Video, diesmal zum Song „Fast wie von selbst", der dann auch als Single vorausgekoppelt wird.

Die ungewöhnliche Atmosphäre auf dem Teide wollen Stiller einfangen, denn sie passt zu den Zeilen: „Fast wie von selbst sind wir hierhergekommen. Jetzt stehen wir wie benommen hier – jetzt stehen wir wie verloren hier." Das Video (wieder in einer Schwarz-Weiß-Aura – bei „Wellenreiten" eher 30er Jahre, jetzt eher 60er und 70er Jahre) zeigt das Trio mit ihren Instrumenten in Schutzanzügen: Peter, Flo und Rüde als Astronauten wie einst die Amerikaner bei ihren Mondlandungen. Produktionstechnisch bedeutet der Video-Dreh einen hohen Aufwand: Kameras, Bildschirme und „die Erde" als Blauer Planet im Hintergrund sorgen für das Space-Ambiente ebenso wie das Zeitlupenspiel der Musiker: Die drei performen den Song realiter doppelt so schnell, danach werden die Aufnahmen halb so schnell abgespielt.

Der eine oder andere gefilmte Sprung auf Teneriffa (oder Sturz – mit Tricktechnik auch rückwärts) soll die reduzierte Schwerkraft simulieren. Die Idee, die geringere Gravitation auf dem Teide mittels Kran und Gummiseilen vorzutäuschen, misslingt jedoch, weil die Drehzeit zu knapp ist: Gefilmt wird nachts (ab ca. 22 Uhr), und als es endlich Zeit für die Schwerelos-Effekte ist, droht die Morgendämmerung, obwohl die Hebemaschine schon bereitsteht. „Der Kran war extra auf den Teide transportiert worden. Wir sollten an Gummiseilen aufgehängt werden. Das war fest versprochen. Das war ja die Hauptidee des Videos", sagt Rüde. Sie hatten sich alle darauf gefreut, „rumzufliegen". Dann erfahren sie während der Arbeiten in ihren Feuerwehr-Schutzanzügen, dass sie nicht an den Elastic-Bändern hüpfen dürfen. Trotzdem sind sie sich rückblickend einig, dass es eine tolle Erfahrung am Set gewesen sei.

In Einblendungen sind im Video Bandmitglieder von Readymade zu sehen und andere befreundete Komparsen, wie sie in einer Stadt vor Schaufenstern stehend die Mond-Stiller auf Fernseh-Bildschirmen sehen. (Readymade werden

2002 vom Label tam tam zum Major Motor Music wechseln und Split-EPs mit den Sportfreunden Stiller aufnehmen.) Am Ende wird eine Sportis-Fahne (mit dem schwarz-weißen Stiller-Logo) in die Teide-Mond-Erde gesteckt. „Man denkt, Teneriffa – warm und geil, laue Sommernächte. Aber auf dem Teide: drei Grad! Am Gefrierpunkt!“, sagt Rüde. Es ist so kalt, dass um zwei Uhr in der Früh die Visagistin nach Hause geschickt werden muss.

Kurz nach der Rückkehr aus Teneriffa gibt Peter der Regionalausgabe der *Süddeutschen Zeitung* ein Interview. „Das letzte Mal, dass ich in Germering war, ist bestimmt schon ein Jahr her. Ich hab da auch nur einen Gitarrenverstärker aus dem Knast geholt.“ Die *Süddeutsche* schreibt im selben Beitrag: „Peter Brugger ist derjenige der oft sogenannten ‚Germeringer Schule‘, der seinen Abschluss mit der besten Note geschafft hat: Die Sportfreunde Stiller sind die einzige Band aus dem Landkreis, die nennenswerten Erfolg in der deutschen Musikszene hat.“ Der Artikel weist darauf hin, dass die Erstauflage der EP *Macht doch was ihr wollt – Ich geh' jetzt!* (nur mit Andi, noch ohne Rüde in den Liner Notes) inzwischen restlos ausverkauft sei. Der Zeitung sagt Peter: „Wir möchten ganz schnell reich und berühmt werden.“

Ende April 2000 informiert die *Süddeutsche Zeitung* über ein Abschiedskonzert der Band Lasker unter der Schlagzeile: „Germering gibt niemals auf“. Lasker habe eigenwilligen Poptrash-Sound produziert, eine Nachfolgeband sei aber schon in Aussicht, und die Co-Stars würden das Abschiedsständchen für Lasker spielen: „Sie leisten seit drei Jahren einen weiteren Beitrag, den faden Münchner Vorort Germering in der Welt des Pop bekannt zu machen. Erwin Zißelsberger und Karin Geißler mischen Indie-Rock mit Britpop – ganz im Stil der anderen ‚Germ-Popper‘ Sportfreunde Stiller oder Splendid.“ Und in *SZ-Extra* wird auf das kommende MTV-Spektakel hingewiesen. Der seit kurzem in München residierende Musikkanal habe ein Auge auf die Georg-Elser-Hallen geworfen und plane unter dem Motto „MTV One Night Stand“ am 28. April einen Abend mit drei Bands und einem DJ: „Lokalstars sind die Sportfreunde Stiller. Seit 1997 geistern sie durch den Münchner Independent-Underground, nun hat sie eine große Plattenfirma entdeckt und bringt dieser Tage das erste Album des Trios heraus.“

Der Auftritt der Sportfreunde Ende April bei MTV ist schwierig, sorgt aber für mediale Aufmerksamkeit. Das Konzert mit drei Bands sollte um 20.00

Uhr beginnen, aber bis 23.00 Uhr gibt's keine Songs. Es herrscht Verwirrung. Ein Musiker von Muse sagt, MTV habe kurzfristig das Programm geändert. No Doubt mit Frontfrau Gwen Stefani habe den Vorzug erhalten. Die Sportis eröffnen daher den Abend mit drei Stunden Verspätung. „Als die Sportfreunde Stiller um 23 Uhr losbretterten mit ihrem melodiös-flotten Gitarrenrock aus München, waren Muse damit beschäftigt, mit düsterer Mine ihre Instrumente wegzupacken … Bei all dem Ärger fiel es dem deutlich dezimierten Publikum sichtlich schwer, die Lieder der Sportfreunde zu genießen, die routiniert locker Schlagzeug, Bass und Gitarre bedienten. Ganz wohl aber fühlten sie sich nicht", urteilt die *Süddeutsche Zeitung*.

Im Mai 2000 erscheint schließlich das erste Sportfreunde-Stiller-Album *So wie einst Real Madrid*. Die *taz* titelt: „Bajuwarische Träume vom perfekten Tor". Sogar in Berlin laufe „Fast wie von selbst" beinahe täglich im Radio und im Fernsehen. Die Sportfreunde treten im Rahmen ihrer Frühjahrstour im Berliner Club Logo auf, und vorab urteilt die Zeitung, mit intelligenten Texten könne die Band leider nicht dienen, aber mit einem Gespür für Ohrwürmer und für mitreißende Refrains. Im Club Logo gäben sie praktisch ein Heimspiel, ihr melodiöser Gitarrenpop klinge verdächtig norddeutsch, obwohl sie aus dem „allertiefsten Bayern" stammten: „Es müsste schon äußerst ungerecht zugehen, wenn diese Band nicht bald zur Bundesliga des deutschsprachigen Gitarrenpops zählen würde", so die *taz*. Und auch die *Süddeutsche Zeitung* urteilt begeistert: „‚Fast wie von selbst' ist ein Popstück wie aus dem Bilderbuch: schöne, energische Schrammelgitarren, ein intelligenter, aber eingängiger Text, und eine Melodie, für die andere Bands töten würden."

Wenige Tage später erscheint in der Regionalausgabe Fürstenfeldbruck der *Süddeutschen Zeitung* eine Besprechung des neuen Albums: Bei den Germ-Poppern werde es in der Mitte der aktuellen Single „Fast wie von selbst" plötzlich „himmlisch, hymnisch: Streicher in einer Brillanz und Schönheit, die man zuletzt Anno 94 bei Oasis' ‚Whatever' gehört" habe. Das Album sei „kraftvoller Punk-Pop, der sämtliche Hamburger-Schule-Vergleiche im Keim" ersticke. Eine weitere Besprechung erscheint fast zeitgleich auf der Jugendseite der Hauptausgabe. Es ist euphorisch die Rede von „ganz unpeinlichen deutschen Texten" mit „großartigem Powerpop vereint", von „coolen Samples und schrammliger Orgel" und davon, dass es jetzt vorbei sei mit dem trashigen Münchner Underground-Status. Redakteure von Frauenzeitschriften würden jetzt sogar schon „den drei Buben aus Germering“ eine Verwandtschaft zu Echt und den Ärzten andichten wollen. Vom „liebenswerten Gequäke“ von Peter S. Brugger, vom „Skater-Bass von Rüde Linhof“ und vom „Super-Sexpower-Schlagzeug von Sportflo Weber“ ist die Rede und von „Pop-Punk für die Seele“.

Mit Abstand die erfolgreichste Indie-Band aus dem Großraum München

Im Juli 2000 freut man sich in Fürstenfeldbruck, dass man für das Brucker Kino Open Air die Sportis gewinnen konnte. Eintritt 16 Mark. Schlagzeile in der Regionalausgabe der *Süddeutschen Zeitung* „die beste Live-Band“: „Das Jugendmagazin *Zündfunk* des Bayerischen Rundfunks nennt sie hymnisch die ‚wohl beste Live-Band Münchens‘. Am Donnerstag werden die Sportfreunde, die eigentlich aus Germering kommen, beim Open Air ein Konzert geben.“ In Dachau kündigt man ein Konzert an mit den Worten: „Sportfreunde Stiller spielen heavy mit gesunder Härte.“ Im selben Blatt heißt es Ende Juli: „Ihr aktuelles Video ‚Heimatlied‘ läuft in Rotation auf MTV und VIVA Zwei, das Album *So wie einst Real Madrid* schaffte den Sprung in die Media-Control-Albumcharts, bei der jüngsten Tour waren fast alle Konzerte ausverkauft.“ Beim Gig in Fürstenfeldbruck sind etwa 600 Leute anwesend. „Es wurde getanzt, gepogt, mitgesungen. Ab dem zweiten Lied wagten immer mehr den Sprung von der Bühne in die Masse“, erinnert sich ein Berichterstatter. Peter sagt zu einem Stagediver: „Du fliegst wie Jens Weisflog“, und klettert bald selbst auf Boxen und an Bühnenstangen hoch. Ebenso Rüde und Flo. Die Sprünge sorgen für Jubel. Am Ende kommt der Namenspatron Hans Stiller auf die Bühne. Er coacht immer noch den SV Germering. Im August des nächsten Jahres wird er allerdings Urlaub in Dubai machen, und seine Elf wird in jener Saison nach einem 2:2 gegen Raisting weiterhin auf den ersten Sieg warten.

Auf die Frage, wie sich die Konzertbesucher verändert hätten, ob nun weniger Indie-Publikum und mehr Kids kämen, sagt Rüdiger im Jahr 2000 der *Süddeutschen Zeitung*: „Es sind halt einfach mehr Leute geworden. Es ist klar, dass die dann verschieden sind.“ Peter ergänzt: „Es ist ja eine gute Mischung. Ich find es aber auch völlig in Ordnung, wenn da ein paar Vierzehnjährige sind.

Es ist besser, wenn die zu uns gehen als zur 3. Generation." Im Frühjahr 2000 ist Die 3. Generation, Multikulti-Trio und Hip-Hop-Boy-Band aus Berlin, drei Wochen auf Platz eins der Charts mit dem Song „Leb!" und damit deutschlandweit noch deutlich beliebter als die Sportis – vor allem bei Kindern.

Im August 2000 erscheint ein Artikel im *Spiegel*, der den Bekanntheitsgrad der Germeringer auf ein neues und überregionales Niveau hebt. Die Band, die als Partywitz im Germeringer Jugendzentrum begonnen habe, löse nun bei Konzerten eine Begeisterung aus, die fast an Hysterie grenze. Peter Brugger sei mit seinem FC-Bayern-Geldbeutel zum Interview gekommen. Was in England längst bekannt sei, scheine mit den Sportfreunden Stiller nun auch hierzulande bewiesen zu sein: Fußball und Pop gehörten zusammen. Brugger träume davon, „dass wir 2006 so weit sind, die deutsche WM-Hymne schreiben zu dürfen. So wichtige Aufgaben darf man nicht solchen Deppen wie Bon Jovi überlassen". Der *Spiegel* prophezeit daraufhin: „Die Antwort auf ‚Football Is Coming Home' steht also bevor."

Peter gesteht im Interview mit dem *Spiegel*, etwas Angst vor der nächsten CD zu haben, zumal einige Kritiker die Sportfreunde als Eintagsfliege handelten. „Ich denke aber, wir haben genügend Potenzial, um einige Jahre durchzuhalten", hofft der Sporti-Sänger. Der *Spiegel* glaubt, das Geheimnis des Erfolges der Band Stiller gehe weit über die „Fußball & Pop"-Attitüde hinaus: „In ihren Texten treffen die Münchner den Nerv der Hörer. Es verblüfft, wie einfach und genau Peter Brugger in ‚Heimatlied' das so schwer zu fassende Heimatgefühl beschreibt." Die Sportfreunde Stiller seien weniger hasserfüllt und melancholisch als Tocotronic, „eher versponnen, liebevoll, abwechselnd begeistert und lakonisch". Der *Spiegel* bilanziert: „Kurz nach der Veröffentlichung der CD *So wie einst Real Madrid* spielten sie im Münchner Kunstpark Ost in der ausverkauften Konzerthalle Babylon vor fast 2000 Zuschauern. Es folgten Videos für Viva und MTV – wo zurzeit ihr ‚Heimatlied' rauf und runter läuft. Und nun steht eine Tournee von zweieinhalb Monaten durch Österreich, die Schweiz und Deutschland an. Auch nördlich des Mains ist den Sportfreunden Stiller dabei der Sprung von den kleinen Clubs in mittelgroße Hallen gelungen." Flo sagt dem *Spiegel*: „Letztes Jahr haben wir in Hamburg im Logo gespielt. Jetzt wird gleich die Markthalle gebucht." Die *Spiegel*-Bildunterschrift zu einem Foto der Sportis lautet: „Vom Partygag zu Shooting Stars".

Die Regionalausgabe Fürstenfeldbruck der Süddeutschen Zeitung veröffentlicht einen Artikel über Konzerte vor Ort und endet: „Da waren auch die Ex-Germeringer Sportfreunde Stiller, die vergangenen Sonntag das Babylon mit 1500 Besuchern auffüllten und für eine Mordsstimmung sorgten. Hallo Welt! Brucker Liedermacher erobern die großen Bühnen und sind nicht mehr wegzukriegen." Die Hauptausgabe der *Süddeutschen Zeitung* vermeldet in ihrem Konzertbericht, schon lange sei nicht mehr so viel Stage Diving zu sehen gewesen. Fast im Sekundentakt hätten Buben wie Mädels die Bühne erklommen, um sich mit Karacho ins Menschenknäuel zu stürzen und auf Hunderten Händen passend zum Song „Wellenreiten" ans andere Hallenende zu schwimmen: „Stilechte Turnhallenstimmung also zur Musik des Gitarren-Pop-Nachwuchses aus Germering." Ungebremst jugendliche Energie schwappe bei diesem Heimspiel aber nicht nur vor der Bühne hoch: „Vor allem die älteren Songs der Gruppe sind gleichermaßen überschwänglicher Spaßrock mit ordentlichem Pogofaktor." Frontmann Peter leiere die Texte etwas ungeschliffen und komme auf seiner Gitarre auch mal mit zwei Akkorden aus wie in der rasanten „Fahrt ins Grüne"; Bassist Rüdiger drücke nebenbei noch behelfsmäßig Knöpfchen am Synthesizer, der vorproduzierte Keyboard-Sounds einspiele; Schlagzeug-Knalltüte Florian singe derweil durch einen Telefonhörer mit.

„Die wenig stillen Jugendfreunde stehen keck zu ihrer rudimentären Instrumentenbeherrschung", bilanziert die *Süddeutsche*. Gerade das verleihe ihnen den sympathischen Charme einer Mannschaft, die unversehens aus der Amateurliga in die obere Division aufgestiegen sei. Auf Viva Zwei wird ein Interview gesendet, das die junge Charlotte Roche mit den Sportfreunden führt, die in Mondfahrer-Kostümen stecken. Dabei bleiben die Germeringer aber heimatverbunden: Mit „Spitze" sind sie auf der Zündfunk-CD *Unter unserem Himmel 2* neben Blumentopf, Slut oder Pelzig vertreten. Die Auflage der Redaktion lautete: „Die Bands müssen aus dem Sendegebiet des Bayerischen Rundfunks stammen." In weiteren Interviews, besonders auch für Regionalsender, wird das Trio immer wieder nach seinen Anfängen in Germering gefragt, nach seinem ersten Übungsraum. Gedankenlos erzählen Peter und Flo von ihren Proben „im Knast" und von ihren ersten Auftritten dort. Manchmal bleibt keine Zeit für Nachfragen. Bei Journalisten, Hörern und Lesern entsteht so das Bild der Sportis in einer Traditionslinie mit Johnny Cash (der übrigens einst in der Stadthalle Germering spielte): Also so etwas wie Germering Prison Punk. Erwin Zißelsberger erzählt, wie Lokalpolitiker in Germering schon Ende der 1990er Jahre Druck auf das Jugendzentrum ausgeübt hätten, es solle sich einen neuen Namen einfallen lassen, worauf während einer langen Übergangsphase viele Jahre lang auf Programmheften und Plakaten immer die Rede gewesen sei von Cordobar und dahinter in Klammern Knast gestanden habe. Ende der Nuller Jahre verschwindet die Bezeichnung Knast dann ganz.

Der Journalist Dirk Wagner erinnert sich an die Irritationen: „Ich war damals im Strom. Das muss 1997 gewesen sein, einige Wochen vor dem Figurentheaterfestival in Erfurt. Die Erfurter hatten mich wegen einer Band angefragt namens Sitter. Sitter hatten gerade ihr erstes Album veröffentlicht, zogen es dann aber vor, sich rar zu machen. Marc Liebscher stand neben mir im Strom, als ich diese Antwort der Band Sitter auf meine weitergeleitete Frage aus Erfurt bekam. Marc war ja damals DJ im Strom. Er lachte und meinte: ‚Brauchst du eine Band?' Ich so: ‚Hast du eine?' Er: ‚Klar. Die Stiller.' Ich fragte: ‚Können die denn?' Er: ‚Die können immer.' Und so war es dann auch. Damals hießen sie noch Stiller. Wir waren dann nachmittags alle zusammen in Erfurt beim Sender Radio Frei. Da fragt die Moderatorin: ‚Wo habt ihr euch kennengelernt?' Die Sportis sagen: ‚Im Knast' und meinten damit das Jugendzentrum in Germering. Die Moderatorin ging nicht weiter darauf ein und wagte es erst nach der Sendung: ‚Wenn ich mal indiskret fragen darf, ihr wart im Gefängnis? Warum?' Stiller hatten geplant, am selben Abend wieder zurückzufahren. Beim Konzert waren dann auch einige Schülerinnen aus München dabei, Freundinnen von Andi, die aus Solidarität von München nach Erfurt gereist waren. Damit war dann auch klar, dass der Andi in derselben Nacht zurückfahren konnte, um eine Klausur zu schreiben. Plötzlich kam die Frage auf, ob ich eine Übernachtungsmöglichkeit für Peter und Flo wüsste. Schließlich haben wir alle bei einer Freundin von mir in Erfurt übernachtet. Das war ein sehr schöner Abend nach einem sehr guten Konzert."

Im August 2000 erscheint ein Porträt Marc Liebschers in der *Süddeutschen Zeitung* mit großem Foto: Marc trägt ein „Isar 12"- T-Shirt, die Hände hat er auf CDs in einem CD-Regal gestützt, so als suche er gerade einen Silberling. Er befindet sich in seinem Büro und wird charakterisiert als „Veranstalter, Band-Manager, Label-Chef und DJ in Personalunion". Mit einem Textmarker hat Marc Platz 46 auf der Top 100-Hitparade umrahmt, die in einem

Eck an der Wand hängt: die Bestplatzierung von *So wie einst Real Madrid.* Der Artikel zitiert bisherige Charakterisierungen: „Münchner Szene-Impresario", „Kult-DJ", „Brit-Pop-Papst" oder „Brit-Pope". „Ich versuche, mich auf einige wenige Projekte zu beschränken und die dann intensiv zu betreiben", sagt Marc. So betreut er in seinem Label Blickpunkt Pop zu jenem Zeitpunkt lediglich die Sportis, Samba und Readymade. Anfragen von anderen Bands lehnt er ab. Nebenher managt er für die Konzertagentur Target deren Münchner Konzerte und gestaltet als DJ und Veranstalter seit Bestehen des Atomic Café jeden Freitag den Smart Club. Die *Süddeutsche* bezeichnet ihn im positiven Sinn als „Prototyp des Strippenziehers innerhalb einer klar umrissenen Szene".

Er wirke meist im Hintergrund. „Bei den Sportfreunden kann ich endlich alles umsetzen, was ich gelernt habe … Mich kann heute kaum einer übers Ohr hauen, was die Konditionen für Auftritte oder die Frage für Rechte von Bands betrifft … Mein Vorbild ist ein bisschen Axel Schulz, der Manager der Ärzte. Mit den Sportfreunden so weit zu kommen, das wäre mein Traum", so Marc, der witzigerweise auch berichtet, wie er gerade die Tour seiner Schützlinge geplant habe, die gleich starten und mindestens bis Ende Oktober dauern werde: Marc – wie Peter bekennender FC Bayern Fan – sorgt dafür, dass am Tag des Münchner Derbys zwischen 1860 und Bayern kein Auftritt der Sportis stattfinden wird. Und das Konzert in Bremen ist kurz vor dem Spiel des FC Bayern bei SV Werder eingeplant.

Wie gefragt Liebscher ist, zeigt sich auch im Jahr darauf, als er als Juror beim Wettbewerb „Sprungbrett" fungiert, bei dem im Feierwerk die „Münchner Band des Jahres" gekürt wird. Unter den Finalisten sind Celest (Indie-Pop), Tonair (Brit-„Fun"-Pop), Homeslice (Alternative-Rock). Es gewinnen Jettison (Indie-Rock) mit Sänger Florian Gudzent aus Feldkirchen. Allerdings sind die Lyrics bei allen in englischer Sprache. Und allen ist bewusst, dass Sportfreunde Stiller mit Abstand die erfolgreichste Indie-Band aus dem Großraum München sind.

Atomic.de – die schönste der Münchner Club-Homepages

Im August 2000 treten Peter, Flo und Rüde auf dem Bizarre-Festival in Weeze (Kreis Kleve im Regierungsbezirk Düsseldorf) auf. Die Veranstaltungsreihe wurde 1987 gegründet und gilt als erstes alternatives Festival Deutschlands. Das Gelände auf dem Flughafen Niederrhein (Airport Weeze) ermöglicht den Sportfreunden einen neuen Höhepunkt. Auf die Frage, wann ihm klar geworden sei, dass er jetzt wirklich erfolgreich werden könne, sagt Peter: „Unser Auftritt beim Bizarre-Festival 2000. Wir waren gebucht für halb vier in der Nacht. Late-Night irgendwas. Wir dachten, na ja, da sind dann noch drei Leute da. Und dann waren es 8000, die total abgegangen sind. Wegen uns. Irre. Da dachte ich, au ja, das kann was werden."

Hochmotiviert und im Bizarre-High nehmen die Sportis im September 2000 ihr viertes Video „Wunderbaren Jahren" auf (nach „Wellenreiten", „Fast wie von selbst" und „Heimatlied", Regie damals jeweils Manuel Werner). Für „Wunderbaren Jahren" laufen die Sportis zwei Tage lang mit der schweren Meisterschale (Rüde: „Das ist massiver Stahl") durch München. Zum ersten Mal führt jetzt Uwe Flade, Peters Freund aus Germering, Regie. Dramaturgie: Die Sportis klauen die Meisterschale von den Bayern, werden dabei ertappt und fliehen vor zwei Polizisten. In Einblendungen wird die „Band on the run" im Atomic Café gefilmt, wo sie vor Fans und Freunden „Wunderbaren Jahren" performt (Peter: „Ein großartiger Spaß." Rüde: „Eins meiner Lieblingsvideos.") Bei der Verfolgungsjagd passiert viel Unvorhergesehenes.

Die zwei Polizeimeister, der „Bomber" (damals Türsteher im Atomic Café und später TSV 1860-Fanbeauftragter Axel „Löwenbomber" Dubelowski) sowie der Posaunist Rainer Sell (als Musiker öfter auf Sportfreunde-Platten und mit ihnen auch live zu hören und heute ein gefragter Studiomusiker), halten mit den durchtrainierten Sportis nicht mit. Außer Atem an einer U-Bahn-Haltestelle lässt sich Rainer in einen Rollstuhl fallen und wird vom Bomber mit der Pistole „bedroht". Das ist im Video nicht zu sehen, sorgt aber bei den Leuten am Bahnsteig während der Dreharbeiten für Irritationen. Sie wissen nicht, dass der eine falsche Polizist auf den anderen falschen nur mit einer Schreckschusspistole zielt. Später ruft während der Hit-and-Run-Szenen eine Frau die echte Polizei, weil unter ihrem Fenster zwei Polizisten mit Pistolen rumfuchteln. Schließlich stürzt beim Überspringen einer Schranke Rainer, schlägt sich fast einen Zahn aus und bricht sich einen Finger (Rüde: „Das hätte sein Karriere-Ende sein können"). Der Schluss der geglückten Flucht wird im Backstage des Atomic Cafés gefilmt. (Rüde: „Wie oft haben wir dort schon das Geld gezählt und aufs

Trinkgeld von Flo gewartet.“) Am Ende ist die Aufschrift auf der Meisterschale kurz zu sehen: „1996 Dortmund – 1997 Bayern – 1998 Kaiserslautern – 1999 Bayern – 2000 Bayern – 2001 Sportfreunde Stiller“.

Im Atomic Café wird während der Live-Show der Sportis nicht nur die Schale, es werden auch Stühle vom Publikum nach oben gereicht, was nicht geplant war (Flo: „Was sich aber die Emil Bulls haben einfallen lassen, die Sauhunde. Dafür danke! Die waren besoffen, die Typen.“ Die Münchner Rockband Emil Bulls wurde 1995 in Hohenschäftlarn u. a. vom ehemaligen Klosterschüler Christoph von Freydorf gegründet und ist heute noch unterwegs mit Gigs und neuen Platten.) Peter erinnert sich: „Ich habe versucht, leicht erschöpft, aber gleichzeitig glücklich auszuschauen.“ Flo: „Aber auch lasziv, so wie bei jedem Video.“ Peter: „Ja, hör auf. Ich möchte Schauspieler werden. In einer krediblen Vorabendserie.“ Silke Ofiera ist im Atomic Café dabei, als diese Abschlussszenen des Videos gedreht werden. Sie schreibt ins Atomic-Gästebuch unter dem Stichwort ‚sportfreunde im atomic‘: „gestern war der dreh des neuen sporti-videos im atomic, auf jeden fall ein teil, und zwar ein sehr lustiger teil, selten so viel spass gehabt! danke noch mal fürs atompils, die gaudi, und den kostenlosen gig!!! sportis vor, noch ein tor!“

Der Hörfunk- und Fernsehreporter Günther Koch ist vor allem bekannt für seine Fußball-Reportagen. Im Klappentext der Doppel-CD *Günther Koch Revisited – Voll in den Mann* wird er „Kultfigur“, „Figur der Kunst“ und „Gegenstand der Medienkunst“ genannt. Auf den CDs befinden sich 22 Tracks, die Koch als Sportberichterstatter würdigen und akustisch mit seinen Radio-Live-Reportagen spielen. Die Liner Notes fragen, ob man einen, der sein eigener DJ sei, überbieten könne. „Koch improvisiert wie kein zweiter; Koch schnalzt, schreit, brüllt, wispert, singt, fleht, flennt, feiert, verflucht und verherrlicht feurig und fidel“, schreibt Jürgen Roth im Booklet. Im Herbst 2000 gehen die Sportfreunde und viele weitere Tonkünstler ins Studio, um ihrem Sportfreund Günther Koch (und ihrem Idol Mehmet Scholl) zu huldigen. Peter, Flo und Rüde nehmen ihr Stück „Das ist alles möglich“ im Stil der Elektro-Pop-Pioniere Kraftwerk auf. Zu hören sind zwischendurch die O-Töne Günther Kochs: „Fußball ist ein so tolles Spiel, da ist alles möglich“; „Jetzt ist es so weit. Das ist Mehmet Scholl. Das ist der Schuss. Und das ist der Jubel“; „Jetzt läuft er voll an. Das ist das 3:0. Hören Sie mal. Ein Bilderbuchtor!“; „Und der Scholl ist im Sechzehner. Versucht jetzt, ähnlich elegant den Ball anzunehmen. Schön gemacht. Übersteiger. Hau doch mal drauf! Quergelegt. Jetzt kommt der Schuss. Wo geht er hin? Ins Tor. Tooooooooor für den FC Bayern. Der beste Mann macht die Kiste"; „Wer schiebt denn das Hosentürl?" Zum Schluss, an die Zuhörer gerichtet: „Und jetzt können Sie tun, was Sie wollen. Vielleicht müssen Sie das eine oder andere jetzt erledigen. Sie verstehen uns richtig. Wir melden uns wieder. Und wir freuen uns, wenn Sie uns dann wieder zuhören werden. Daumen halten und die eine oder andere Verrichtung machen. Und dann wieder kommen. Rückruf in die Funkhäuser." Dazu singt Peter den Refrain in zwei melodiösen Varianten mit elektronisch verfremdeter Stimme: „Das ist alles möglich" und „Da, da ist alles möglich."

Im Dezember 2000 urteilt die *Süddeutsche Zeitung*: „Die Mischung aus englischem Gitarrenpop, amerikanischem College-Rock und deutschen Texten, die Verbindung von einfachen Gitarrenriffs und schönen Melodien mit inhaltlicher Tiefe traf einen Nerv, den Bands wie Tocotronic in den vergangenen Jahren bloßgelegt hatten." Die Sportfreunde seien melancholisch, schwelgerisch, liebevoll und ein bisschen hinterhältig. Sie üben inzwischen nicht mehr im Knast, sondern an der Landsberger Straße. Den Raum betritt man über einen FC Bayern-Fußabtreter, und in der Ecke steht die Meisterschale, die im Video „Wunderbaren Jahren" zu sehen war. Zu den Konzerten reisen sie im Nightliner, einem gut ausgestatteten Reisebus inklusive Schlafkojen.

Die Doppelkonzerte der Sportis mit ihren Labelkollegen Readymade sind ein voller Erfolg. Die winterliche Blitz-Tour unter dem Motto „ready, sport – go!" ist ausverkauft, auch die Muffathalle – schon Wochen vor dem Auftritt. Die *Süddeutsche Zeitung* veröffentlicht an Weihnachten einen euphorischen Konzertbericht: Die Stimmung schäume schier über; im Gegenlicht der Bühnenbeleuchtung zeichneten sich die Torsi von auf Händen getragenen wagemutigen Bühnenspringern ab; man solle sich einen Bademeister vorstellen, der trotz des Schildes „Das Springen von den Beckenrändern ist verboten" den Missetäter frage, ob er unten gut angekommen sei; bei diesem Konzert habe alles gestimmt, was die wahre Party brauche; wuchtige Rockriffs, wummernde Basslinien, sympathische NDW-Anklänge, Sprünge von der Marshall-Box, Bierdosenweitwurf ins Publikum. Der Berichterstatter stellt sich in die Ausgangstür und sieht, wie die Schwaden der Körperwärme von Hunderten von Menschenleibern hinaus in die Dezembernacht ziehen und dort zu Wasserdampf kondensieren.

Nicht nur die Reporter, auch die Fans sind zunehmend exaltiert: Am 2. Januar 2001 schreibt einer: „Saugut. Im ARD-*Morgenmagazin* läuft ‚Wunderbahren Jahren' von den Sportfreunden Stiller gerade als Hintergrundmusik zu einem Bericht über die Olympischen Spiele in Sydney." Und ein anderer wenige Tage später: „Ich hab einen spannenden Vormittag hinter mir, musste meinen Studentenwerksbeitrag fürs nächste Semester noch schnell nachzahlen und hab im Atzinger ein Muffathallen-Plakat vom Dezember mit den Sportfreunden drauf abgestaubt. Das wird mal sehr viel Geld wert sein, und wenn nicht, isses auch egal."

Auch Manager Marc Liebscher meldet sich regelmäßig im Atomic-Gästebuch zu Wort, meistens mit positiven Nachrichten zu Gigs, Medien und Preisen. Seine Mail-Adresse lautet damals marc_liebscher@freshnet.de: „sportfreunde goes echo – puh ... ich wieder: am donnerstag, den 15.3. sind sportfreunde stiller für den echo als tolle deutsche nachwuchsband nominiert (live auf rtl ab 21h). wer die sportler sehen möchte, wie sie den preis entgegennehmen (in atomic-shirts?!) – bitte tippen: www.fritz.de/echo2001. danke."

Nominiert sind zudem für den „Nationalen Nachwuchsförderpreis des Jahres" das 1997 in Berlin gegründete Elektro-Pop-Duo Paula; das im selben Jahr in Hamburg gegründete Hip-Hop-Trio Dynamite Deluxe (mit Samy Deluxe); der Rapper aus Frankfurt am Main D-Flame sowie das 1999 in Berlin gegründete Elektro-Pop- und DJ-Duo Lexy & K-Paul. Sie haben das Debütalbum *Loud* im Jahr 2000 veröffentlicht und gewinnen die Echo-Auszeichnung, den Nachwuchsförderpreis, der ihrer Karriere einen Schub verleiht.

Derweil sporteln Stiller munter weiter. Mit ihren Tour- und Blickpunkt-Pop-Kollegen Readymade aus Wiesbaden nehmen sie mehrere Songs auf, u. a. die Maxi CD *Ready Sport Go!* (Blickpunkt Pop 021), Coverversionen von „Dancing With Tears In My Eyes" und „Friday I'm In Love" sowie Songs der jeweils anderen Band teils mit eigenen Texten neu vertont. Weitere Kooperationen folgen in den kommenden Jahren, und das Cover mit allen sieben Mitgliedern beider Bands dient auch als Konzertplakat. Verkauft werden die CDs in limitierter Auflage bei Konzerten. Sie sind heute Sammlerstücke.

Noch häufiger als Marc schreibt Axel, der Löwenbomber aus München mit der Mail-Adresse axel@loewenbomber.de. Er gilt als PR-Sprecher der Tresen-Kicker Atomic Allstars und wird jahrelang Fußballspiele kommentieren.

Erstaunlich oft sind Peter, Flo und Andi mit von der Partie, so beispielsweise im April 2001: „,Glory Glory Atomic Allstars' – Die grandiosen und saustarken Atomic Allstars haben gestern ihr 1. Saisonspiel in überzeugender Manier mit 6:1 und 3 Punkte gewonnen. Dreifacher Torschütze war der überragende Peter Brugger (Sportfreunde Stiller). Die weiteren Treffer erzielten Martinho K. und Teamchef/Spielertrainer Georg Schlotz. Im Laufe des Tages wird es einen ausführlichen Spielbericht irgendwo bei atomic.de geben. Der Pressesprecher muss jetzt allerdings erst mal weiterschlafen …"

Die Webseite des Atomic Cafés gehört zu den beliebtesten digitalen Präsenzen Münchens. Die *Süddeutsche Zeitung* untersucht in einer Serie „Was macht die Kultur im Netz" und urteilt wenige Monate vor diesem Eintrag des Löwenbombers, im gewohnt stylishen 60er-Jahre-Lounge-Look erwarte einen unter www.atomic.de „die schönste der Münchner Club-Homepages". Als Erstes ist die Frontalansicht des „berüchtigten Türstehers ‚Bomber'" zu sehen. Ausführlich würden die Spiele der Fußballmannschaft Atomic Allstars analysiert und Storys zu den Terminen weitergegeben. „Wer von der Britpop-Clique nicht genug bekommen kann, wird auf die Seiten der Sportfreunde Stiller, des Labels Trikont oder des Club 2 (in der Kirchenstraße 96) verwiesen."

Wir werden dann nicht mehr die Gleichen sein

Anfang der 2000er Jahre sieht die Webseite der Sportis wie ein Fußballtrikot aus. Man navigiert via Sport-Kalauer, z. B. „Spielplan" oder „Sport-Artikel" fürs Merchandising. Die Storys, die Biografien des Trios oder die Bildergalerien erscheinen im Mittelkreis eines simulierten Fußballfeldes. Verlinkt wird auf befreundete und bewunderte Bands, auf Clubs und Bühnen und natürlich auf den FC Bayern München sowie u. a. auf das Fanzine *Pitti Platsch 3000*, das von 1998 bis 2005 in gedruckter Form erscheint und seinerseits mehrfach über die Sportis berichtet und origineller und aktueller sein will als beispielsweise *Intro*. Die *Süddeutsche Zeitung* urteilt über die Webseite der Sportis: „Hier öffnet sich eine Band ihren Fans – wenn man die Bilder in der Galerie mit dem Cursor berührt, fallen sogar letzte Hüllen … Weniger Diskussionsplattform denn Poesiealbum. Mit allerlei Star-Einträgen (‚Liebe Grüße von Blümchen') und Sehnsuchtsbekundungen aus der Provinz (‚Bitte kommt auch mal nach Oberhaimhausen auf Tour'‘)."

Ein Zwiegespräch zwischen der 1996 in München gegründeten Motown-Girl-Band Die Moulinettes (Claudia Kaiser – Gesang und Gitarre; Barbara Streidl – Bass; Katrin „Kiki" Lorrig Wossagk – Schlagzeug) und den Sportis geht im Sommer 1999 so: „hallo sportfreunde! damals in schweinfurt … ja, wir haben groß angegeben. aber nun habt ihr uns den arsch weggerockt … war sehr toll! viele grüße, und bis ulm! eure moulinettes – let there be rock" – „hallo moulinetten, naja, da wollen wir mal nicht übertreiben. schade bloß, dass das mit den gemeinsamen hotelbetten nicht geklappt hat, da hättet ihr endlich mal kennengelernt, wie wir abgehen können. schade, aber schweinfurt war nicht alle tage – wir kommen wieder – keine frage, eure verehrer." – „heee, sportfreunde, ihr seid ja ganz schön frech … solche rotzer aber auch! wo doch wir, die moulinettes DAMEN sind! (… äh, zumindest ein bisschen). wir sollten euch mal ganz undamenhaft übers knie legen und die ‚wadeln nach vorn richten‘, wie man so schön sagt … apropos undamenhaft, ‚was ist blau und stinkt?‘ das ist mein tolles neues sportfreunde-t-shirt, das ich (kiki) seit fünf tagen trage! bis bald, and let there ausnahmsweise mal wieder be rock, eure netten moulinetten."

Wer durch die Sportfreunde-Stiller-Webpage scrollt, ahnt, wie beliebt die Germeringer inzwischen sind: „Sportfreunde, ich liebe euch!!! Euer Konzert bei MTV war saugeil! Da ich aber zum Saufen gegangen bin, hab ich es aufgenommen! In Ruhpolding werdet ihr verehrt wie Götter! Euer Sound ist geil, eure Texte genial, und Rüde schaut geil aus. Servus, eure Resi. PS: Wann kommt die nächste CD?" Und Sara fragt: „Peter, möchtest du mich heiraten? Sag doch bitte ja, dann freue ich mich sehr, und wir können viele kleine Sportfreunde basteln."

Am 27. April 2001 schneidet Axel Dubelowski auf der Atomic-Webseite ein ernstes Thema an: „Eines ist mir nicht ganz klar: Warum darf man nicht gern in seiner Heimat leben? Warum werden die Sportfreunde Stiller vom *Intro*-Magazin als faschistoid bezeichnet, nur weil sie ein Lied wie ‚Heimatlied‘ haben, in dem eine Textzeile lautet: ‚Denn hier bist du Mensch, hier darfst du's wirklich sein.‘ Warum ist das so? Ich meine: Der Satz ‚Ich bin stolz, ein Deutscher zu sein‘ ist unnötig, weil man ja eigentlich nur auf eigene Leistungen stolz sein kann. Aber muss ich deswegen die Schere im Kopf ansetzen, nur weil ich hier gern lebe?"

Meike, die für das Büro von Marc Liebscher arbeitet, positioniert sich und das Büro wenige Tage später klar gegen jegliche faschistische Tendenzen: „hallo liebe leute, ich schreibe euch heute allen zusammen eine mail, weil ich euch allen etwas berichten möchte, was ich erlebt habe. zum background: zur zeit gibt es eine hip-hop-tour gegen rechte gewalt, die durch verschiedene städte ostdeutschlands geht. die tour steht unter dem namen ‚die leude woll'n, dass was passiert' (slogan von fünf sterne deluxe) und ist im rahmen der *stern*-aktion ‚mut gegen rechte gewalt'. ins leben gerufen haben diese tour der *stern* und das büro lärm, für die ich diese tour als tourleitung begleite. wir sind in städten wie neustadt an der orla, wurzen, eberswalde, dessau und bad salzungen, weil dieses einige der brennpunkte sind, in denen die nazis die überhand gewonnen haben. ich möchte euch nun hier von unserem aufenthalt in wurzen am 21. april 2001 erzählen, weil ich das gefühl habe, dass viel mehr menschen darüber informiert werden müssen, was in dieser stadt abgeht. wurzen ist die erste stadt, die sich national befreite zone genannt hat. demzufolge gibt es dort auch keine ausländer. es gibt keine dönerbude, es gibt kein ital. restaurant. das einzige china-restaurant, dass es dort gab, wurde solange terrorisiert, bis die inhaber flohen. die anfangsbuchstaben vom happy house (name des restaurants) wurden stehengelassen und stehen heute für heil hitler. die nazis haben dort einen ihrer treffpunkte eingerichtet, in dem sie sogenannte heimat-abende verbringen. als wir in wurzen ankamen, war sofort klar, dass wir dort alles andere als willkommen sind. wir wussten zwar, dass wurzen mit der härteste termin auf unserem plan war, doch was uns dort erwarten sollte, übertraf jede vorstellung (...) egal wohin du guckst, es leben dort nur nazis (bis auf die hand-voll antifa-leute). der stadtrat, polizei – egal was – nazis! und die, die keine glatze oder hitlerfrisur tragen, verschließen die augen. genau wie vor 50 jahren. das ist dort ganz schlimm, und ich wünschte mir, dass viel mehr menschen davon etwas mitkriegen, damit das problem ernst genommen wird. auch wenn ich in meinem ganzen leben noch nie solche angst vor menschen gehabt habe, bin ich sehr froh, dass ich diese tour mitmache. wie gesagt, die menschen, die dort gegen die nazis kämpfen, müssen viel mehr unterstützt werden. ich würde immer wieder bei dieser aktion mitmachen. bei dem konzert waren übrigens ca. 400 leute, die richtig gefeiert haben. denen war es im prinzip auch total egal, wer auf der bühne steht. hauptsache, es wird was für sie getan. ich hoffe, ich konnte euch so einigermaßen eine vorstellung geben, was in wurzen (und nicht nur dort) abgeht."

Im Atomic-Gästebuch entsteht eine Diskussion, in die sich auch Marc Liebscher einschaltet mit den Worten: „Wäre ich dort gewesen, wäre ich längst tot."

Im Mai 2001 gehen die Sportfreunde wieder nach Weilheim ins Uphon-Studio zu Mario Thaler, mit dem sie schon öfter zusammengearbeitet haben. Ihr Debüt *Macht doch was ihr wollt – Ich geh' jetzt!* ist dort gemeinsam mit dem erfahrenen Produzenten Thaler (u. a. zuständig für den Sound von The Notwist) entstanden. Für den Film *Lammbock – Alles in Handarbeit* (mit Moritz Bleibtreu, Lukas Gregorowicz, Marie Zielcke, Alexandra Schalaudek, Elmar Wepper, Wotan Wilke Möhring, Christoph Wackernagel) nehmen die Sportis in Weilheim ihren neuen Song „Wie lange sollen wir noch warten?" auf. Der Film ist das von Quentin Tarantino beeinflusste Regiedebüt von Christian Zübert – eine witzige Kiffer-Komödie. Berühmt gewordenes Zitate daraus: „Dieses Marihuana kickt besser als Mehmet Scholl" oder „Zero Zero, die Jacobs Krönung des Dope". FSK für den Film ist heute noch ab 16 Jahren. Produzent ist der Fußballnarr Sönke Wortmann, der 2003 *Das Wunder von Bern* in die Kinos bringen wird – mit über drei Millionen Zuschauern der zweiterfolgreichste deutsche Kinofilm des Jahres. 2017 kommt die Fortsetzung *Lommbock* in die Kinos, wieder mit Gregorowicz und Bleibtreu.

Erzählt wird in *Lammbock – Alles in Handarbeit* die Geschichte der beiden Freunde Stefan (Gregorowicz) und Kai (Bleibtreu), die den Pizza-Lieferdienst „Lammbock" betreiben und damit ihr Cannabis (Marke Eigenanbau) vertreiben. Als ihre Hanfplantage von Blattläusen befallen wird, beginnt der Ärger. Mehmet Scholl taucht im Film mehrfach auf Postern, in Dialogen oder als Videospiel-Figur auf. In der Fortsetzung *Lommbock* taucht er dann persönlich auf und spielt sich selbst. Damit beweist er Humor, denn in *Lammbock* ist viel von seinem zu lutschenden Schwanz die Rede. Auf dem Soundtrack von *Lammbock* sind u. a. Calexico, Captain Sensible, Kings of Convenience oder der 2005 in Deutschland verstorbene Gitarrist Chris Jones zu hören und eben die Sportfreunde, allerdings nicht im Film, sondern nur auf der Begleit-CD. Aber das ist nur ein kleiner Rückschlag auf dem Weg zum Pop-Podest, zur Nummer 1 der deutschen Charts.

Peter singt passend zum Film: „Wie lange sollen wir noch warten, bis wieder bessere Zeiten starten? Wie viel Zeit soll noch vergehen, bis wir uns wiedersehen? Plötzlich weiß ich ganz genau, was ich nicht mehr will. Bisher war das nur so ein komisches Gefühl." Am Ende des Songs die Konsequenz: „Wir werden dann nicht mehr die gleichen sein und irgendwann die Dinge mit anderen Augen sehen." Wenig später fliegen die Sportis wieder nach Spanien, um mit Produzent Uwe Hoffmann den Song für die eigene CD neu aufzunehmen. Sie verbringen im Sommer 2001 zwei Monate in Xàbia im Studio Casapepe, wo ihr zweites Album *Die gute Seite* entsteht. Die Stimmung ist gut auf der guten Seite, auch weil die Sportis einen Preis gewonnen haben.

Ich wollte dir nur mal eben sagen ...

Während der Lokalen Rundfunktage in Nürnberg (deutschlandweit der größte Branchentreff der Rundfunk- und Medienwelt) werden die Gewinner des neu geschaffenen Radio Galaxy Award bekanntgegeben. Der Sendestart von Radio Galaxy (mit Sitz in Nürnberg, Slogan: „Die besten aktuellen Hits") ist im Januar 2000. Sofort tüfteln die Gründer an einem Förderpreis. Die Sieg-Kriterien für den Newcomer-Award lauten: „Der ‚Radio Galaxy Award' wird an Newcomer in der Musikbranche verliehen. Diese haben bereits in der deutschen Öffentlichkeit einen gewissen Bekanntheitsgrad, stehen aber noch am Anfang ihrer künstlerischen Karriere. Favorisiert werden Bands und Sänger(innen) aus Bayern." Die Sportfreunde sind die allerersten Gewinner. Zur Herkunft der Band schreiben die Juroren nicht München, sondern Germering. Die Sportis selbst werden sich künftig gern als Münchner Band bezeichnen und die provinzielle Herkunft unerwähnt lassen. (Wer bitte kennt schon Germering?) Seither wird der Preis und bis heute jährlich vergeben. Weitere Auszeichnungen gehen etwa 2008 an die Schweizer Sängerin Stefanie Heinzmann (aus Visp-Eyholz, Radio Galaxy nimmt es genau), 2012 an das Elektro-Pop-Duo Glasperlenspiel aus Stockach, 2014 an DJane Housekat aus Ingolstadt, 2021 an Leony (eigentlich Leonie Burger, ihr Bruder Korbinian Burger ist Fußballprofi) aus Chammünster.

Im Juni und Juli 2001 sind die Sportfreunde in Spanien und spielen ihr zweites Album *Die gute Seite* ein. Im Booklet heißt es: „sportfreunde sind – peter balboa: motorsäge / rüde: axt / flori rakete: hobel / alle lieder (ausgenommen: keins): mit inbrunst und hingabe und zärtlichkeit aufgenommen und gemischt im casa pepe prod. studio alicante / esp. mit zuckerbrot und peitsche produziert von uwe ‚don' hoffmann". Das Belohnen und Bestrafen in „Espania beim Don" wird sich in den folgenden Jahren auf teils unangenehme Weise steigern. „peter s. brugger verlegt bei warner chappell / florian weber und rüdiger linhof verlegt bei edition sportfreunde – bmg ufa". Nun achten zwei Major Companies auf die Copyrights des Trios. Es könnten ja in Zukunft gehäuft Tantiemen anfallen für die Texte der drei kreativen Köpfe. Adäquate Vermarktung findet jedenfalls verstärkt statt: „sportfreunde stiller laufen und spielen schnell wie puma", heißt es weiter im Booklet. Als neuer Haus- und Hof- und Bolzplatzfotograf etabliert sich – bis heute – Gerald von Foris. Am Ende folgt die Durchsage: „wir (marc und die sportler) bedanken uns bei und grüßen scheinheilig: alle menschen, die mit uns waren, sind und sein werden ... und alle, die unsere musik gerne hören, sehen und fühlen. ihr wisst, wer ihr seid!" Und darunter wird noch fett das Logo des Schweizer Familienunternehmens PAiSTe platziert, einem der führenden Hersteller von Schlagzeug-Becken.

Die Werbeeinnahmen ergänzen inzwischen auf angenehme Weise die Konzert-Honorare und die Einnahmen durch Plattenverkäufe. Das erlaubt auch prominente Verstärkung bei der Sound-Bearbeitung: „alle lieder gemastert von howie weinberg at masterdisc, ny". Den Kontakt zu Weinberg stellte Uwe Hoffmann her. Weinberg als Sound-Veredler ist ein Wunsch von Marc und den Sportis, denn die US-Legende hat davor u. a. Songs von den Beasty Boys, Nirvana, Oasis oder den Smashing Pumpkins bearbeitet.

Nach dem Opener und (Beinahe-)„Lammbock"-Filmsong „Wie lange sollen wir noch warten?" folgt ein Sommer-Gute-Laune-Song über die „Sachen, die die wilden Rocker machen": „Komm schon, nimm dir davon eine Extra-Portion – abgemacht, so was geht in so'ner Sommernacht", singt Peter. Die Kritik spricht von „charmantem Schrammelpop", durchsetzt mit Elektro-Piepsern, und definiert „Komm schon" als „das lebendige ‚Carpe Noctem' für den kommenden Sommer". Das Video wird in drei Tagen in Kiew gedreht. Das Trio tritt in beschrifteten Trainingsanzügen in einem fast leeren Stadion auf. Auf Peters Rücken steht Balboa, auf Flo's Rücken Rakete und auf Rüdes Rücken The Wild. Sie setzen sich Helme auf und steigen nicht – wie erwartet – auf schwere Motorräder, sondern auf kleine BMX-Bikes. Sie zeigen bescheidene Kunststücke. Höhepunkt: Sie springen mit Rad durch ein intaktes Tuch, auf dem „Komm schon“ steht. Später springt ein Profi mit einer großen Maschine durch einen Feuerreifen.

Der dritte Track kommt bescheiden daher, ist aber der Single-Hit. Titel: „Ein Kompliment“. Der Song gilt bis heute als eine der originellsten Lobeshymnen auf geliebte Menschen. Melodie und Text gehen eine besondere Symbiose ein. Das Lied erreicht (als erste Single-Auskoppelung im März 2002) Rang 37 der deutschen Charts, bleibt neun Wochen in den Top 100 und wird damit zum bislang größten Hit der Sportis. (Im Sommer 2009 wird die Akustikversion Platz 6 erreichen und sich 64 Wochen in den Top 100 halten.) Getextet hat Peter das Kompliment allein. Für die Musik zeichnet für alle Songs auf *Die gute Seite* das ganze Trio verantwortlich. Das Kompliment bezieht sich auf ein geliebtes Gegenüber als Ziel einer langen Reise, als Schaumkrone der Woge der Begeisterung, als Chill-Out-Area, als Süßwarenabteilung im Supermarkt, als die Lösung, wenn mal etwas hakt. Das geliebte Gegenüber ist eben das Größte für Peter. Und das will er in aller Bescheidenheit „nur mal eben sagen“ und sichergehen, dass es das Gleiche für ihn fühlt. Bestechend ist auch das Intro: „Wenn man so sagen will ...“ Ja, ab sofort „will man so“ sagen.

Aus dem Kreieren der bisherigen Songtexte, durch vorangehendes nimmermüdes Probieren und Jonglieren, sind nun mit einem Mal diese neuen und faszinierenden Zeilen entstanden. Peter macht beim Texten hier nichts grundsätzlich anderes als bei all den anderen Liedern, aber dieses Mal berührt die Mischung aus Aufrichtigkeit, Unbeholfenheit und Understatement besonders stark. Noch 2023 schreibt der SWR zum Valentinstag: „‚Ein Kompliment‘ ist zweifellos eine der charmantesten Liebeserklärungen der deutschen Popmusik.“ Peters Kommentar zum Songwriting: „Es ist einfach der Versuch, etwas Ehrliches zu machen. Wir merken ja auch, dass die Lieder, die wir jetzt schon lange spielen und die über die Zeit geblieben sind, die sind, wo wir ehrlich waren und die auch uns etwas bedeuten. Etwas, das man erlebt hat oder das man fühlt. Was ich an deutschen Texten nicht mag, ist, wenn man sie sich anhört und nichts kapiert, aber denkt, dass da schon irgendeine Bedeutung sein wird. Das könnten wir nicht, und deshalb wollen wir es auch nicht machen.“

Erstaunliches geschieht im Video zu „Ein Kompliment“. Regie führt wieder Uwe Flade, der später weitere Musikvideos mit den Sportfreunden, aber auch mit a-ha, Depeche Mode, Franz Ferdinand, Rammstein oder Zweiraumwohnung drehen wird. Peter erinnert sich: „Wir hatten die Idee für das Video, wo ein Mädchen eine Band sucht, die ihr ein Lied auf der Straße vorgespielt hat. In der Gegenüberstellung wird sie dann mit verschiedenen Bands konfrontiert. Wir fanden dann später die Vorstellung lustig, tatsächlich andere Bands zu fragen, ob sie da nicht mitmachen wollen. Wie haben an alle möglichen gedacht: Die Ärzte, Donots, Readymade, Fettes Brot, Reamonn und andere. Dann ist es letztlich so gekommen, dass Echt und die Emil Bulls mitgespielt haben, was wir super finden. Das macht es gerade bei einem wie Kim Frank, den jeder kennt, spannend und witzig."

Kim Frank von Echt samt Band und Christoph von Freydorf, Sänger der Emil Bulls, samt Band tauchen dann tatsächlich im Clip auf und teilen sich den Vortrag des Songs mit den Sportis, wobei man nur die Germeringer hört. Die Filmidee stammt vor allem von Flo (der Drummer betroffen: „Hier ist zum ersten Mal in einem Video meine leicht angeschlagene Kopfbehaarung zu sehen."): In einem Gegenüberstellungsraum in einem Polizeirevier (mit zwei *Tatort*-Kommissaren) schaut sich eine junge Frau (Rüdiger: „die ganz nette Constanze") verschiedene Bands an, die den Song performen. Sie ist auf der sicheren Seite des Einwegspiegels auf der Suche nach den Straßenmusikern, die sie an einem Regentag gesehen hat. Auf der Liste stehen die Ärzte, Die Toten Hosen, Reamonn, Slut, Echt, Readymade, Emil Bulls, Samba und zuletzt auch die Sportfreunde Stiller.

Die Frau hakt die Bands nach und nach ab. Gesucht werden von der Polizei und der Zeugin die echten Musiker. Auf dem Schreibtisch sind entsprechende Unterlagen mit Ermittlungsfotos, Fingerabdrücken usw. ausgebreitet. Die „falschen" Bands werden von der Polizei abgeführt. Übrig bleiben nur die Sportis: Die junge Frau dreht lauter und wünscht eine Wiederholung: „Kann ich's noch mal hören?" Allein auf YouTube wurde das Video 7,6 Millionen Mal gesehen (Stand: Februar 2023).

Auf dem Album folgt als nächster Track Jack Kerouac im O-Ton: „Out we jumped in the warm, mad night, hearing a wild tenorman's bawling horns across the way going, ee-yah, ee-yah, and hands clapping to the beat and folks yelling go, go, go." Darauf Peter im Song „Sportbeat": „Liebe Leute, hört auf das hier, das schmeckt wie gekühltes Fassbier, unfassbar, dass da was anderes war." Im Mittelpunkt des Songs die Zeilen: „Es regiert der Beat, und das Herz schlägt im Takt. Je nachdem, was der Beat zu beaten hat, bieten wir hier ein Stück mit." Die Texte sind im Booklet abgedruckt und damit buchstäblich das polyvalente englisch-deutsche „beaten". Und abschließend in bester Beatnik-Manier: „Es feiert heute die ganze Meute."

Was wissen wir denn schon, was dahintersteckt, wenn die Elite der Nation wieder etwas ausheckt

Über den Titelsong „Auf der guten Seite" (alle drei Sportis texten ihn) sagt Peter: „Der Witz ist ja eigentlich, dass sich jeder auf der guten Seite sieht. Die Begriffe in dem Text sind auch ironisch zu verstehen, aber ich finde, im Sinne einer Freundschaft und Verschworenheit ist es auch schön, so etwas mal auszusprechen, weil es ein gutes Gefühl macht und einem über schwierige Situationen hinweghelfen kann." Es ist von dreisten Egoisten, von sinnlosen Fristen neben vereisten Skipisten die Rede; von der Jagd nach Profit und zu viel Kohlenmonoxid statt Sauerstoff; von falschen Freunden und scheinfreundlichen Feinden. Es folgt der angesichts gesellschaftskritischer Anmerkungen positive Refrain: „Du und ich und sonst noch ein paar Leute, wir stehen auf der guten Seite." Die Idee für den Song sei den Sportis bei den Abenden auf der Terrasse in Spanien während der Aufnahmearbeiten gekommen. Dort hätten sie beobachtet, wie in einem Mehrfamilienhaus auf der anderen Seite seltsame Dinge passierten. Ein Pärchen stritt sich lautstark, woanders fanden Pornofilm-Orgien statt. So entstand die Textzeile: „Wir sind auf der guten Seite" und nicht drüben im Mehrfamilienhaus.

Auch bei „Independent" sind alle drei am Text beteiligt. Der Song ist der Versuch einer Vergewisserung, dass man trotz seines in Marken gehüllten Erscheinungsbildes und trotz all der Traumbilder der Werbung noch man selbst ist. „Die Vermarktung meines Auftritts hab ich selbst in der Hand." Rüde sagt zum Songwriting: „Es gibt kein Patentrezept oder ein bestimmtes Konzept. Jeder hat seine bestimmte Art Lieder zu schreiben. Wir haben die Vorgabe, dass nichts zu peinlich sein darf. Es war mal so etwas wie unser Grundsatz, dass über alles geschrieben werden darf. Sachen, bei denen sich andere vermutlich schütteln würden, sind bei uns noch innerhalb der Toleranzgrenze. Wo andere Leute ernst sein wollen, sehen wir das Ganze dann doch eher als Spaß."

Im Alleingang textet Peter den Song „International", der als Auseinandersetzung mit den Kritiken zum „Heimatlied" gelesen werden kann. Peter stellt fest, „International" sei nicht nur ein Wort. Er gebe viele Beispiele, wie Internationalität weltweit in der Politik, in der Wirtschaft und im Sport gelebt werde. Man sei sich einander weltweit fremd und komme sich nah. Man spreche weltweit verschiedene Sprachen, aber man könne in allen lachen. Das Leben aller sei längst international. Der Song enthält zwei Kernaussagen: „Denken wir uns die Grenzen weg!" und: „Leider haben sich weltweit so manche noch nicht von nationaler Ideologie befreit." Und am Ende ergänzt Peter auf Spanisch: „Los amigos del deporte son compadres!" (Die Freunde des Sports sind Kumpel.) Rüde erinnert sich: „Wir wurden mal gefragt: Ist das nicht blöd, immer positiv zu sein? Aber ich finde nein. Ich weiß nicht, woher es kommt, aber letztlich gibt es bei uns immer eine gute Wendung. Im Leben ist vieles scheiße, aber irgendwo ist bei uns ein gutes Ende. Vielleicht ist das das Schmalzige an unserem Leben."

Sprachlich spielt das Booklet mit dem Albumtitel und variiert ihn: Innenseite – Sonnenseite – die falsche Seite – Breitseite – Außenseiter – seitenverkehrt – einerseits – andererseits – Insider – Titelseite. Und die Edition des Albums *Die gute Seite* mit Bonus-CD heißt *Die lange Seite*. Die Sportis bleiben produktiv. Die Qualität der Songs leidet nicht unter der zunehmenden Routine. Den Beziehungssong „Tage wie dieser", der zwischen Niedergeschlagenheit und Hoffnung changiert, texten Peter und Rüde. Dazu wird ein Video nach der Idee von Manuel Werner gedreht, ein „Guerilla-Dreh", wie die Filmer es nennen. Die Sportis fahren drei Tage mit ihren Instrumenten durch München und in die Umgebung, u. a. an den Sylvensteinspeicher (Waldszene), an einen Bauernhof in Bad Tölz (Kuh-Szene), nach Lenggries, ins 60er-Stadion, in die Kongresshalle (wo heute noch Konzerte stattfinden) oder ins Hasenbergl. Auf freiem Feld wird Flos Schlagzeug auf einen Karren gehievt, dahinter befindet sich ein Werbebanner: „Elvis live Sa. 17. August – Rock'n'Roll Festival". In den Zwischenschnitten ist eine junge Frau im Bild, die in einem „3 D View Master" Fotos der Sportis in den verschiedenen Locations anschaut. Sie steht vor einem Garagentor, woran ein Warnschild befestigt ist: „Schont unsere Anlagen! Nicht erlaubt sind …", worauf drei antiquiert wirkende Grafiken einen Jungen, der Fahrrad fährt, ein Mädchen, das sitzend mit Puppen spielt, und einen Jungen, der einen Fußball kickt, zeigen, alle drei ausgeixt – „Die Hausverwaltung". Das

Mädchen hält sehnsüchtig den „View Master" wie ein Fernglas. Dann begegnen sich Peter und das Mädchen in der Bahn. Sie flirten, und schließlich nimmt Peter sie in den Arm, und die vier spazieren Richtung Horizont über die Wiesen. „Das war ein wunderschöner Drehtag mit einem sehr, sehr wunderschönen Mädchen (Jeanne), die sich brutal in mich verknallt hat", erinnert sich Peter.

Der nächste Song, „7 Tage, 7 Nächte", stammt allein aus der Feder von Flori (sic – noch nicht durchgehend Flo – mit Raketensymbol bei den Song-Credits; Peter mit Fußballsymbol; Rüde mit Peace-Symbol). Wortwitz ist allgegenwärtig: Flo erwähnt der Geliebten gegenüber seine Theorie über Psychologie, „des einen Freud', des anderen Leid", aber sie wisse ja über Freud Bescheid. Live spielt Flo das tröpfelnde Keyboard-Intro (wie auch bei „Fast wie von selbst") auf einem Casio SA-5. Peter hat in „Fortschritt" so viele neue große Brüder, nur der echte schaue nicht mehr rüber. „10:1" ist einer der wenigen Songs, der auf diesem Album mit Sport zu tun hat. Sie texten ihn zu dritt und gehen auf „wie warme Cola, melodiöser als die Kinks mit LOLA", worauf sie den Kinks-Song andeuten. „Hurra, wir fliegen" ist eine Reminiszenz an die Neue Deutsche Welle – musikalisch und textlich: „Bald schweben wir völlig schwerelos", inklusive Anspielung auf David Bowie und Peter Schilling: „Wir grüßen euch aus unbekannter Höhe – so wie damals Major Tom."

Am Ende des Albums befindet sich ein Hidden Track, der mit bayerischer Blasmusik beginnt, ein schmissiges Umtata-Umtata, eine Hobby-Aufnahme in schlechter Qualität. Cut. Ein Mann improvisiert: „Meine Damen und Herren, manchmal klappt alles auf Anhieb. Lieber Herr Meier, mit ihrer kleinen Big Band, oder wie auch immer man – auch Combo, oder die Musik-Kapelle bezeichnet, das weiß ich nicht genau, das war ein toller Auftakt, hier auf musikalische Art … Geschätzte Festversammlung, liebe Familie Weber, insbesondere lieber Florian: ‚In all den wunderbaren Jahren, in denen ich nur knapp verlor, um Haaresspitze breit, war wohl noch nicht bereit.' So beginnt ein Lied, das der Kunstpreisträger des Jahres 2001 zusammen mit seinen Mitstreitern, der Gruppe Sportfreunde Stiller, im vergangenen Jahr veröffentlichte. Dennoch steht dieses Motto so ganz und gar nicht für diesen Musiker und Musikmoderator, der heute an dieser Stelle – in Anwesenheit des Bürgermeisters, der heute mit einer besonderen Auszeichnung der Stadt Schrobenhausen geehrt werden soll." Cut. Umtata-umtata.

Flo bekommt tatsächlich 2001 von seiner Heimatstadt Schrobenhausen – vom Bürgermeister persönlich – den Kulturpreis. Flo erinnert sich: „Einen ‚Kunstpreis für nichtklassische Musik'. Das war der reinste Komödienstadl, aber meine Oma hat geweint."

Die Bonus-CD enthält das Liebeslied „Antigone" („… meine kleine Göttin aus Griechenland – ich träume von dir"); die Helden-Hymne „Happy End" (mit Hinweisen auf Maradona, John Wayne, Die drei ???, Bruce Lee, Matthias Rust, Christoph Daum und Elvis sowie den Worten „Eins wollen wir jedem sagen, wir hören erst auf, wenn wir gewonnen haben" und „Im Endspurt hat die Welt begonnen"); dem Déjà-vu-Lied „Wie im Film"; dem Skisprung-Song „Telemark" mit den Formulierungen, es sei nur eine Frage der Zeit, bis der ungewollte Fall zur gewollten Freude, bis das angestrebte Ziel in Perfektion vollendet werde – und „so landet man im Telemark, geschmeidig und zart"; die DJ-Rabauke-Version von „Komm schon"; den Krautrock-Song „Chiffre" über Partnersuche-Inserate mit den Sätzen „Ich suche auf diesem Weg eine Freundin, denn ich stehe auf den Single-Charts ganz oben"; und schließlich dem gesellschaftskritischen Lied „Wie es scheint": Alles sei klar, es gebe keinen Grund, die, die das Sagen hätten, zu hinterfragen; alles sei schön obszön, wenn man nach Jahren erfahre, was wirklich passiert sei: „Was wissen wir denn schon, was dahintersteckt, wenn die Elite der Nation wieder etwas ausheckt."

Schön auf der Schneide zwischen langsam-einfühlsam und funpunk-krachhopsig

Anfang September 2001 mischt der Journalist David Weigend mit erweitertem Vokabular den allgemeinen Fußballsprech mit Neuigkeiten über die Sportis und kürt nebenbei Manager Marc Liebscher zum „Sportwart". Weigend absolvierte in München die Journalistenschule. Bis 2006 schreibt er für die *Süddeutsche Zeitung*. Seither ist er Sportredakteur bei der *Badischen Zeitung*: „Testspiel vor der neuen Saison … Es ist wie nach der Bundesliga-Pause. Die Mannschaft – Peter, Flo und Rüde – war im Trainingslager, schwitzte in einem Studio zwischen Alicante und Valencia viele Sportsocken durch und arbeitete an neuen Spielzügen, also Songs. Und die wollen die Fans von Münchens Lieblingsteam, den Sportfreunden Stiller, jetzt endlich begutachten. ‚Eine gute Mischung aus Groovigem und Hymnenhaftem, wie man es vom ‚Real Madrid'-Album kennt', verkündet ihr Sportwart und Manager Marc Liebscher."

Wenige Tage später schildert Weigend das Konzert im Backstage: Das Publikum trage Bayerntrikots oder Trainingsjacken mit Aufschriften wie „SF Pasing 03". Mehmet Scholl bewege sich im Kapuzenpulli durch das junge Publikum. Der Langzeitverletzte müsse ja nicht zum Champions-League-Auftakt. Leider könne Scholl nur als passiver Zuschauer teilnehmen und nicht wie alle anderen herumhüpfen und ausflippen. Das gehe halt mit lädierten Sprunggelenken weniger gut. Dabei mache es Peter Balboa den Stagedivern einfach, indem er Schwimmbretter aus Styropor verteile. Vom ersten Akkord an hätten die Sportis die querfliegende Meute im Griff. Das liege an der Eingängigkeit ihrer Popsongs, in erster Linie aber am „Wir sind coole Kumpels"-Gefühl, das die Band mit einem Schuss Selbstironie rüberbringe. Hoffentlich würden sich die drei nicht wegen bandinterner Kickzwistigkeiten zerstreiten, denn Peter sage auf offener Bühne über Flori: „Is halt 'n Löwenfan, also Versagertyp". Darauf schreie Flori beleidigt: „Mehmet Scholl ist schwuuul!"

Im Februar 2002 spielen die Sportfreunde auf der Musiktour „Laut gegen rechte Gewalt". Die Einnahmen gehen an die Amadeu-Antonio-Stiftung, die Projekte gegen Rechtsradikalismus organisiert, u. a. „Exit", ein Aussteiger-Programm für rechte Kader. Trotzdem sind im Publikum während der Tour viele Jugendliche mit adretten Scheitelfrisuren zu sehen, die Jacken und Pullis mit dem Markenaufdruck „Lonsdale" tragen. Es geht ihnen um die Buchstabenfolge „nsda". Die Deutschlandzentrale von Lonsdale sponsert die Konzerte im Rahmen von „Laut gegen Rechts" und weist darauf hin, dass ihre Angestellten aus 15 Nationen kämen.

Es stehen zahlreiche Gigs an, und im Atomic Café, der inoffiziellen Sportis-Zentrale, wird derweil heftig die Werbetrommel gerührt. Der Löwenbomber (lebomb@addcom.de) schreibt im Februar 2002: „‚Sportfreunde Stiller bei Harald Schmidt zu Gast' – Das ist möglich, wenn Ihr auf folgenden Link klickt: http:// www.sat1.de/haraldschmidt/. Dort schauen, wo man die Gäste wählen kann. Derzeit liegen die Sporties auf Platz 4 hinter Gerhard Polt, Josef Hader und Alf Poier. Charlotte Roche haben sie immerhin bereits überholt. Danke. Le Bomb." Die Anstrengungen des Löwenbombers und die Treue der

Atomic-Besucher werden bald belohnt. Und wo soll das Prelistening von *Die gute Seite* stattfinden, wenn eben nicht dort, im Atomic Café.

Chris (heine@spectre.de) stellt klar: „Sportfreunde? Es ist kein Sportfreunde-Stiller-Konzert im Atomic geplant – lediglich eine Pre-Listening-Session des neuen Albums." Am 4. März 2002 erscheint die Vorauskoppelung „Ein Kompliment", steigt auf Platz 37 der Charts ein und hält sich neun Wochen in den Top 100. Der *Musikexpress* begleitet die Sportis von München nach Wien zu drei PR-Tagen in Österreich. Daraus wird im April-Heft eine dreiseitige Reportage über die „Promomühle". Fazit: Das Leben der angehenden Rockstars sei nicht wirklich glamourös, wild und aufregend, sondern anstrengend und manchmal richtig nervig. Rüde sagt: „Vielleicht nehmen wir zu wenig Drogen, um so richtig Rock'n'Roll zu sein", und bestellt sich nach Ankunft in Wien zum Mittagessen ein Radler. Die anderen bleiben alkoholfrei. Danach geht es ins Rundfunk-Studio. Die Journalisten stellen immer wieder die gleichen oder sehr abwegige Fragen: „Wer steht denn wirklich auf der guten Seite?", „Geht ihr in Tracht aufs Oktoberfest?", „Wer wird Weltmeister?" Der *Musikexpress* kommentiert, es komme zu „weitgehend sinnfreien Interviews". Zudem stellt die Reportage klar: Von *So wie einst Real Madrid* wurden bislang 45.000 Exemplare verkauft. Die Musiker können von ihrer Musik leben. Flo hat sein Sportstudium trotzdem abgeschlossen. Die akademische Laufbahn der beiden anderen liegt auf Eis (und wird wohl nie erfolgreich abgeschlossen werden).

Michi Sailer erinnert sich an die damalige Interview-Kultur: „Als Journalist war mir ‚kritische Distanz' immer extrem wichtig. Schlimm genug, wenn man selber in einer Band spielt, die dann nie in der Presse vorkommt, weil niemand was über einen Kollegen schreiben mag, höchstens mal ein paar Zeilen aus Gefälligkeit. Einmal hab ich ein Interview mit Stiller gemacht, für ein Programmheft, das war eh seltsam, wenn man da so förmlich tun muss, obwohl man sich ja kennt, und da will man eigentlich die ganze Zeit lachen über die Fragen und die Antworten, die aber halt sein müssen, weil erwartet wird, dass man bei dem Kasperltheater mitspielt. Das fand ich übrigens auch schlimm, diese Verniedlichung, ungefähr ab dem ersten Hit mit der ‚Kompliment'-Single: ‚Die Sportis, hi hi!' – ich kannte sie halt noch von vorher und fand den ‚ernsthaften' Kern, die aggressiven und melancholischen Züge in den Songs auf den ersten zwei EPs das eigentlich Gute, nicht den Halligalli-Fasching. Da hab ich immer gedacht: Könnt ihr die vielleicht mal ernst nehmen? Das sind Musiker, keine Brausebonbons oder depperte Schießbudenfiguren! Und der Peter ist ein Dichter, und ihr grölt seine Refrains mit und seid zu blöd zu verstehen, was ihr da grölt! Ich glaube und hoffe, ich bin daran nicht mit schuld. Die *Junge Welt* hat mal geschrieben: ‚Michael Sailer verfügt über die erstaunliche Gabe, komplizierte Sachverhalte so souverän in einfachste Komponenten aufzulösen, dass sie auch der SPD wählende, Sportfreunde Stiller hörende und *Süddeutsche Zeitung* lesende Normalmünchner versteht.' Der Typ hat sicher nicht gemerkt, dass er auch hätte schreiben können: ‚Sportfreunde Stiller verfügen über die erstaunliche Gabe, komplizierte Gefühlslagen so souverän in einfachste Komponenten aufzulösen, dass sie selbst ein SPD-Wähler und *SZ*-Leser nachempfinden kann.'"

Am 25. März 2002 starten die Sportis „Die gute Tour" offiziell in Köln im kleinen Sendesaal des WDR Funkhauses live im Radio und versemmeln gleich den Opener „Wie lange müssen wir noch warten" so sehr, dass sie den Song neu ansetzen müssen. Danach aber entspannen sie sich und bringen den Saal zum Kochen mit vielen erprobten Songs und mit Live-Premieren aus *Die gute Seite*. Peters Ansagen lassen nichts zu wünschen übrig: „Wir sind ja jetzt auch in den Charts, und da kommen wir eigentlich gar nicht klar mit, wir sind jetzt auch in Therapie, und man wird dann auch gefragt, wie das so ist für uns, ob das toll ist oder so, und dann sagen wir ‚Ja, das ist toll', und dann gibt es Leute, die sagen ‚Hey, das ist Scheiße', und dann sagen wir: ‚Fickt euch.'"

Am 31. März spielen die Sportis in Düsseldorf in der Philipshalle. Es ist Ostersonntag. Stoiber wird kritisiert, Schuhe fliegen auf die Bühne, und dem FC Bayern wird die Meisterschaft gewünscht. Am 2. April 2002 erscheint das Album *Die gute Seite*. Am 9. April schreibt Atomic-Chef Roland Schunk (schunk@spectre.de) in sein eigenes Gästebuch: „Hallo liebe Leserinnen, freut euch alle mit unserem Büronachbarn, DeeJay und Britpope Marc Liebscher (der gerade in seinem Büro volltrunken am Boden rumkriecht und was von Wahnsinn sabbelt), dass seine 3 Sportfreunde und eure Sexidole Flo, Peter und Rüde vorhin den Einstieg in die deutschen Album-Charts von Null auf Platz 6 geschafft haben. Unsre Kumpels – wow !!!!!!!!!!!!!!!!"

In Österreich steigt das Album bis auf Platz 4, wo es später – wie auch in Deutschland – vergoldet wird. Nicht alle aber gönnen den Sportfreunden den kommerziellen Erfolg. Im April 2002 erscheint ein Verriss im neu gestalteten *Musikexpress*. Christian Seidl meint Ende März in der *Süddeutschen Zeitung*, der Relaunch der Zeitschrift unter der Leitung von Christian Stolberg sei problematisch. Die Artikel seien zwar schon „verdammt smart", so sehr, dass es angestrengt wirke. Erst recht, wenn sich die eingeforderte Haltung darin zeige, dass man die „unschuldigen Sportfreunde Stiller" in einer großen Reportage „mit Riesenkaliber" abschieße, Poser wie die amerikanischen Staind jedoch „mit einer Euphorie lobpreise, als hätten sie die Formel für den Weltfrieden in der Tasche". Allerdings ist die auf dem Titelblatt angekündigte dreiseitige *Musikexpress*-Reportage ab Seite 38 eher neutral gehalten. Die Mischung macht's: Auf Seite 79 schaltet Marc Liebscher eine Anzeige. Auf Seite 81 folgt dann der Hammer, den Seidl meint: der Verriss des neuen Albums.

Was da geschrieben steht, ist hart und ziemlich neu für die Sportis, die bisher sehr viel Wohlwollen für ihre Indie-Position, für ihre „Unschuld", für ihr Understatement auch unter dem Dach von Motor/Universal gewohnt waren. Plötzlich muss das Trio feststellen, dass die Journaille die eigenen Wortspiele umdrehen und gegen die Urheber wenden kann: „Temporeich und unverdrossen schlagen sich die drei Münchner auf *die weitgehend belanglose Seite*", lautet denn auch die Head der *Musikexpress*-Besprechung, die dem Album nur ärmliche zwei Sterne gönnt von fünf möglichen. Zum Vergleich: Fünf Sterne bekommen im selben Heft u. a. Hederos & Hellberg für *Together In The Darkness*, Pete Yorn für *musicforthemorningafter* oder die große posthume Hommage an Townes van Zandt *Texas Rain*, aber fast niemand bekommt nur zwei Sterne.

Die Kritik an den Sportis will vernichtend sein: „Vielleicht ist es ja einfach nur dieses zur Schau gestellte Glückseligsein der drei spritzigen Spitzbuben aus dem Weißbierstädtischen, das einen nunmehr schlichtweg ankotzt." Es zeigt sich ein Überdruss bei Indie-Rock-Rezensenten an dem manifesten Lebensmut des bayrischen Trios, das aber – vielleicht auch als Trotzreaktion – das nächste Album *Burli* mit ebendieser Euphorie eröffnen wird. Der *Musikexpress*-Verriss geht weiter: „‚Das ist der Fortschritt, hoffentlich komm ich da mit' soll bitte schön zwei Jahrzehnte nach der Neuen Deutschen Welle niemand mehr ungestraft reimen dürfen." Es ist die Rede von „blassen bis blöden Reimen, Plattitüden und gejungspundeten Harmlosigkeiten". Der *Musikexpress* wünscht sich künftig nur noch ein „Trällern" der Sportis übers „Verlieben und Verehren". Auch der

Rolling Stone (beide Zeitschriften gehören zur Springer-Presse) kritisiert *Die gute Seite* hart. Das 1989 gegründete Fanzine *OX* („Magazin für Punkrock, Hardcore und andere spannende Musik aus dem Underground … Musik jenseits des Mainstreams", so lautet die Selbstdarstellung) lässt nur das gute Haar „Mut" an diesem Album und beginnt mit einem Zitat des Bassisten Rüdiger: „‚Ich habe das neue Album so oft gehört, dass ich es einfach nicht mehr einschätzen kann', erzählt uns Rüde von den Münchner Spozzfreunden über deren zweites Album. Mensch Rüde, man muss das Album gar nicht so oft hören, bis einem auffällt, dass der Silberling ganz schöne Grütze ist. Fand ich ‚Wellenreiten' noch ok – es hatte Schwung und auf Partys hab ich es auch gerne aufgelegt –, wurden hier alle diese noch rechtfertigenden Elemente konsequent rausgeschmissen. Kein Drive in der Musik (als hätten Weezer keine Lust, gescheite Musik zu machen, bzw. als würden Tocotronic vergeblich versuchen, einen Sommerhit zu schreiben), Texte, die nur eins sagen: Wir sind belanglos. Belangloooos. Sie wären gerne was Größeres, was mit Tiefgang, kommen aber über Plattitüden nicht hinaus. Und wenn im finalen Track dann noch Kollege Peinlichkeit vorbeischaut, dann hört bei mir der gute Wille Gitarrenpop gegenüber auf. Beispiel: ‚Unsere Welt sind die Berge, von hier oben seht ihr aus wie Zwerge' (mit dilettantischem Elektrogedaddel im Hintergrund – Musik könnte so schön sein). Das gehört nicht mal mehr in Teenie-Zimmer, sondern mit etwas Glück in den *Tigerenten-Club*. Obendrauf dann noch Synthies, die in ihren besseren Momenten allenfalls als Satire auf Synthiestreicher durchgehen. Vielleicht massenkompatibel, deren Platte (so schrecklich mir der Gedanke vorkommt), für jeden mit etwas Selbstachtung Klogriff des Monats. Den Punkt gibt es für den Mut, das wirklich zu machen." Und es gibt weitere – etwas verhaltenere – kritische Stimmen: Wichtig sei nur, dass das Album live ein Knaller werde, denn die guten Sportis, das sei „Happy-Tronic", „Gute-Laune-Rock mit geringer inhaltlicher Botschaft".

Exakt zwei Jahre später erinnern sich die Sportfreunde an diese Kritiken, insbesondere an *OX* und an den *Musikexpress*, und sagen das dann auch ebendieser Zeitschrift. „Das war damals das erste Mal, dass wir voll eine Kopfnuss bekommen haben. Die Kritik war das Übelste, was wir je gehört hatten", meint Rüde, und Peter ergänzt: „Ich würde natürlich gern von den Pop-Experten anerkannt sein als Texter, Lyriker. Aber mir ist es zum Beispiel tausendmal wichtiger, dass wir in Hamburg – absolut erstaunlich – die große Freiheit ausverkauft haben und ein zweiter Abend schon halb voll ist." Von der *Süddeutschen Zeitung* auf die Verrisse angesprochen, ob die Sportis nun einfach zu lieb seien (gerade im Vergleich zu Tocotoronic), sagt Peter: „Ich habe keinen Ehrgeiz, böse oder ätzend zu sein. Und weil man unsere Texte immer verstehen kann, sind wir auch angreifbarer, ganz klar." Zudem hat er einen Vorschlag für das offizielle Lied der deutschen Mannschaft zur Weltmeisterschaft 2006. Das hieße dann: „Dort wo's weh tut".

Negative Kritik ist ungewohnt für die Sportis, aber in der Minderzahl. Anerkennung und die Freude über die guten Chartplatzierungen überwiegen. Nur vereinzelt wünscht man sich „Toco-Tiefs", mehrheitlich verneigt sich die Kritik *vor der guten Seite* und besonders vor dem „Kompliment". Der Sprachwitz der Texte auf *Die gute Seite* sei nach wie vor ungeschlagen; ein „Mitsingalbum zum Liebhaben mit schönen Melodien"; „Sonnenmusik erster Güte"; „Jungsmusik, die auch Mädchen mögen"; „Sportfreunde Stiller und ihre Musik – zum Knuddeln"; „Schön auf der Schneide zwischen langsam-einfühlsam und funpunk-krachhopsig" …

TipTop & die Bolzplatz Heroes

Im April 2002 erscheinen die Sportfreunde erstmals auf dem Cover einer renommierten Musikzeitschrift: *Visions* dokumentiert auf fünf Seiten den aktuellen Stand. Das Treffen inklusive Fotoshooting findet passenderweise im Münchner Valentin Stüberl in der Dreimühlenstraße statt: typisch bayerische Bierstube mit Fußballübertragungen und poppigem Großstadtflair. „Die drei sind unverbraucht, witzig und charmant … Sie sind als Band in den letzten zwei Jahren zu einem der wohl größten Sympathieträger in der deutschen Musiklandschaft avanciert … Drei die auszogen, um mit Melodien für Millionen, Herzblut und Energie der schlechten Seite das Fürchten zu lehren", schreibt *Visions* und verwechselt (Peter) Brugger mit Burger. Flo geht auf das Nord-Süd-Thema ein: „Ich glaube schon, dass sich bei uns eher ein gewisses südländisches Temperament erkennen lässt als zum Beispiel bei den Hamburgern. Ob nun rein musikalisch, textlich oder auch vom Auftreten her – ich bin mir sicher, das wäre nicht so ausgeprägt, wenn wir woanders herkämen. Insofern hat die geographische Lage tatsächlich eine Bedeutung." *Visions* wirft einen anerkennenden Blick auf die bayerische Provinz, um festzustellen, „dass man als Musiker dort nicht dazu verdammt ist, stupide Coverversionen zu spielen", und weist auf Miles und Readymade aus Würzburg, auf The Notwist aus Weilheim, auf Slut und Pelzig aus Ingolstadt und auf Emil Bulls und Monostars aus München hin.

Die Sportis präsentieren sich dem Magazin als Live-Band: „Wir waren anfangs ein ziemlicher Chaotentrupp, der dauernd unterwegs war ... Ich kann mir oft vor dem Auftritt immer noch gar nicht vorstellen, wie das gleich sein wird. Aber sobald du oben stehst, ist es einfach geil. Flo haut in sein Schlagzeug rein, und ein Brett überfährt einen von hinten. Das ist einfach ein super Gefühl. Und wenn auch noch viele Leute da sind, dann ist es noch besser." *Visions* schreibt, niemals *müssten* die Sportis ein Konzert geben, immer *dürften* sie. Und als wäre das nicht eine große Anstrengung – Aufbau, Gig, Abbau, Fahrt, Aufbau ... –, feierten sich die Sportis immer wieder selbst, das Publikum, den Moment: „Nach sechsjähriger Bandgeschichte, zwei Alben und unzähligen Konzerten sind die Sportfreunde zwar erfahrener und professioneller geworden, aber ihre naive Begeisterungsfähigkeit ist ihnen bis heute geblieben."

Das *Visions*-Heft liegt in den Kiosken, als die Sportis Anfang April 2002 nach Köln zur Aufzeichnung der Starparade *Top of the Pops* fahren. Performt wird „Ein Kompliment", das sich gerade auf Platz 45 der deutschen Charts befindet. Die *Süddeutschen Zeitung* schreibt: „Die Germeringer Burschen neben Stars wie O-Town und Britney Spears in einer Fernseh-Show!" Die Frage stehe im Raum, ob die Indie-Band nun endgültig im Mainstream angekommen sei und ob sich dieser Trend noch verstärken werde. Einige Anhänger würden schon murren, so die *Süddeutsche.* Peter meint: „Irgendwie ist es super, andererseits auch seltsam. Wir werden uns einfach unseren Spaß daraus machen." Und Rüde versucht eine Definition des Sporti-Stils: „Deutsch-Core". Andererseits lassen sich mit Frohsinnsongs Probleme nicht wegspielen.

Tamara Hext (tamara@gmx.net) schreibt am 3. Mai 2002 unter dem Stichwort „Zivilcourage" ins Gästebuch: „Am 1. Mai demonstrierten etwa 150 Leute vor dem Atomic Café gegen den Einlass von Slut, Sportfreunde Stiller, Emil Bulls und ähnlichen, welche willkürlich von den Türstehern hineingewunken wurden. Zwei hübsche junge Mädels aus Mauretanien (ca. 16 Jahre) riefen den

Türterroristen in brüchigem Deutsch zu: ‚Ich kann nix, ich bin nix, ich bin aus München – Gebt mir eine Gitarre!‘ Bravo!!“ Am 1. Mai sind die Sportis allerdings nicht im Atomic Café, sondern in Hamburg und treten in der Markthalle auf, die mit 1.200 Zuschauern restlos ausverkauft ist. Am 4. Mai entscheidet Dortmund die Meisterschaft für sich. Am 5. Mai sind die Sportis in Köln in der Live Music Hall. Special Guests des Abends: Readymade. Dem Dortmunder Titelgewinn zum Trotz läuft Peter in seinem Original-FC-Bayern-Trikot auf, zieht es aber später aus, Flo fegt es von der Bühne ins Publikum und schon herrscht „Krach“. Es fliegen (höflich) die Fetzen, und das Publikum liebt die „streitenden“ Sportis.

Am 7. Mai treten sie im Circus Krone auf. Der Rundbau ist mit 2.500 Sportfreunden gefüllt. Ein Konzertbeobachter schreibt: „Das Publikum lag ihnen nach einem gigantischen Singalong bei ‚Wellenreiten‘ – die drei lauschten auf der Bühne sichtlich ergriffen – schon früh zu Füßen, und jeder folgende Song – egal, ob alt oder neu – führte zu einer weiteren Massen-Ekstase, mit dem unausweichlichen Höhepunkt bei der Zugabe ‚Das Kompliment‘. Und das, obwohl die drei ‚nur‘ ihr reguläres Programm spielten und ihre Fans lange auf echte Überraschungen, die bei einem solchen Heimspiel natürlich nicht fehlen durften, warten ließen. Letztendlich gönnten sie ihrem Heimpublikum dann aber doch drei Zugaben mit viel altem Zeug, die diese Show zum längsten Sportis-Auftritt der Tour überhaupt machten – da kam Peters Bayern-Shirt beim selten gespielten ‚Lobby‘ noch einmal voll zur Geltung. Besser geht's nimmer!“

Die *Süddeutsche Zeitung* schreibt ebenso euphorisch von „Stiller-Hymnen“. Das Münchner Trio treffe mit seinem „deutschsprachigen Klimbim-Pop-Rock“ den Nerv einer „Jugend voller Lebenslust, Sportsgeist und Sinnsuche“. Dass die Sportfreunde keine Ausnahmemusiker und -sänger seien, sei dabei „so herzlich wurscht wie ein Ehrentreffer zum 1:10“. In einem Kommentar zum Konzert schreibt Flo: „München, die Stadt der Liebe, die Stadt unserer Heimat, die Stadt des Bieres, die Stadt der Parkanlagen und unmittelbarer Nähe zu den Bergen, um verschiedenen Freizeitaktivitäten in kürzester Anreisezeit nachgehen zu können. Die Stadt des Circus Krone: Beatles, Stones, Spider Murphy Gang, AC/DC … Sportfreunde Stiller. Dieses Konzert war bis dato unser Höhepunkt (und ausverkauft), und seit diesem Tage waren wir drei Musiker als Erbfolger bei unseren Vätern akzeptiert (Peter machte ein halbes Jahr später einen blöden Fehler und wurde prompt wieder enterbt). Ein ergreifendes Erlebnis für uns und alle Beteiligten. Rüde hatte Tränen in den Augen, Peter brabbelte nur immer ‚Biber und Enten, da! Und da! Biber und Enten‘, und ich versuchte angestrengt, unseren beiden ausgeliehenen Bläsern Rainer und Jörg zu vermitteln, dass das heute unser eigenes Konzert sei und kein Jazz-Highlight von Joe Zawinul. Marc dachte gar nicht – der verputzte das Buffet in schlappen 34 Minuten. Rekordzeit!“

„Die gute Tour“ wird teileweise gefilmt. Die Hochstimmung bei den Gigs begeistert auch Fernsehzuschauer. Im Circus Krone performt das verschwitzte Trio „Fast wie von selbst“ als Zugabe. Das Publikum singt jedes Wort mit. Der Mitschnitt dokumentiert, wie sehr sich die Sportfreunde verausgaben: Flos gebücktes und weit ausholendes Schlagzeugspiel, Rüdes Ganzkörperwippen mit sehr tief hängendem Bass, Peters schon heiserer Gesang und die Sprünge der drei, die sie auch am folgenden Abend vollführen. Nach einer langen Aftershow-Party des Vortages spielen sie wie im Circus wieder verstärkt um eine Bläser-Fraktion, was bei „International“ besonders gut zur Geltung kommt in den Elser-Hallen. Peter verkündet stolz: Es ist das „erste Zusatzkonzert unserer Karriere“. Er verschmerzt die verpasste Meisterschaft: „Ich finde es schön, dass die Bayern dieses Jahr mal jemand anders haben gewinnen lassen.“ Für „Das Kompliment“ kommt der Sänger der Emil Bulls auf die Bühne und singt eine Strophe.

Die Sportfreunde haben Poier, Polt und Hader überholt: Am 17. Mai 2002 treten sie gut erholt in der *Harald Schmidt Show* auf. „Heute Abend haben wir Gäste – es ist die beste Kombination, die man im deutschen Fernsehen haben kann. Zwei absolute Sympathieträger: eine großartige junge Band … Mein erster Gast heute Abend ist einer der besten Fußballer in Deutschland, eine der beliebtesten Fußballer-Persönlichkeiten, Mehmet Scholl … Er hat seine Lieblingsband mitgebracht, die live heute hier spielen, die Sportfreunde Stiller“, so „Dirty Harry“, der damals mit seiner Late Night Show noch bei Sat 1 ist und Zuschauerrekorde bricht. Mehmet Scholl als Stargast versucht Werbung für eine Koffein-Limonade von Freunden zu machen und bringt seine CD *Mehmet Scholl kompiliert – Vor dem Spiel ist nach dem Spiel* mit, erschienen bei Marc Liebschers Indie-Label Blickpunkt Pop. Mehmet begründet seine Entscheidung für Marc damit, dass man ihm bei einem Major Label aus kommerziellen Gründen Songs aufgedrängt hätte, zu denen er nicht stehen könne. Am Ende der Sendung treten die Sportis auf. Die Einladung zu Harald Schmidt ist beste PR für

Die gute Seite. Harald Schmidt wünscht den Sportis „gute Fahrt zum Rock am Ring“, wo sie tags darauf, am Samstag, 18. Mai, u. a. neben Natalie Merchant, Neil Young, Muse, Readymade, Element of Crime, Kettcar, Tocotronic oder Jeff Tweedys Wilco auftreten. Am 19. Mai spielen sie bei Rock im Park.

Im Mai 2002 erscheint auf Marcs Label Blickpunkt Pop unter der Nummer BP 022 eine weitere Scheibe, die EP *Mein sein.* Es ist das Debüt der Band Virginia Jetzt! aus Brandenburg mit Matze Hielscher am Bass. (Er ist und bleibt ein guter Freund der Sportis: Hielscher wird Peter im Mai 2022 in seinem Podcast Hotel Matze ausführlich interviewen.) In den sechs Songs auf *Mein sein* finden sich Sätze, die mit den Texten Peter Bruggers kontrastieren: „Lieber wär ich nur zu Hause, als ständig unterwegs zu sein, denn bin ich erst unter Menschen, finde ich so schnell nicht heim. Das Jahr ging viel zu schnell vorüber, und ich hab wieder nicht gelacht. Da waren traurige Lieder, eines in jeder Nacht.“ Die Band Virginia Jetzt! ist befreundet mit der Elektro-Pop-Gruppe Mia aus Berlin, die sich im Jahr darauf mit heftigen Nationalismusvorwürfen konfrontiert sieht aufgrund des Songs „Was es ist“. Darin heißt es: „Was ich jetzt weiß und noch nicht wusste, bin nicht mehr fremd in meinem Land. Ein Schluck vom schwarzen Kaffee macht mich wach, dein roter Mund berührt mich sacht. In diesem Augenblick, es klickt, geht die gelbe Sonne auf.“ Mia performen den Song im offiziellen Video entsprechend gekleidet, der Bassist und der Schlagzeuger in Schwarz, der Pianist und der Gitarrist in Rot und die Sängerin Maria Mummert – bekannt als Mieze Katz – in Gelb (Gold). Die linke Szene fragt nach der Trennlinie zwischen Heimatliebe und Deutschtümelei. Die Diskussion erfasst viele Deutschrocker und -Popper. Besonders betroffen sind auch Virginia Jetzt!, deren Liedzeilen „Ich will sagen können, was gut ist, was ich jeden Tag hier sehe. Das sind mein Land, meine Menschen, das ist die Welt, die ich verstehe“ stark an das „Heimatlied“ der Sportfreunde erinnert. Denen ist spätestens nach der Intro-Kritik klar, dass sie deutlich Stellung beziehen müssen.

Die Tour geht weiter, aber wenn es sich irgendwie machen lässt, schieben die Musiker ihr Hobby Fußball dazwischen. So finden kaum Konzerte während der Weltmeisterschaft im Juni statt. Frei haben sie auch beim DFB-Pokalfinale und beim Champions-League-Finale. Und natürlich kicken sie auch selbst. Bei diesen sportlichen Intermezzi ist das Trio in Urbesetzung wieder vereint – Peter und Flo mit dem Ex-Endkrass-Stiller-Bassisten Andi Erhard. Der Löwenbomber schreibt am 6. Juli 2002 einen Reise- und Spielbericht: „Atomic Allstars im Halbfinale!!!!!!!! Der Siegeszug der Allstars geht weiter … Mit einer geschlossenen Mannschaftsleitung und hochverdient schafften die Jungs von Teamchef Schorschinho heute in Neuperlach mit einem 3:0-Sieg gegen den FC Blutgrätscher den Einzug ins Halbfinale des AZ-Turniers. Bei strömendem Regen hatten die Allstars die Partie jederzeit fest im Griff und ließen zu keiner Zeit Zweifel am Sieg aufkommen. Lediglich die schlechte Chancenauswertung in der ersten Halbzeit gab Anlass zu kleinen Beunruhigungen. Kurz nach der Halbzeit blieb es Flo Weber vorbehalten, per Kopfball das 1:0 zu erzielen. Gemeinsam mit Peter Brugger nahm Flo die größten Strapazen bei der Anreise auf sich, denn: Noch am Vorabend (5. Juli) waren die beiden mit Sportfreund Rüdiger im Sabotage in Dortmund auf der Bühne gestanden. Gegen 2:00 Uhr nachts fuhren die zwei Sportfreunde dann mit dem Zug nach München, wo sie um 10:00 Uhr morgens ankamen. Im Zug kamen die beiden praktisch nicht zum Schlafen (kein Schlafwagen), sondern verbrachten die Zeit in Hartschalensitzen liegend … Unmittelbar nach Spielende rauschten die zwei in Richtung Flughafen München, wo um 17:15 Uhr der Flieger nach Berlin ging. Ankunft in Berlin-Schönefeld 18:30 Uhr. Dann geht's weiter mit dem Zug nach Beeskow, wo die Band um 23:00 Uhr wieder auf der Bühne steht. In der zweiten Halbzeit musste sich Flo Weber vorsichtshalber auswechseln lassen (er wollte ja den abendlichen Stiller-Auftritt nicht gefährden), für ihn kam Martinho zum Einsatz. Wenige Minuten später traf Maxi Gaub per schönem Flachschuss ins lange Eck zum 2:0 – die Vorentscheidung! Andi Erhard erhöhte schließlich noch standesgemäß auf 3:0. Das war dann auch der Endstand. Rund 90 Fans (Rekord-Besuch) verfolgten das Spielgeschehen auf der Bezirkssportanlage am Krehlebogen in Neuperlach."

Im August 2002 spielen die Sportfreunde Fußball bei einer Benefizaktion für die Hochwasseropfer im Landkreis Ebersberg. Mit dabei u. a. Evi Sachenbacher vom Bayerischen Rundfunk, Paul Breitner, Klaus Augenthaler, Pablo Thiam, Stefan Wessels, Udo Wachtveitl und Taufik Khalil als „Stadion"-Sprecher. Udo trifft für das Promi-Team. Flo und Peter schießen daneben. Die Sportfreunde spielen wieder auf Festivals, u. a. erneut auf dem Bizarre-Festival in Weeze und in größer werdenden Hallen. Am 28. September 2002 sind sie in der Stadthalle Germering – ein wahrhaftiges Heimspiel und Abschluss der „guten Tour". Allerdings verderben manchem Zuschauer die vielen Ordner das Vergnügen:

Aufpasser inmitten der Pissoirs und Polizisten in Zivil, die die Hosentaschen von Teenagern auf der Suche nach Haschisch durchwühlen.

Im November 2002 werden die Sportis von MTV in der Kategorie „Best German Act" nominiert. Ihre Konkurrenten: Die Toten Hosen, Herbert Grönemeyer, die No Angels und Xavier Naidoo, der schließlich den Preis gewinnt. In der Weihnachtsausgabe 2002 berichtet die *Süddeutsche Zeitung* von Flo, der neuerdings Kopf und Sänger (auf Englisch) der Allstar-Hardcore-Band Bolzplatz Heroes ist, in der auch sein Bruder Jörg Weber an den Synthesizern (Produzent mit eigenem Studio und normalerweise Gitarrist bei der Band Doppelhälfte), Markus Schäfer an der Gitarre (normalerweise am Bass bei der Band Cosmic Casino) und „Mecki" Messerschmidt von The Notwist (da wie dort am Schlagzeug) spielen. Sie treten am 27. Dezember 2002 im Atomic Café auf. Im Vorprogramm spielt ein weiterer Sportfreunde-Familienableger: Peter Brugger mit seinem Bruder Olli als Elektro-Pop-Duo TipTop, erdacht 2002 in Germering inklusive Künstlernamen: Peter als Beau Frost und Olli als Olli Parton (Dolly lässt grüßen, daher auf dem 2006er TipTop-Album dann die Country-Einschläge). Das sind keine Auflösungserscheinungen unter den Sportfreunden, sondern ein Ausprobieren, wie das Musizieren in anderem Umfeld funktionieren könnte und das Ausleben zu kurz gekommener musikalischer Leidenschaften. Peter also in melodiöser Bruderliebe als Alte Deutsche Welle und manchmal in Falco-Manier und dementsprechend mit deutschen Texten, Flo hingegen als Frontmann einer bayerischen Allstar-Kapelle am Mikro, Gangart ultrahart in englischem Punk-Slang. Flo sagt: „Der Song ‚Athlet' ist ein scharfes Schwert. So eine Zwei-Minuten-Metal-Axt. Und weil ich so auf die Band Helmet stehe, habe ich dem Markus gleich gesagt: ‚Du, so drei, vier Helmet-Riffs müssen da aber versteckt sein.' Also, es ist schon ein ziemlicher Krach."

Gli amici dello sport: Floriano, Ruedelmo und Pietro wissen, dass es nichts Schöneres gibt

Das neue Jahr fängt so richtig gut an: Nach einem Auftritt am 8. Februar 2003 auf dem Odeonsplatz in München im Rahmen einer DGB-Kundgebung gegen den Krieg im Irak und gegen die Sicherheitskonferenz erscheint zum Valentinstag am 14. Februar in der *Süddeutschen Zeitung* ein Bericht über Peter, der als Experte für Liebeslieder vorgestellt wird. Peter erzählt darin eine Geschichte, die ihm eigentlich unangenehm ist: In Italien habe er sich in eine Kellnerin verliebt, seine Gitarre gepackt, einen Text auf Italienisch gedichtet und ihr das Lied vorgesungen. „Es war endpeinlich für alle Beteiligten", erinnert sich Peter. Die schöne Kellnerin sei rot angelaufen und habe gesagt, so etwas sei ihr noch nie passiert. „Ein Liebeslied ist das perfekte Geschenk zum Valentinstag: Macht nicht dick wie Pralinen, ist einfallsreicher als Blumen und zeugt von wahrer Hingabe und Risikobereitschaft", schreibt die *Süddeutsche*. Peter ergänzt: Ehrliches, tiefes Empfinden müsse drinstecken, Zerrissenheit, Gebrochenheit und Huldigungen ohne Ende. Musikalisch rät er zu „schönen, warmen Moll-Akkorden: a-Moll kommt immer gut, aber auch mal d-Moll und h-Moll". Peter empfiehlt zudem ein getragenes bis mittleres Tempo, und unbedingt müssten Streicher rein.

Die Zeitung liegt an den Kiosken, als es nach Berlin geht. Am 15. Februar werden in der Hauptstadt im Internationalen Congress Centrum die Echos verliehen. Nominiert sind in der Sparte „National Alternative" fünf Bands: Deine Lakaien, Die Happy, die H-Blockx, Tocotronic und die Sportfreunde. Es sind rund 4.000 geladene Gäste im Saal. Über sechs Millionen Menschen verfolgen die Show live am Fernsehen. In ihren jeweiligen Kategorien gewinnen u. a. Nena, Shakira, die Red Hot Chilli Peppers, Die Toten Hosen, Herbert Grönemeyer und Robbie Williams, dessen Performance des Songs „Feel" einen Höhepunkt des Abends darstellt. Der deutsche Schallplattenpreis Echo gilt damals als der wichtigste Musikpreis Deutschlands und nach den US-amerikanischen Grammys vielleicht als die zweitwichtigste Auszeichnung der Branche. Hier in Berlin setzt sich der provinzielle „Germ-Pop" gegen die Hamburger Schule durch: Die Sportis sind Spitze vor den Tocos.

Am 20. und 21. Februar 2023 nimmt das Trio bei Flos Bruder Jörg Weber im Klangwasser Studio in Halsbach drei Songs ohne Hilfe von Uwe „Don" Hoffmann auf: „Mutter Natur", „Für dich tu ich fast alles" und „Friedenslied (Legalize Peace)". Ende März folgt der nächste Streich. Es erscheint die Maxi-CD *Ans Ende denken wir zuletzt* u. a. mit diesen drei Songs. Die Plattenfirma schreibt: „Für die Ende März erscheinende Kinoversion von Benjamin v. Stuckrad-Barres Erfolgsroman *Soloalbum* haben die Sportfreunde einen wunderschönen Titelsong geschrieben: ‚Ans Ende denken wir zuletzt'. Ein Lied in bester Sportfreunde-Tradition, energetisch und mit dem für sie typischen Augenzwinkern, werden sie ihre Fans und mit Sicherheit auch die Kinobesucher lässig um den Finger wickeln."

Im Video werden folgende Regeln aufgestellt: 1: Nett sein. 2: Auch Zuverlässigkeit ist wichtig. 3: Lauter werden hilft nicht bei der Lösung von Konflikten. 4: Sich von seiner Schokoladenseite zeigen. 5: Hin und wieder mal voll abgehen. 6: Neue Wege beschreiten. 7: Ans Ende denken wir zuletzt. Filmausschnitte wechseln mit daran anknüpfenden Aufnahmen der Sportis ab. Flo trägt zwischendurch sein neues „Bolzplatz Heroes"-T-Shirt (ganz in Schwarz mit weißer Schrift, und seine PAiSTe-Becken werden ins rechte Licht gerückt).

Manche Sätze haben erneut Aphorismus-Potential: „Zwischen perfekt und schlecht liegen gute Zeiten." Bei „Wer, wenn nicht wir – wo, wenn nicht hier – wann, wenn nicht jetzt – ans Ende denken wir zuletzt" drehen die Sportis für diesen Kerouac-Refrain voll auf. Und in diesem Sinne stirbt auch die Hoffnung zuletzt: „Es ist nicht Zeit für Bedenken – es wird schon gut enden." Die Filmpremiere in München im Maxx findet in Anwesenheit der Protagonisten statt: Nora Tschirner, Lisa Maria Potthoff, Matthias Schweighöfer, Oliver Wnuk und Christian Näthe sowie die No Angels. Der Verfasser des Romans *Soloalbum*, Benjamin von Stuckrad-Barre, ist auch dabei, und natürlich geben sich die Songschreiber die Ehre, mit denen es danach zur Party ins Funky Kitchen in der Blumenstraße geht, wo die Premierengäste zu Sportis-Songs tanzen.

Auf der Mini-CD befinden sich zwei weitere Lieder der Sportfreunde. Das eine, „Mutter Natur", ist eine Verneigung vor der Schöpfung: „Sonne über uns, wir stehen in deiner Schuld … Flora, Fauna dieser Erde, viel zu spät kommt die Beschwerde … Klimawechsel, heiß und kalt – ist das der Lohn für unseren Preis? Bekommst du zurück, Stück für Stück." Das andere, das „Friedenslied (Legalize Peace)" ist ein Plädoyer für Gewaltfreiheit: „Wie wär's mal zwischendurch zur allgemeinen Beruhigung mit einer stürmischen Friedenserklärung? … Wir sehen Cowboys lieber im Western von gestern. Und viel lieber als Krieger sehen wir schmusende Schwestern."

Ulla Meinecke leitet 1976 Udo Lindenbergs Büro in Hamburg. Ein Jahr später erscheint ihr Debütalbum *Von toten Tigern und nassen Katzen.* Darauf befindet sich der Song „Für dich tu ich fast alles", den Meinecke selbst textet und komponiert, wobei ihr Vortrag stark von Lindenberg beeinflusst ist. Die Geschichte um Anpassung und liebesbedingte Gesundheitsgefährdung gefällt dem sich stets sehr um sein Wohlbefinden kümmernden Peter („Wenn die anderen zwei erkältet sind, können sie trotzdem spielen, aber wenn es mich erwischt, dann findet kein Konzert statt"). Und so singt er in einem überraschend beatlesquen Stiller-Arrangement (inklusive Handklatschen beim Refrain) Meineckes Song (Susu ist der jungen Meinecke wie aus dem Gesicht geschnitten): „Ich saß auf deinem Auto, nachts um halb drei, auf dem Kofferraum … Wir hätten auch zu mir raufgehen können, doch das wäre nicht dasselbe gewesen … Und chronischen Husten habe ich seitdem, doch trotzdem war es unheimlich schön … Ich schenk dir nach und nach meine Gesundheit." In den Liner Notes bedanken sich die Sportis: „Das Lied wurde freundlich, schnell und unbürokratisch erlaubt." Hinzu kommt ein Dankeschön des Drummers: „Flo sagt: Paiste (Eisen) & Agner (Holz)!" Der fünfte Song ist die „Don-Version" mit akustischen Experimenten von „Ans Ende denken wir zuletzt". Uwe „Don" Hoffmann hat auch die Originalversion des Filmsongs produziert.

Im Juli 2003 reisen die Sportfreunde in die Toskana und halten den Trip filmisch fest. Es geht über den Brenner an die Bezahlschranke, an die Tanke usw., und das alles wird akustisch vom Kerouac-Punksong „Unterwegs" begleitet. Die Jungs haben Spaß im Landhaus Piancasale von Signor Giucchi, das idyllisch und einsam liegt zwischen Rufina und Londa. Sie tanzen und hüpfen im großen Garten, grillen und trinken Bier, rülpsen und blödeln und machen Musik ohne Publikum. Die Schwierigkeiten beim Einrichten eines Heimstudios werden erfolgreich bewältigt. Es entstehen Demos für das kommende Album. „Siehst du das genauso?" klingt schon sehr gut, ebenso „1. Wahl". Eine Hardcore-Punk-Einlage von Peter am Mikro übersteuert das System. Ein Text in sympathisch fehlerhaftem Italienisch im Abspann bedankt sich bei den Gastgebern in der Toskana, berichtet von den drei Freunden an der Bar, die die Welt verändern wollten und sich spontan entschieden, in die Toskana zu fahren, dort Herrn Giucchi zu besuchen, einige neue Lieder zu spielen, im Pool zu schwimmen und von den großen Zeiten der Jugend zu sprechen. Eine Geschichte sei das der schönen Freundschaft, der kaputten Technik, des blauen Pools und von den Menschen mit all ihren Stärken und Traurigkeiten. Von der Liebe zu sprechen reiche nie – es brauche immer noch mehr davon, „um euch zu sagen, dass Floriano, Ruedelmo und Pietro wissen, dass es nichts Schöneres gibt, als an einem Ort zusammen zu sein, wo es nichts gibt außer Musik, Wein, Fleisch und einen Grill und die Freiheit und die Vision einer glücklichen Zukunft. Danke dafür, dass ihr uns begleitet habt. Gli amici dello sport."

Ist es der Moment, der zählt, oder ist es das, was ewig hält?

Im September 2003 veröffentlicht die Band Mia den Song „Was es ist", thematisiert darin die Farben der deutschen Flagge und performt ihn entsprechend. Was ist berechtigter und fröhlicher Patriotismus, was bedenklicher und irreführender Nationalismus? Mit dieser Frage beschäftigen sich seit dem „Heimatlied" auch die Sportfreunde. Die *taz* schreibt im November 2003: „Mit ihrer neuen Single verlieren Mia den Anspruch darauf, wegen eigener Dämlichkeit verschont zu werden ... Kaffee, Mund, Sonne – so unverschämt verbrämt sind einem die deutschen Nationalfarben noch selten untergejubelt worden ... Es ist, was es ist: Das alte Lied vom gesunden Nationalgefühl und dem Schlussstrich, der endlich mal gezogen gehort. Als ob mangelnder Patriotismus je ein Problem dieses Landes gewesen wäre."

Auf fehlendes politisches Engagement angesprochen verweisen die Sportfreunde auf ihre Sympathien für Attac. Auf die Frage, ob Sportis-Fans nicht zu mainstreamig seien, um auf ein Festival von Attac zu gehen, sagt Rüde entnervt: „Hey, bitte, wollt ihr nur unter euch bleiben und euch einen auf eure politische Meinungen wichsen, oder wollt ihr für andere Leute anziehend wirken?" Kein zweites „Heimatlied" befindet sich auf dem dritten Album, das im Winter unter erheblichen Anspannungen entsteht. Die Plattenfirma ist nämlich mit den gelieferten Demos unzufrieden. Auch Produzent Uwe Hoffmann kritisiert die Toskana-Songskizzen. Nach dem Erfolg von *Die gute Seite* zielt nun Motor Music auf eine weitere Steigerung der Plattenverkäufe. Dafür sei das Material ungenügend.

Die Sportfreunde sind irritiert: „Nach der Tour für *Die gute Seite* haben wir uns vier Monate freigenommen und Lieder geschrieben ... Dann haben wir Demos abgeliefert, die in unserem Kopf viel weiter waren als auf Band, mit denen niemand was anfangen konnte. Da war dann schon eine Zeit lang ziemlicher Druck vorhanden", erinnert sich Peter. Rüde sagt: „Ein paar Leute, zu denen wir ein nie hinterfragtes Vertrauen hatten, haben sich uns gegenüber recht enttäuschend verhalten. Überzogene Kritik, Termindruck, der auf uns übertragen wurde.“ Flo: „Es wurden da Sachen ins Spiel gebracht, wie zum Beispiel einen Texter ins Boot zu holen, der mit Peter arbeiten sollte. Und wir dachten: Das kann doch nicht sein! Wir selbst sind absolut zufrieden. Und Produzent und Plattenfirma stellen das alles in krassester Weise in Frage … Im Endeffekt sind jetzt die Lieder von den Demos auf Platte. Und danach wird dir auf die Schulter geklopft.“ Rüde: „Interessant, wie schnell sich ein Verhältnis ändern kann und man erkennt, wer Freund und wer nur Geschäftspartner ist.“ Peter: „Ich möchte einer Plattenfirma ja nicht vorwerfen, dass sie Geld an einer Band verdienen will. Das ist ihr Job. Aber dass sie halt nicht sehen, dass wir unseren Erfolg haben, weil wir unseren Weg seit sieben Jahren konsequent gehen, mit unserer teilweise verschrobenen Art.“ Flo: „Wäre unsere Freundschaft nicht so innig gewesen, hätten wir's nicht unbedingt gemeistert. Aber so ist die Freundschaft größer geworden, und wir haben auch noch einen Haufen gelernt.“

Im Oktober 2003 erscheint Mehmet Scholls zweite Kompilation (Blickpunkt Pop 026) mit dem Song „Friday I'm In Love“ performt von den Sportis gemeinsam mit Readymade. Im November 2003 beginnen die Aufnahmen bei Uwe Hoffmann in Jávea. Das Ergebnis ist das dritte Album *Burli,* das am Ende allen Beteiligten noch viel Freude bereiten wird. In der Presse-Info heißt es bei Erscheinen jedoch, *Burli* habe „gebockt wie ein Esel“. Burli ist bayerisch für Bürschchen. Burli ist der Arbeitstitel für das Album, der letztlich erhalten bleibt, so wie die angeblich mangelhaften Songs aus den Demotapes. Die Erste Allgemeine Verunsicherung veröffentlicht 1988 den ironischen Anti-AKW-Song „Burli“. Ein Lied namens Burli nehmen die Sportis aber nicht auf. Der Opener ist ein kleines Hörspiel: Freie Natur. Vogelzwitschern. Rüde: „Es ist so herrlich hier.“ Peter: „Es ist so schön!“ Rüde: „Aber schau mal, da liegt doch irgendwas.“ Peter (mit bayerischem Akzent): „Stimmt, was is'n des? Geh ma mal hin, oder?“ Rüde: „Ja, ich glaub, des is'n Burli.“ Peter: „Es (sic!) will uns irgendwas sagen, ich versteh's aber nicht.“ Rüde: „Vielleicht kann man ja irgendwo lauter machen, schau mal.“ Darauf folgt der Live-Kracher „Lauth anhören“ mit den Anfangszeilen: „Du musst es laut anhören und deine Nachbarn stören. Du musst sie aufwecken, ehe sie was aushecken. Ihr müsst es laut rausschreien … das geht raus an euch.“

Das Publikum wird wieder von Anfang an geduzt. „Lauth" mit „h" ist eine Referenz an den bayerischen Fußballspieler Benjamin Lauth, der am ersten November 2003 das 1.000. Bundesligator für den TSV 1860 München erzielt. Flo setzt das Buchstabenspiel als Gegengewicht zu Peters FC Bayern-Fantum durch. Das Hymnische setzt sich in „Ein kleiner Schritt" fort ebenso wie die *Gute Seite*-Philosophie: „Es ist geradezu erstrebenswert, dass uns Gutes widerfährt, sind wir doch an Freundlichkeit unterernährt." Darauf das rockige und doch grüblerische „Ungewöhnlich": „Ich versuche, mich konstant zu wandeln und beständig aktuell interessant zu handeln … Ich sage meistens ja, wenn ich etwas nicht verstehe, schlagfertig und clever bin ich erst, wenn ich nach Hause gehe … Bei Bekannten meiner Oma galt ich immer als sehr brav. Ich halte mich für mittelklug, entfernt von Diebstahl und Betrug."

Das Liebeslied „Siehst du das genauso?" (von Peter und Rüde) wird als erste Single ausgekoppelt werden. Allen ist klar, dass in diesem Achtsamkeits-Appell das größte Hitpotential steckt. Es wird auch ein Video gedreht (im Januar 2004 nachts im Untergrund bei eisiger Kälte) und ein ausführliches Making-of, das der Erstpressung als Bonus-CD beiliegt. „Das ist unser Versuch, die hübsche U-Bahn-Lenkerin Kerstin (sie ist der älteren Susu wie aus dem Gesicht geschnitten) zu verzaubern mit unserem Lied. Wir spielen hier in der U-Bahn-Station (Konstanzer Straße in Berlin), und sie begegnet uns mehrmals während eines Arbeitstages. Am Ende treffen wir uns, und allen wird warm ums Herz, so ist unsere Hoffnung", schildert Peter das Video während der Dreharbeiten und schaut die junge Frau – er im roten Beatsteaks-Hoodie, sie im Wintermantel – in den verschiedenen Situationen (Obergeschoss, Rolltreppe, Bahnsteig) so unfassbar verliebt an wie sonst keine andere in keinem anderen Video. Später nennt er sich selbst Pavel – Kerstin und Pavel.

„Frühling" (von Flo und Peter) spricht davon, dass man nicht nur traurige Lieder singen könne, dass Peter bald wieder die richtigen Worte und Töne treffen werde. „Im Namen der Freundschaft" (von Flo allein) ist eine weitere Hymne auf die Kumpanei, auf die Familie, auf das Vertrauen, auf die Liebe, auf das Vereintsein mit den Guten. „Andere Mütter" beginnt mit der Frage: „War ich zu nett?" und ist ein witziges Liebeslied. „Wir kommen (was hier los ist!!!!)" ist ein Band-on-the-road-Song: „Nach den ganzen halben Sachen können wir wieder das, was wir gerne machen, machen". Jedes Ziel sei ein Neuanfang, es bleibe die Hoffnung, die Sportis kämen niemals an. Es ist die Vorfreude auf die bevorstehende Tour. „Was ich behaupten kann“ ist ein weiteres Liebeslied mit der so einfachen wie mutigen Zeile: „Ich liebe dich sehr und bin glücklich mit dir.“ Kein Wunder: Mit Journalisten unterhält sich Peter während der Aufnahmen in Spanien über seine Hochzeit. Zudem stellt der Song die Frage: Ist es der Moment, der zählt, oder ist es das, was ewig hält?

„Dirk, wie ist die Luft dort oben?“ richtet sich an Dirk Nowitzki. 2003 erreicht der mit den Dallas Mavericks in der NBA das Halbfinale. Im Verlauf des Turniers gelingt ihm in einem Spiel mit 46 Punkten ein neuer Vereinsrekord. Der Songs stellt aber einige kritische Fragen an ihn und an die USA allgemein und kann auch – wie Rüde betont – gelesen werden als Beschreibung der eigenen Band-Situation. Schließlich sind die Sportis inzwischen selbst sehr weit oben. „Ich, Roque“ ist wieder ein Live-Knaller und richtet sich an den FC Bayern-Spieler Roque Luis Santa Cruz Cantero, der in der Saison 1999/2000 fünf Tore in elf Spielen schießt und mit den Bayern zwei Titel gewinnt. Er ist im Song selbst mit dem O-Ton „Ich rocke“ zu hören, den sich die Sportis mühsamst in den Katakomben der Allianz Arena besorgen. Der Song hat eine melodisch, spanisch gesungen Coda: „Alle rufen meinen Namen. Das liegt daran, dass ich blendend aussehe. Wenn's gut läuft, bin ich ein Torschütze. Oder spielt das keine Rolle? Ich weiß nicht, warum mein Name so wichtig ist.“

Der 12. Song „1. Wahl“ (von Flo allein) ist die Bescheidenheitsgeste, die zurückschwingt nach den „Wir haben es euch gezeigt“-Hoffnungen, und gleichzeitig das präventive Gegengift gegen die relative Größenphantasie als beatlesquer Bonustrack „Träumen dürfen“: „Man wird doch wohl mal träumen dürfen … Wir gewinnen Meisterschaften mit Leidenschaft. Die Leute haben uns gern wie das Wunder von Bern.“ Das hat wie inzwischen so vieles bei den Sportis Ohrwurmqualitäten. Für unabhängige Fachzeitschriften wie *OX* sind die Germeringer allerdings so gut wie verloren, aber dafür schwärmen die Qualitätsmedien und die Hochglanz-Magazine wieder. Sie spüren die Ausdauer, das Durchhaltvermögen, das etwas Verschrobene, kurzum das große Potential des eigenwilligen Trios aus Bayern. Die *Süddeutsche Zeitung* schreibt: „Drei nette Münchner von nebenan, die sich ihr Publikum ohne großes PR-Tamtam mit künstlerischer Integrität erspielt haben.“ *Visions* meint in verschiedenen Ausgaben und Sparten: „Drei Männer und ein Burli – Was kommt nach dem

Durchbruch? Wohl keiner deutschen Band gelingt es, mit so einfachen Worten und unangreifbar schmissigen Songs die wahren Dinge auszusprechen, die uns alle bewegen (sollten) … 13 Songs lang, ein gefühlvoll austarierter Klangspaß zwischen Samenzieher-Ballade und Arschloch-Punk … *Burli*, dieser wahre Wonneproppen aus menschlichem Optimismus … Ein paar ehrlich und charmant vorgetragene Lieder berühren so viele Seelen zwischen schwärmendem *BRAVO*-Girlie und Porsche fahrendem Wirtschaftsprüfer … *Burli* rockt, stampft und kapriolt … Peters wie immer genialisch verspulte Verbalkunst … Das Gutmenschsein hat sich bewährt: Mit Hirn, sehr viel Herz und unendlich viel Charme haben sie sich in die Herzen von Tausenden gespielt. Sie sind die ultimativen Sympathieträger einer jungen Generation … Burli."

Was das Magazin so dahinsagt, klingt schon ein wenig nach „Mit dem Herz in der Hand und der Leidenschaft im Bein …" Der *Musikexpress* schwärmt ebenso: „Auf die ist Verlass. Bajuwaren-Punkrock, der weitermacht, wo *Die gute Seite* aufhörte." Ob beim Songwriting der Kommerz angestrebt wird und ob zu viele Sport-Songs auf *Burli* sind? Peter: „Es gibt schon so Momente, wo man daheim sitzt und darüber nachdenkt, etwas zu schreiben, von dem man glaubt, dass es den Leuten gefallen könnte. Aber das ist ein Schuss, der nach hinten losgeht. Wir haben uns darauf besonnen, Stücke zu machen über Themen, die uns wichtig sind. Das ist das Wichtigste, dass man sich als Band bewahren sollte. Und wenn du so vorgehst, kannst du es eh nicht beeinflussen, ob das dann Erfolg hat oder nicht. Da spielen zu viele Aspekte eine Rolle … Ich stelle die Behauptung auf, dass viele, die eine Gitarre in die Hand nehmen, die sind, die beim Fußball keinen Erfolg hatten und die Frauen eben übers Gitarrespielen gewinnen mussten." Flo – voller Stolz: „Wir haben auf dieser Platte unser erstes Gitarrensolo, unser erstes Basssolo und den längsten Schlagzeug-Break der deutschen Rockmusikgeschichte." Nicht übertrieben ist die Tatsache, dass *Burli* Platz zwei der deutschen Charts erreicht sowie Goldstatus – auch in Österreich.

Unser goldener Gott, flieg Peter!

Im Dezember 2003 erscheint die erste DVD der Sportfreunde: *Augen zu und durch*. Gleichzeitig wird ein neuer Höhepunkt, ein Konzert in der Olympiahalle, für den 26. Mai 2004 angekündigt: Der Vorverkauf für den bislang ehrgeizigsten Auftritt der Sportis läuft. Inzwischen freundet sich sogar das Magazin *Intro* mit den Sportis an. Was dort im Dezember 2003 zu lesen ist, klingt wie Reue: „Die Sportfreunde hatten es nicht immer leicht in diesem Magazin. Immer mal wieder ließen sich Redakteure und freie Autoren unabgesprochen und an den unterschiedlichsten Orten zu einem Bashing der treuen drei Jungs hinreißen. Man misstraute augenscheinlich der zur Schau gestellten guten Laune, der offensiven Unbedarftheit in Texten und Statements der Band und uncoolen Featurings, die sie zum Beispiel den Emil Bulls in ihrem Werk zugestanden. Aber mittlerweile und im Angesicht dessen, was die fleißigen Jungs über unermüdliches Touren an Standing und Renommee herausgearbeitet haben, muss man doch auch hier einfach mal sagen: Respekt. Einfach nur: Respekt." Daraufhin wird die DVD vorgestellt, was das Germeringer Freibad betrifft mit einem Seitenhieb: Es befänden sich alle Videos darauf, „u. a. auch der Indie-Riefenstahl-Klassiker ‚Wellenreiten 54'. Also, um Missverständnissen vorzubeugen: Die Indie-Riefenstahl-Assoziation bezieht sich auf die Einstellung, in der junge Leute vom Turm ins Becken springen. Sieht bei den Sporties, wie man sie auch nennen kann, nicht nach begnadeten Körpern aus, sondern sehr friedlich und authentisch. So sind sie eben ... Was bleibt: Die Sportfreunde haben sich ihren Erfolg erarbeitet und feiern sich auf ‚Ohren zu und durch' zu Recht ab."

Im Januar 2004 geht folgende Ankündigung an die Presse: „PLANET PEACE – Black Ink auf dem Planet Peace 2004: Attac München praesentiert: Planet Peace 2004 – Kulturfestival gegen die ‚Sicherheitskonferenz' in München. Freitag, 6.2.2004, 19.30 Uhr. New Backstage, Friedenheimer Brücke 7. Mitwirkende u. a.: Crash Tokio, Monostars, Sportfreunde Stiller, Zoe, Sorgente, Station 2, Black Ink Project. Black Ink Project macht im Winterzelt Programm: Chill out and listen up: Literatur & DJs." Nikolai Vogel, Schriftsteller und Verleger des Black Ink Verlags erinnert sich an seine Lesung: „Black Ink tritt auf dem Planet Peace Festival im Winterzelt auf. Während nebenan die Sportfreunde Stiller spielen, lässt Thomas Glatz die unkonzentrierten Zuhörer spontan entscheiden, ob sie Literatur hören wollen oder lieber einen Ausdruckstanz sehen. Das Publikum entscheidet sich für Letzteres, und Thomas Glatz improvisiert barfuß kurzerhand den ersten Ausdruckstanz seines Lebens. Dem Publikum gefällt's. Und die *Süddeutsche Zeitung*, die die Abstimmung nicht mitbekam, wird

'Zeuge der leicht befremdlichen Performance eines Aktionskünstlers, der für 'alle Globalisierungsnasen' einen roboterhaften Ausdruckstanz vorführt'."

Vogel erinnert sich an seine eigene Lesung dort als eine, bei der er damals gleich gewusst habe, dass sie seine Konzentration und Improvisationsfähigkeit schulen werde, „denn ich habe keinen Ausdruckstanz hingelegt, sondern wirklich gelesen, aber das war, so gegen die Musik aus dem Nachbarzelt, wie eine Art seltsamer Test. Und das Publikum war eine ganz besondere Mischung aus hellwach und durch den Wind." Die *Süddeutsche* berichtet, das Auditorium mit den Sportis habe sich in eine riesige Hüpfburg verwandelt: Es werde gesprungen, getanzt und im Meer der ausgestreckten Arme gesurft. Da gebe es auch Blessuren. Ein Mädchen erhole sich im Backstage-Garten. Sie sei wegen der Sportis gekommen, von einem poltischen Hintergrund habe sie nichts gewusst.

Im Januar 2004 werden Pläne bekannt, Germering den Titel „Große Kreisstadt" zu verleihen. Dazu sagt der Ex-SV-Germering-Trainer Hans Stiller: „Boshafterweise könnte man sagen: Der Titel wird die Mietpreise noch höher treiben. Es gibt genug andere Probleme in der Stadt, als diesen Namen zu ergattern. Man sollte lieber mehr in Sportvereine investieren, denn dort wird zurzeit viel gekürzt." Die Sportis halten zu ihrem Namensgeber und werden immer mal wieder mit ihm auftreten.

Im Februar 2004 erscheint das erste Album von Roman Fischer *Bigger Than Now* bei Marc Liebschers Label Blickpunkt Pop. Liebscher bleibt damit auf der Suche nach Talenten, wird aber bis heute niemanden finden, der auch nur annähernd den Sportis das Wasser reichen könnte. Fischer wechselt später zu Universal, pausiert dann längere Zeit und ist in den 2020er Jahren wieder musikalisch aktiv. Im Februar 2004 äußert sich Rüde gegenüber der *Süddeutschen* politisch: „Man merkt mehr und mehr, dass Kriege ein Alltagsmittel werden. Dass es ein Krisenmanagement gibt, das nur noch auf einer Kriegslogik aufbaut. Da bekommt man so einen Drang, eigene Lösungswege zu entwerfen. Das Geld, das man jetzt in die Truppen im Irak investiert, könnte man auch in die medizinische Versorgung von Drittwelt-Ländern stecken, in Schulbildung und alles Mögliche. Stattdessen wird ein ganz anderer Kreislauf in Gang gesetzt – eine Logik, die ich einfach schrecklich finde und verachte."

Ende März 2004 erscheint *Burli*. Peters Danksagung in den Liner Notes beginnt so: „Danke vielmals und auch von ganzem Herzen, liebe Susu …

gegrüßt seien alle diejenigen, denen unsere Musik etwas bedeutet." Das Album steigt auf Platz zwei der deutschen Charts und erreicht Goldstatus. In Österreich schaffen es die Germeringer auf Platz vier. Auch dort wird das Album vergoldet. Die *Süddeutsche Zeitung* urteilt in einer launigen Kritik: „... Das Leben ist so was von schön. ‚Basst scho', sagt der Münchner dann. Dazu hört er gern ‚a zünftige Rockmusi', etwa *Burli*, das neue Album der lokalen Sportfreunde Stiller. Es holpert der Reim, es stolpert die Gitarre, einmal wird am Liedanfang gerülpst. Rockmusik, die schon im Biergarten angekommen ist, bevor sie irgendwohin aufgebrochen wäre."

Im Mai 2004 legt Andi Erhard, der erste Bassist bei Stiller, als DJ Platten im Münchner Club Cord an der Sonnenstraße 18 auf. Wenig später feiern die Sportis in der Olympiahalle. Am Tag des Konzerts widmet die *Süddeutsche Zeitung* die Seite drei dem Ereignis. Die Sportis seien im Augenblick „so erfolgreich wie keine andere Band im deutschen Sprachraum. Keine verkauft so viele Platten, keine lockt so viele Menschen in die Konzerthallen". Die Venues der Tour bislang werden aufgezählt, u. a. mit Franz Ferdinand im Vorprogramm, die gerade eine der erfolgreichsten britischen Band sind: „Und jedes Mal stehst du da oben und denkst, die wollen jetzt die Halle einreißen", sagt Rüde. Der Journalist Christian Seidl spricht von einem „für alle Beteiligten irgendwie surrealen Triumphzug durch die Republik". Den Erfolg erklärt er sich u. a. damit, dass sie keine überlebensgroßen Idole, sondern Kumpels, sympathische Jedermänner seien, in denen sich das Publikum wiederfinden könne. „Sie singen schlichte, emotionsgeladene Lieder über die große Liebe und die kleinen Launen des Seins. Oft hemmungslos romantisch, manchmal entschlossen naiv, aber mit sehr viel Leidenschaft und Überschwang." Die Ohrwurmqualitäten lägen nicht nur am Hang zu hymnischen Refrains, sondern auch an den Texten, die den Zuhörer fast immer ansprechen würden und auf diese Weise ein Wir-Gefühl vermittelten, wodurch ihnen das Singen während der Konzerte von Tausenden abgenommen werde. „In Zeiten, in denen alle Werte ins Wanken und Gewissheiten abhandenzukommen scheinen, treffen sie offensichtlich einen Nerv", so Seidl angesichts des Songs „Die gute Seite". Die Schar der Bewunderer reiche „vom gerade der *BRAVO* entwöhnten Schulmädchen bis hin zum Feuilleton lesenden Connaisseur". Sie sei dem Trio in einer Leidenschaft verbunden, wie man sie sonst nur von den Schlachtenbummlern im Fußball kenne. Damit benennt Seidl einen Grund für den Erfolg von Stiller, der mit dem nächsten Album noch an Bedeutung gewinnen wird. Und er weist darauf hin, dass zuletzt vor 22 Jahren die Olympiahalle für eine deutsche Band gebraucht worden sei, nämlich für die Spider Murphy Gang auf dem Höhepunkt ihres Schaffens.

Nach dem Konzert in der Olympiahalle zieht die *Süddeutschen Zeitung* das Fazit: „Drei Münchner Jungs zogen 10.000 restlos begeisterte Fans in die Arena der Superstars. Ein denkwürdiges Ereignis." Diese Sensation sei im Gegensatz zu anderen Massenveranstaltungen des Pop nicht durch teure Werbekampagnen oder lancierten Starkult zustande gekommen. Das Konzert mache Hoffnung. Es zeige, wie groß der Bedarf nach guter Popmusik mit der Aura des im Genre längst diskreditierten Begriffs Authentizität sei. „Es zeigt, dass Independent-Band und Publikumsliebling zu sein keine Widersprüche sind." Musiker müssten ihre künstlerische Freiheit nicht aufgeben, um anzukommen. Das von den Sportis vielbeschworene Wir-Gefühl habe die Fans vom ersten Takt an mitgerissen. Auch die ARD-*Tagesthemen* berichten am Tag danach, am 27. Mai von einem Ereignis „mit schrammeliger Gitarrenmusik und deutschen Texten".

Die *FAZ* spricht von „bundesweiter Faszination". Auf der Suche nach Ursachen für den Erfolg werden aber erst mal die Defizite einer Stiller-Live-Show erläutert: „Musikalische Virtuosität ist es nicht. Zu matschig und übersteuert kommt der durch Keyboard-Tupfer und Synthesizer-Sprenksel aufgeschäumte, auf Tonträger massiv geschönte Gruppen-Sound aus den Verstärkerboxen, zu wenig Flexibilität und Oktavenweite lassen die nur jeden fünften Notenton treffenden Stimmbänder von Frontmann Brugger erkennen." Weiter ist von „hart hämmernder Rudimentär-Rhythmik", von „vermeintlich harmonischen Melodiebögen" und von „inhaltsleeren Momentaufnahmen dreier Mittzwanziger" die Rede. Anhand einzelner Songs werden dann aber doch die Band und ihre Musik gelobt. Der Artikel endet voller Anerkennung für den „bisweilen in zünftigem Wortwitz gipfelnde Umgang mit der deutschen Sprache".

Dass es den Sportis gelungen ist, die Olympiahalle zu füllen und zu begeistern wird mit dem Tonträger *LIVE* noch im selben Jahr gefeiert. Das komplette Konzert auf zwei CDs. Flo sagt: „Dabei sein ist alles – mittendrin sein war der Hammer!" und: „Wir sind der einzige Münchner Club, der in dieser Saison was reißt." Allerdings setzt er sich bei der Setlist nicht durch: Hätte er gern als Cover den Song der Heavy-Metal-Band Pantera „I'm Broken" geschrien, steht stattdessen Peter am Mikro und singt das Cover „Wenn ein Mensch lebt", ursprünglich von den Puhdys, und ermuntert mit Erfolg „die Fischerchöre" in der Halle zum Mitsingen, lobt die DDR-Band und äußert den Wunsch, mal mit Dieter Birr & Co zusammenzuarbeiten. Während der Zugabe „Auf der guten Seite" lässt sich Peter durch die Olympiahalle tragen. Flo ruft ihm hinterher: „Komm wieder!" und Rüde: „Unser goldener Gott, flieg Peter!"

Mit der Leidenschaft im Bein

Nach dem Rummel um *Burli* und dem Höhepunkt mit dem Olympiahallen-Gig gönnen sich die Sportfreunde eine Auszeit. Schon davor gab es kürzere Pausen, aber ab 2004 werden sie immer länger werden. Für Flo hat diese Unterbrechung gefühlt ein ganzes Jahr gedauert, auch wenn zwischendurch immer mal wieder gestillert wird. Flo schreibt das Buch *You'll Never Walk Alone*, das er als Kurzgeschichte während der Tour angefangen hatte. Zudem setzt er sein Bolzplatz-Heroes-Projekt fort. Rüde reist monatelang in der Welt herum, klinkt sich komplett aus, ist aber auch zweiter Gitarrist bei Flamingo, einem Projekt des Sängers der Emil Bulls, Chris von Freydorf. Peter seinerseits macht ernst mit seinem Bruder Olli und dem Band-Projekt TipTop. „Man muss sich entfernen (von den Sportis), um sich hinterher umso mehr wieder draufzustürzen", sagt Flo zum Break.

Im Sommer 2004 erscheint der Sampler *Irgendwo in Deutschland* bei Edel mit Songs der Bands Mia, Paula (die Sportis touren mit dem Duo Paula schon im Jahr 2000), Virginia Jetzt! und vielen anderen und auch mit dem Song „Siehst du das genauso?", und das irritiert vor dem Hintergrund der Deutschtümelei-Diskussion. In einem Interview sagt Mia-Frontfrau Mieze im Juli 2004 auf den Vorwurf, das Lied „Was es ist" sei nationalistisch: „Als Vorwurf habe ich das nicht begriffen … Ich war in Minnesota zum Austausch, und da hat man mich gefragt: Wo kommst du her. Und ich habe immer ganz schnell gesagt. Ich komme aus Berlin. Da habe ich gemerkt, dass mir das gar nicht behagt zu sagen, ich komme aus Deutschland. Und da habe ich angefangen zu fragen, warum ist mir das so fremd. Ich möchte damit normal umgehen. Das

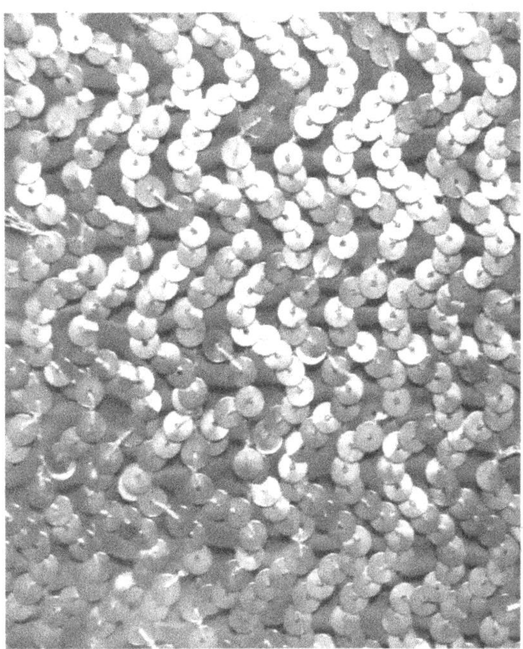

Der Paillettenvorhang im Atomic Café – eine begehrte Trophäe.

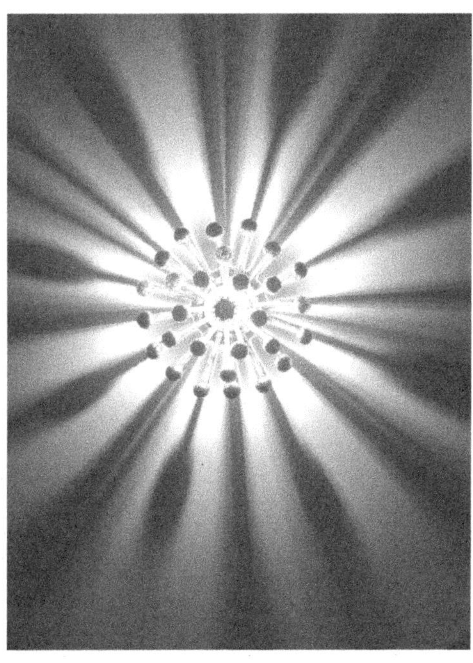

Atomic-Orange – eine Lampe im Atomic Café, wo Peter, Flo und Rüde arbeiten und auftreten.

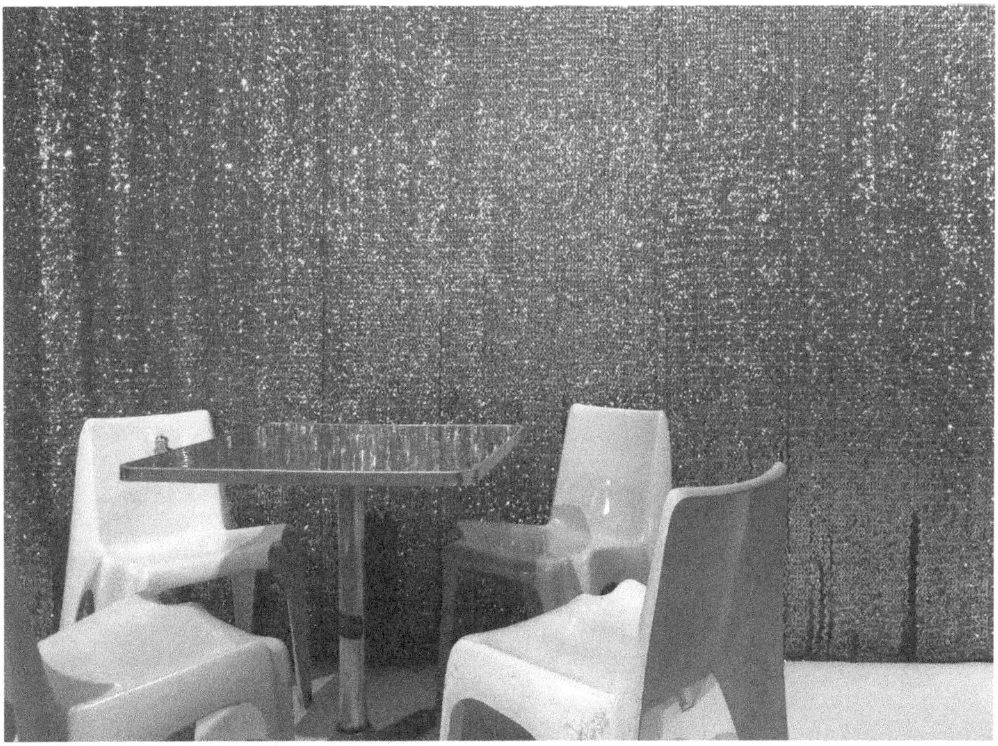

Die Bühne des Atomic Cafés, bestuhlt, wenn keine Konzerte stattfinden.

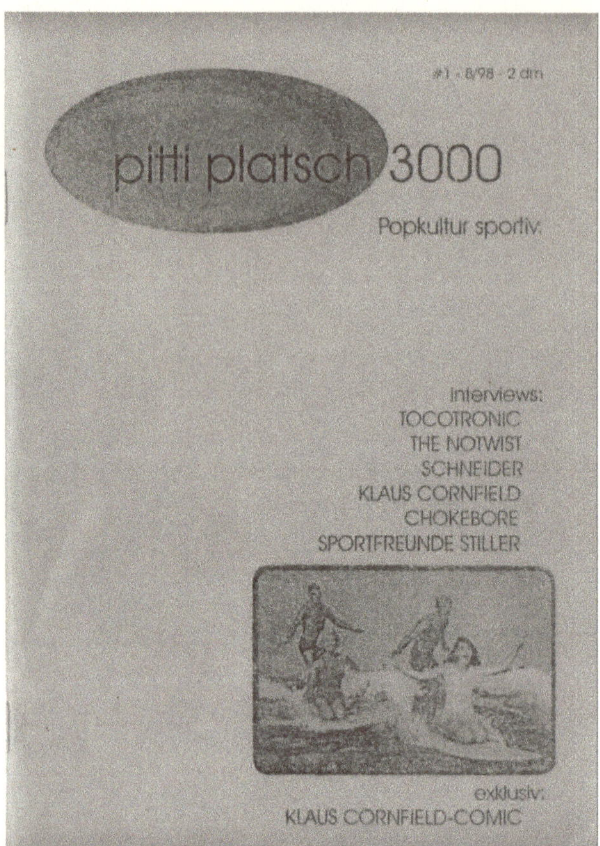

Das Fanzine *Pitti Platsch* vom August 1998 – Popkultur sportiv.

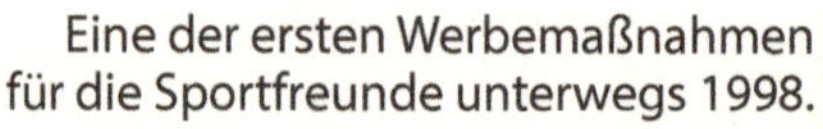
Eine der ersten Werbemaßnahmen für die Sportfreunde unterwegs 1998.

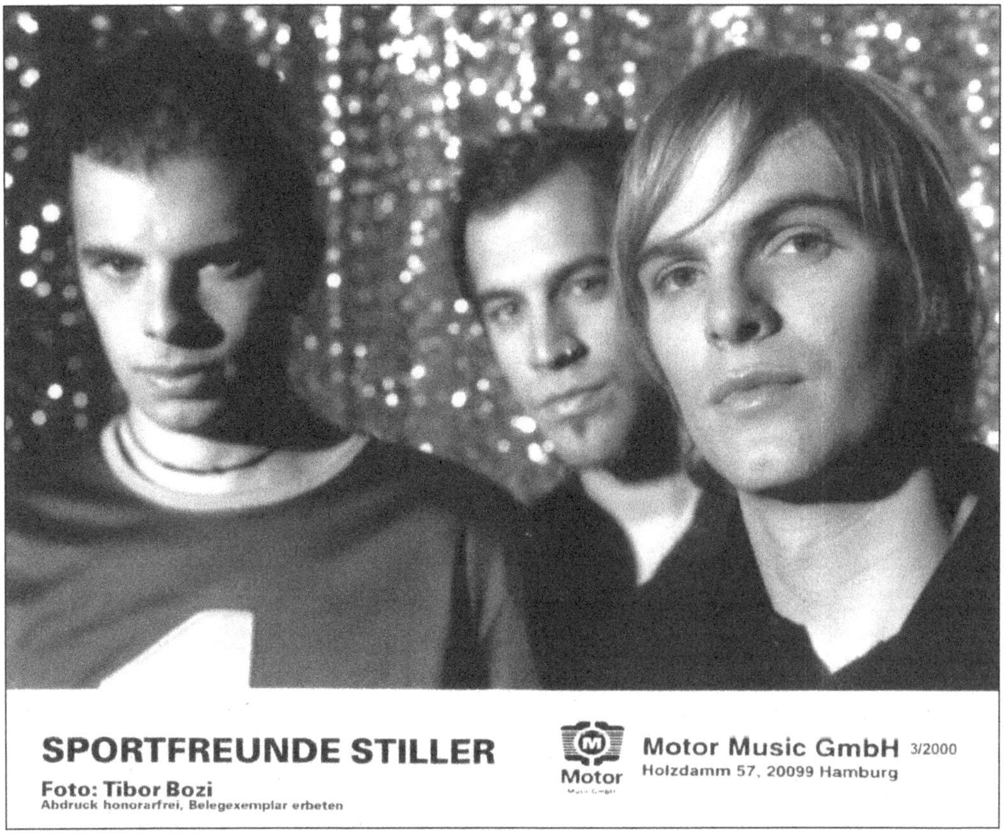

SPORTFREUNDE STILLER

Foto: Tibor Bozi

Abdruck honorarfrei, Belegexemplar erbeten

Motor

Motor Music GmbH 3/2000

Holzdamm 57, 20099 Hamburg

Professionelles Foto 2000 für das Major Label Motor vor dem Atomic-Vorhang.

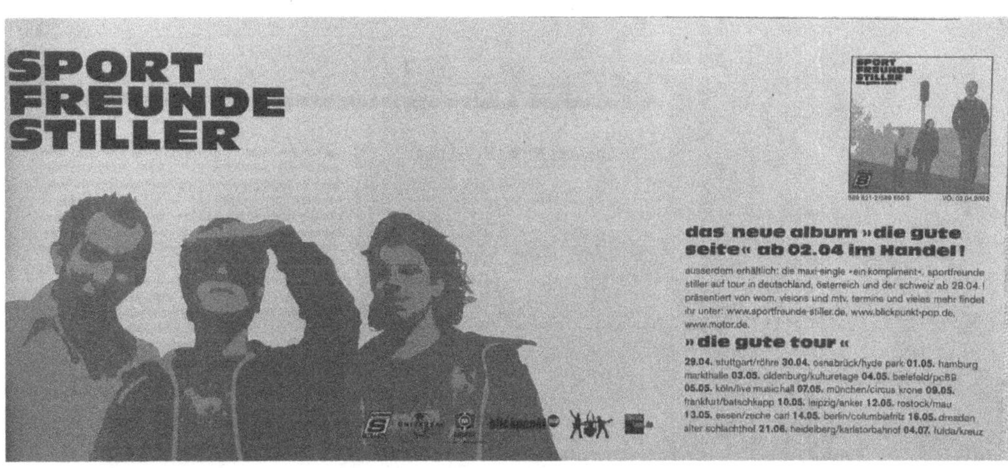

Nach dem Debütalbum ist auch das zweite in Atomic-Orange getaucht.

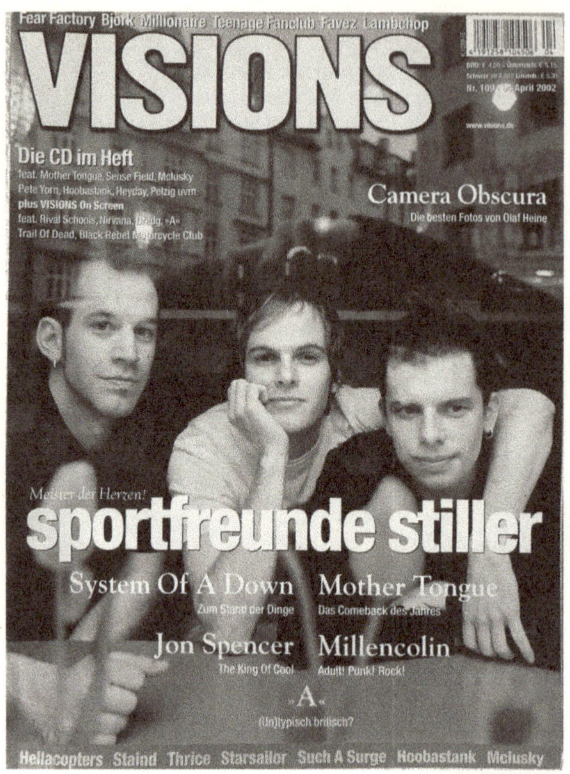

Hinter dem Fenster des Valentin Stüberls – zum ersten Mal auf dem Cover eines Magazins.

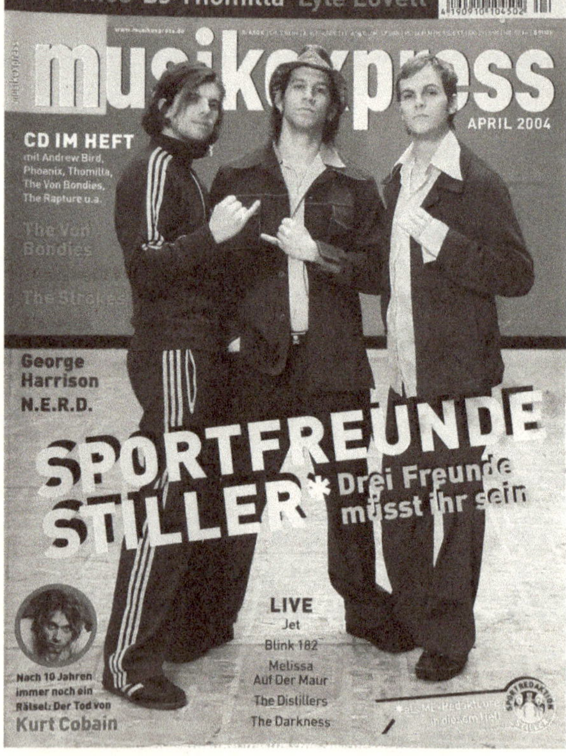

Die Stiller Sportredaktion im *Musikexpress*

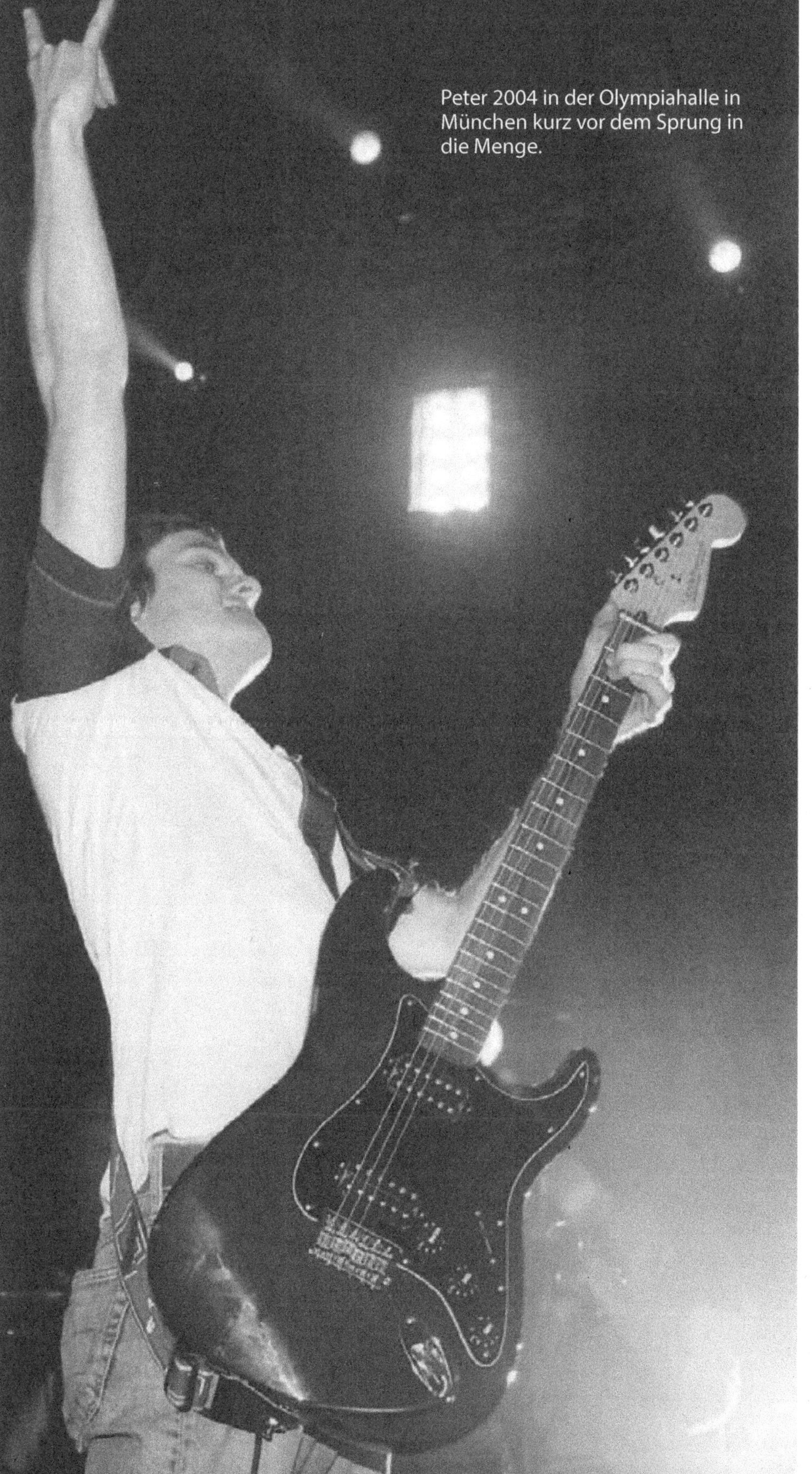

Peter 2004 in der Olympiahalle in München kurz vor dem Sprung in die Menge.

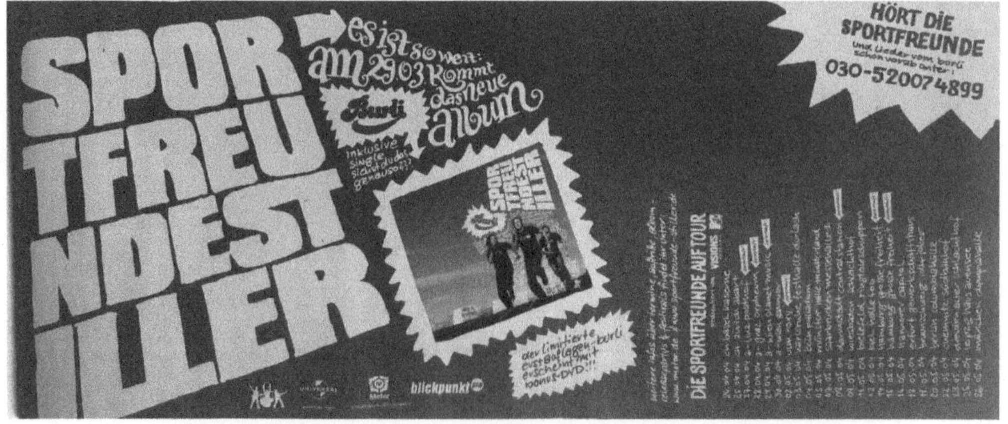

Das Album *Burli* wird promotet mit 25 Konzerten in einem Monat.

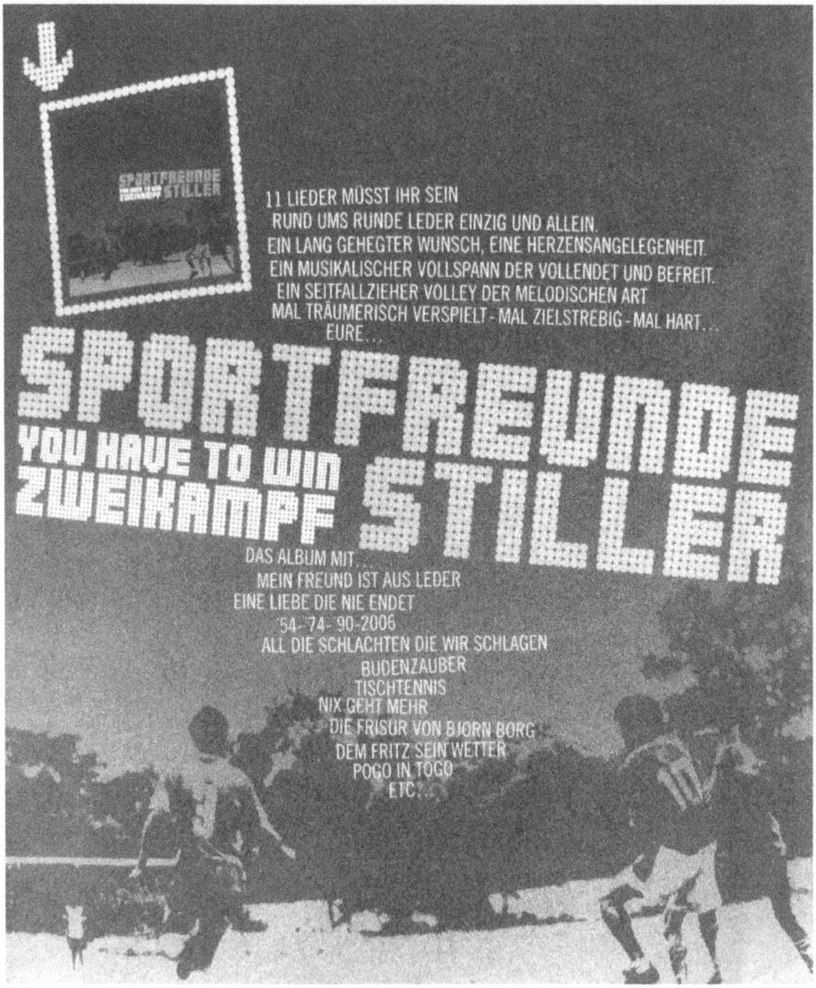

SPORTFREUNDE STILLER

11 LIEDER MÜSST IHR SEIN
RUND UMS RUNDE LEDER EINZIG UND ALLEIN.
EIN LANG GEHEGTER WUNSCH, EINE HERZENSANGELEGENHEIT.
EIN MUSIKALISCHER VOLLSPANN DER VOLLENDET UND BEFREIT.
EIN SEITFALLZIEHER VOLLEY DER MELODISCHEN ART
MAL TRÄUMERISCH VERSPIELT - MAL ZIELSTREBIG - MAL HART…
EURE…

SPORTFREUNDE
YOU HAVE TO WIN
ZWEIKAMPF
STILLER

DAS ALBUM MIT…
MEIN FREUND IST AUS LEDER
EINE LIEBE DIE NIE ENDET
54-74-90-2006
ALL DIE SCHLACHTEN DIE WIR SCHLAGEN
BUDENZAUBER
TISCHTENNIS
NIX GEHT MEHR
DIE FRISUR VON BJORN BORG
DEM FRITZ SEIN WETTER
POGO IN TOGO
ETC…

Ein musikalischer Vollspann –
11 Lieder zur Fußballweltmeisterschaft 2006 in Deutschland.

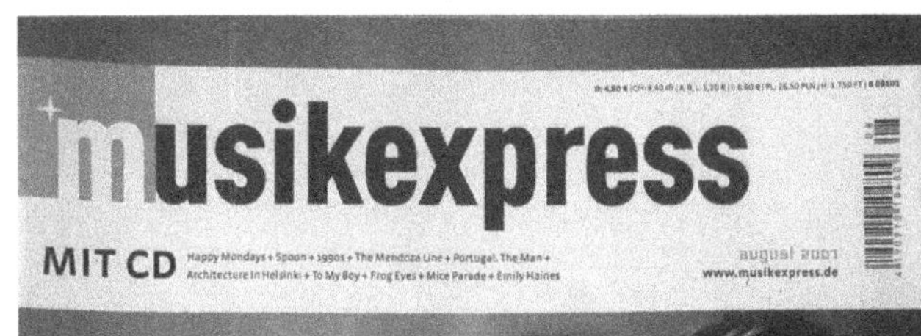

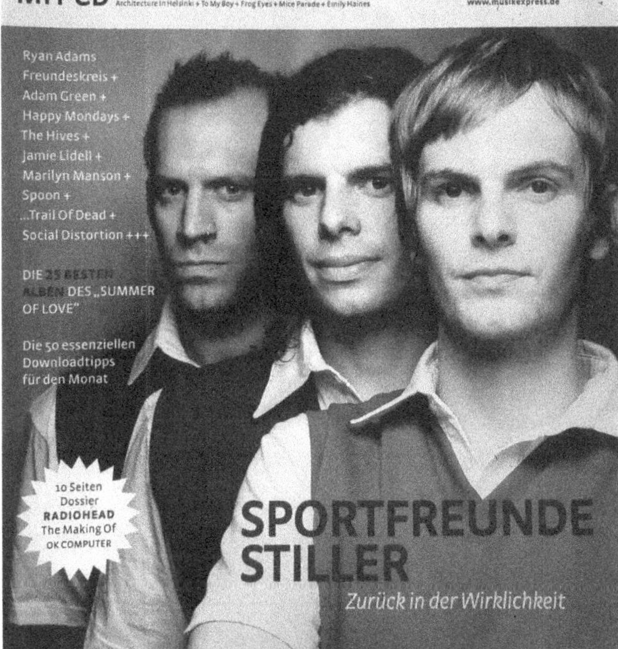

Niveau ist keine Crème – die Sportfreunde haben Erklärungsbedarf.

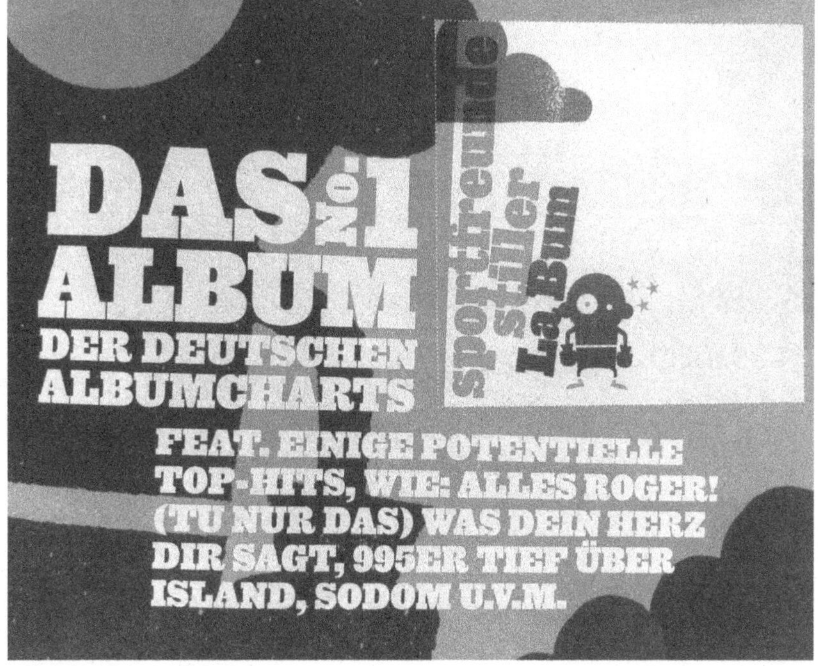

Das Album *La Bum* ganz ohne Fußballsongs.

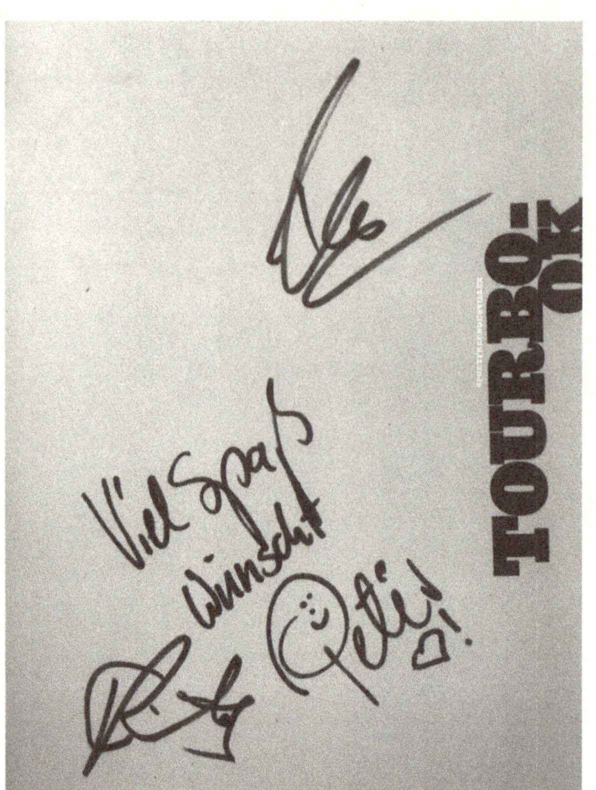

Flo Weber schreibt Tagebuch auf der Tour 2007 – das *Tourbo-ok* ist heute eine Rarität.

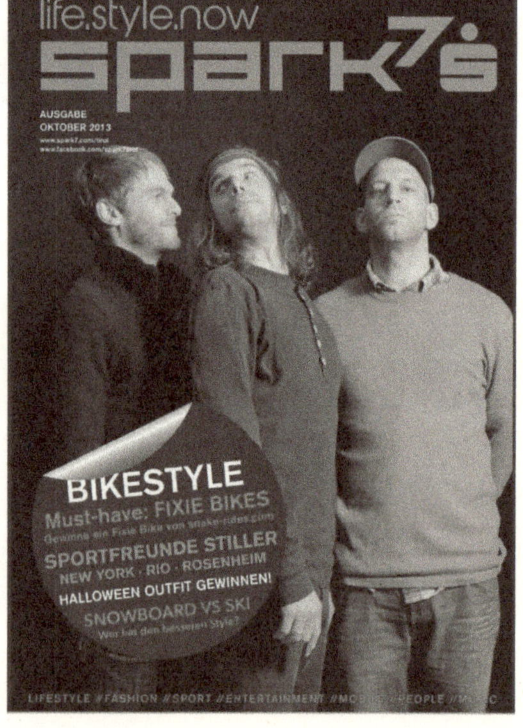

2013 sind die Sportfreunde weit oben in den Hitparaden mit „Applaus, Applaus".

ist die Sprache, die ich spreche, das ist die Kultur, in der ich aufwachse. Es ist das Land, in dem ich lebe. Ich will dazu ein normales Verhältnis haben." Es werden unzählige weitere Compilations mit Deutschrock und -pop folgen, auf denen Mia und auch Sportfreunde Stiller vertreten sind.

Am 4. August 2004 zeigt die Modedesignerin und Kunstfotografin Petra Mark im Rahmen einer Jubiläumsveranstaltung der „Münchner Fotographen" im K 41 auf dem Optimolgelände Bilder unter dem Titel „Stylhelden" in einer Diashow „zu ‚ampèremädchenklängen' von Olli Brugger, dem nicht weniger begabten Bruder von Peter Brugger. Diese Fotos sollen einen Blick auf Menschen werfen, die einen ganz eigenen Stil gefunden haben", so Mark. Im Rahmen des im August stattfindenden Hillside-Festivals sagt Flo auf die Frage, ob sich die Sportis als Antwort auf die Hamburger Schule verstünden: „Überhaupt nicht. Uns ist diese Intellektualität nicht wichtig. Wir wollen verstanden werden. Uns ist es lieber, das Publikum mit unserer Musik zu bewegen, als die Kritiker zu begeistern."

Angesichts der Flutkatastrophe im Indischen Ozean streichen Ende Dezember 2004 die meisten Radiosender aus Gründen der Pietät den Song „Die perfekte Welle" von Juli und manche Sender auch „Wellenreiten" von den Sportfreunden sowie weitere Lieder anderer Bands aus den Programmen. Noch ein Anzeichen für das Ankommen der Sportis im Mainstream ist der Jahresrückblick in der *FAZ*. Darin listet die Journalistin Johanna Adorján „Siehst du das genauso" als einen der schlimmsten Songs mit der Begründung: „Ein Lied wie Knoblauch. Am Anfang fiel es kaum auf, dann kriegte man es nicht mehr los, und irgendwann hatte man ein ekeliges Gefühl." Knoblauch ist aber gesund und manche wollen ihn täglich. Inzwischen spekuliert das Feuilleton über eine „neue Neue Deutsch Welle". Was früher Ideal, Extrabreit oder DAF war, sei jetzt vielleicht Juli, Silbermond und Stiller. Eine der möglichen Ursachen: Die nicht englischsprechenden Musikliebhaber im Osten, die nach der Wende neue deutsche Lieder wollen. Die jungen Bands haben ja inzwischen auch dazugelernt: Ab und an ein Bruch im Song, um der Schnulzengefahr zu entgehen; ab und an ein Kraftausdruck, um nicht auf Schlagerniveau abzurutschen; ab und an Verse in Fremdsprachen, um als international zu gelten.

Zum Jahreswechsel erscheint die Doppel-CD *Frisch gepresst – 30 Heimspiele* herausgegeben u. a. vom Stadtmagazin *In-München*, der Sendung *Zündfunk* im

Bayerischen Rundfunk und anderen. Ihrer Vorstellung des Samplers mit Stiller-Beteiligung stellt die Journalistin Ingeborg Schober ein Zitat Peter Bruggers aus dem Olympiahallenkonzert im Mai voran: „Es gibt einen ganzen Haufen guter Bands in München, leider haben das bislang nur die wenigsten gemerkt." Die renommierte und viel zu früh verstorbene Pop- und Rock-Journalistin Ingeborg Schober kündigt Konzerte zu dieser Initiative in der Muffathalle an und zitiert Barbara Streidl von den Moulinettes: „An dem Abend zu spielen ist für eine Band so wichtig wie für ein Taxiunternehmen, im Telefonbuch zu annoncieren."

Die Sportis treten 2005 auf mehreren großen Festivals auf und verlegen sich zudem auf geheime Clubkonzerte auf der Suche nach althergebrachter Intimität und Nähe zu den Fans. Im Juni 2005 treten sie unter dem mehrdeutigen Kicker-Künstlernamen *The Dino Zoffs* im Backstage auf (Dino Zoff ist nicht nur der älteste Torwart, sondern auch der älteste Fußballspieler in der Geschichte überhaupt, der Weltmeister wurde – mit 40 Jahren). Die Presse spricht von einem vor der Öffentlichkeit verborgenen Überraschungscoup. Es werden keine Freunde, nicht einmal Mitarbeiter der Plattenfirma oder andere der Band nahestehende Dienstleister eingeladen. Nur Hardcore-Fans erfahren vorab von dem Gig, indem sie als registrierte Besucher aufmerksam den Chat auf der Webseite der Sportfreunde lesen. Nur dort im Diskussionsforum findet sich ein Hinweis. Nur dort können Karten gekauft werden. Nur etwa 300 Leute kommen in den Genuss dieses geheimen Gigs, der dem in der Olympiahalle vor gut einem Jahr in nichts nachsteht – mit dem Vorteil, dass man hier den Idolen ganz nah ist. Die *Süddeutsche Zeitung* schreibt: „Zwei Stunden lang feierten die Fans bei gefühlten 100 Grad ein Best-of-Programm vom Feinsten. Sänger Peter Brugger verteilte Getränkegutscheine, ließ einen Jungen aus dem Publikum Schlagzeug spielen, bejubelte die Mädchen, die gleich im halben Dutzend auf die Bühne tanzten, und sprang bei ‚Ich, Roque' aus drei Metern Höhe in den Pulk. Frisches Material gab es auch zu hören, den Song ‚Die Nacht' mit St.-Martins-Refrain ‚Da oben leuchten die Sterne, da unten leuchten wir', ein Beitrag aus der Reihe ‚Stärkung des Wir-Gefühls'. Das gelingt den Sportfreunden immer wieder besonders gut." Das Geheimkonzert wird wenig später in Frankfurt wiederholt, Deckname diesmal The Kaltz Mannis (bezugnehmend auf Manfred Kaltz, Nationalspieler und

Außenverteidiger beim Hamburger SV und bekannt für seine Bananenflanken). Marc Liebscher zu diesen geheimen Auftritten: „Wir wollten einfach nur unsere Fans glücklich machen." Sportfreude kommt auch in weniger intimen Venues auf: Die Sportfreunde touren nämlich in diesem Sommer zwischen großen Festivals in Deutschland, Italien, Tschechien und den Niederlanden. Es ist dies auch der Versuch, Fangemeinden außerhalb des deutschsprachigen Raums zu schaffen.

Am 26. Juli 2005 erscheinen zwei Artikel in der *Süddeutschen Zeitung* auf einer Seite. Der eine berichtet von den Bayreuther Festspielen mit der großen Schlagzeile „Applaus, Applaus". Direkt darunter wird von einem Benefizspiel in Passau zugunsten brasilianischer Straßenkinder berichtet. In der *Lach-und-Schieß*-Promi-Mannschaft spielen u. a. die Ex-Fußballstars Wiggerl Kögel und Hansi Pflügler, Kabarettist Michi Altinger, Flo Weber und Peter „Balboa" Brugger. Gecoacht werden sie von Olaf Bodden. Illustriert wird der Artikel durch ein Foto, auf dem Flo in Aktion zu sehen ist. Die Bildunterschrift lautet: „Manche sagen, er spiele besser Fußball als Schlagzeug: Sportfreund Flo Weber dementiert nicht." Derweil entwickelt sich die Cordobar-Szene weiter. Veranstaltungstipps sprechen von „Grooving Germering". Der „Germering-Sound" heiße nicht nur Sportfreunde Stiller. Angekündigt werden Canary of Chaos (schneller Metal), Look Homeward Angel (Skate Punk), S.C. Heidenkrampf (Hip-Hop), The Truck Driving Buddhas (Alternative) oder I-Shine (Reggae). Bei den großen Initiativen sind aber nur die großen Namen gefragt. Im August erscheint eine CD mit Songs u. a. von den Fantastischen Vier, Keimzeit und von den Sportfreunden, die gratis auf Schulhöfen verteilt wird, gleichsam als Gegengift zu Gratis-Schulhof-CDs mit rechtsradikaler Musik, die von der NPD verteilt werden.

Mitte September 2005 spielen die Sportis nach einem Zwischenstopp in Amsterdam im Club Windmill, im Club Garage und im BlowUp Metro jeweils in London gemeinsam mit zwei weiteren Bands aus München, Cosmic Casino (mit Verbindungen zur Germeringer Schulzeit Peters) und Monta. Die Showcase-Tour steht unter dem Motto „This Is Munich". Marc Liebscher begleitet die drei Bands, ist überrascht über die vielen Besucher und sagt: „Das ist schon erstaunlich, wenn man bedenkt, dass wir kaum Werbung gemacht haben. Das ist ein guter Zeitpunkt für Bands mit deutschen Texten, nach Großbritannien zu gehen. Heute kommen Leute von britischen Plattenfirmen, um sich die Jungs anzusehen. Wir sind also nicht nur zum Spaß hier." Das Publikum besteht zu etwa 90 Prozent aus deutschstämmigen Jugendlichen, die mit dem Ruf „Hurra, hurra, die Sportfreunde sind da" das Trio empfangen, worauf Peter sagt: „What a motherfucking unbelieviable audience you are". Zu hören ist der brandneue Song, damals noch betitelt als „WM-Historie". Rich Goerlich, Frontmann von Cosmic Casino, bespricht in einem Pub bei reichlich Bier mit Flo „die Einfachheit als Weg zum besseren Song und warum Reduktion und Dilettantismus im Rock unabdingbar sind". Der TV-Sender Arte interviewt die jungen Krauts in Großbritannien und filmt die Shows. Das Publikum verlässt begeistert die Konzerte mit dem Ruf: „Auswärtssieg! Auswärtssieg!"

Im Oktober 2005 feiert die Cordobar ihr 30-jähriges Bestehen u. a. mit der selbstproduzierten CD *Homegrown*, einem Sampler, auf dem 17 Bands zu hören sind, die alle in Germering beheimatet sind: „Das Beste aus Germering seit der bekannten Band Sportfreunde Stiller", sagt Cordobar-Leiter und Initiator des Samplers Erwin Zißelsberger. Die Sportis feiern hier aber nicht mit, sondern im Lustspielhaus in München, wo etwa 200 Gäste auf den Geburtstag vom Mehmet Scholl und Till Hofmann anstoßen. Bei der launigen Gelegenheit mit hoher (Isar-) Promidichte (darunter Konstantin Wecker, Günther Sigl von der Spider Murphy Gang, Willy Astor, Ecco DiLorenzo, Götz Alsmann) gewinnt das Germeringer Trio den Preis für die trendigsten Frisuren des Abends. Hier schon sickert durch: Sportfreunde Stiller planen ein WM-Album (inklusive Frisur-Song). Beim Nokia Air&Style im Olympiastadion sind die Sportis Anfang Dezember Ehrengäste und Lockvögel nebst 16 Weltklasse-Snowboarder, die auf 1.000 Tonnen Kunstschnee ihr Können beweisen. 21.000 Sportbegeisterte hüpfen beim Stiller-Konzert, bewundern die Snowboarder und sehen zudem einen Motocross-Contest. Zum Jahreswechsel konkretisieren die Sportfreunde den Schnellschuss – ein Album zur Weltmeisterschaft. Sie nehmen in vergleichsweise unkomplizierten Studiosessions im Januar und Februar elf Fußballlieder auf. Zeitgleich arbeiten sie schon an der nächsten regulären Scheibe.

Im Januar 2006 erscheint das erste und einzige Album von Flos Bolzplatz Heroes unter dem Titel *Bolzplatz Heroes*. Nach 2006 treten die Fußball-Helden jedoch nicht mehr in dieser Formation in Erscheinung. Auch Peters und „Dollys“ TipTop sind nach 2006 Geschichte. Immerhin schaffen sie es mit dem Song „TipTop“ als Vertreter für Bayern auf Platz sieben beim Bundesvision Song Contest, moderiert von Stefan Raab (Peter im weißen Luden-Anzug mit kajalumrandeten Augen und Falco-Ami-Austro-Akzent, derweil Flo während des von Edmund Stoiber beworbenen Auftritts als maskierter DJ hilft). Das Lied taucht dann im Videospiel *FIFA World Cup 2006* auf und schafft es in den Single-Charts bis auf Platz 15.

Im März 2006 liefert Thees Uhlmann in einem Interview anlässlich des neuen Albums von Tomte *Buchstaben über der Stadt* eine interessante Definition der Sportis: „Wichtig sind die Sportfreunde Stiller. Die Leute wollen immer etwas Negatives von mir über die hören. Aber ich mag die Jungs. Das sind Stino-Punks wie ich, stinknormale Punks, die trotz ihres bürgerlichen Aussehens die Szene aufmischen. Wir schreiben uns gegenseitig auf die Gästelisten. Ich gehe auf ihre Konzerte, auch wenn das nicht meine Lieblingsmusik ist.“ Zu den Solo-Projekten äußert sich Uhlmann nicht. Im Internet wird TipTop als „Kommerzmist“ und „Geschwuchtel vom lieben Peter“ beschimpft und zu den Boltzplatz Helden ist zu lesen: „Ohne den Namen der Sportis wärt ihr gar nichts.“

Andererseits meldet sich das Magazin *OX* mal wieder zu Wort: „… ungewöhnlich rauh … eine knackig harte Mischung aus Hardcore und Rock … kurzweilige 40 Minuten gewagt harter Musik.“ Peter spricht halb scherzhaft über Flo in dieser Bolzplatz-Helden-Phase: „Und uns gaukelt er immer Leidenschaft für die Sportfreunde vor! Ich würde mir seine Musik nicht zu Hause anhören, aber ich finde es geil, wie der Flo live abgeht. Der hat Hummeln im Hintern.“

Mitte März beenden die Sportfreunde die Arbeit an ihrem Schnellschuss-Album: „Elf Mitgröllieder zur Fußball-WM für die Stadionkurven der Nation“, kündigt Peter es an. Schon am 19. Mai 2006, über zwei Jahre nach *Burli* erscheint so das vierte Studioalbum der Sportfreunde Stiller: *You Have To Win Zweikampf* (mit elf Songs). Fast gleichzeitig erscheint Flos „Fußball-Musik-Roman“ *You'll Never Walk Alone* (mit elf Kapiteln) beim renommierten Rowohlt Verlag. Auf 220 Seiten beschreibt er frech und witzig die Faszination von Pop und Fußball und das Problem mit den Hooligans (der Bruder des Ich-Erzählers ist gefährdet) in der Kindheit und Jugend in den 1980er Jahren.

Flo gibt Interviews, in denen er über sein Buch, über die neuen Songs, über die Fußball-WM und die deutsche Nationalmannschaft spricht. Einmal zeichnet sich der bislang größte Erfolg für Sportfreunde Stiller ab, als Flo sagt: „Karten habe ich keine. Aber ich werde mir was anschauen, und wenn ich über den Zaun springen muss. Ich habe gestern Sechzig gegen Burghausen im Fernsehen gesehen, in der Pause gab's ein Interview, und im Hintergrund lief plötzlich unser Lied ,'54 – '74 – '90 – 2006'. Das lief da so einfach in der Halbzeit in der Allianz Arena. Unsere Musik ist also schon mal drin im Stadion. Jetzt müssen wir selbst auch noch rein."

Flo berichtet, dass es schon sehr früh eine Anfrage an die Plattenfirma gab, betreffend Songs oder Auftritten zur WM. „Da hatten wir aber noch überhaupt keinen Antrieb. Dann hat es uns aber doch gejuckt. Und jetzt kommt das Fußballalbum mit elf Liedern, wobei nur ein expliziter WM-Song drauf ist, eben ,'54 – '74 ...'" Auf die Frage, ob das noch ein WM-Hit werden könnte, antwortet Flo: „Vielleicht. ,Three Lions' von Baddiel, Skinner & The Lightning Seeds kam 1996 ja auch durch die Hintertür. Der offizielle Song war von Simply Red. Kein Mensch weiß, wie der überhaupt hieß."

Sportfreunde Stiller veranstalten einige Konzerte, gekoppelt mit Lesungen. Peter erinnert sich: „Das war total schön. Es war für uns ganz außergewöhnlich, weil wir auch in Theatern gespielt haben. Die Leute sitzen da und hören uns beim Lesen zu. Sie sind total aufmerksam und ruhig. Und dann spielen wir nur Fußballlieder und als Zugabe ein paar alte Songs. Und da stehen sie dann auf und schreien hurra." Sechs Jahre später sagt Peter der Wochenzeitschrift *Die Zeit*: „Wir hatten vor der WM eine kleine Tour gemacht, in der wir die Lieder das erste Mal gespielt haben. Da gab es vereinzelte ,Deutschland'-Schlachtrufe, und ich fand das völlig verstörend. Wir haben noch gesagt: ,Hey, das muss jetzt nicht sein. Da haben wir keinen Bock drauf.' Irgendwann haben wir gemerkt, dass sich da was entwickelt hat."

Auf die Frage nach einer Kooperation mit der Nationalmannschaft für das Zweikampf-Album sagt Flo: „Da ging gar nichts. Verdikt von Jürgen Klinsmann. Keiner singt, keiner tritt irgendwo auf. Benny Lauth hat immerhin eine kleine Gastrolle in einem Lied, das heißt ,Budenzauber'. Er spricht nur einen Satz, singen wollte er nicht. Seither trifft er im Übrigen wieder. Der durfte mitmachen, weil Klinsmann ihm schon abgesagt hatte. Ich habe einen ganz guten Draht zu Philipp Lahm. Dem habe ich das Album schon zugeschoben. Vielleicht können wir der Nationalmannschaft so ein bisschen Drive unterschmuggeln.“ Für den Overdrive reicht es nicht ganz, aber für einen folgenreichen Nummer-eins-Hit.

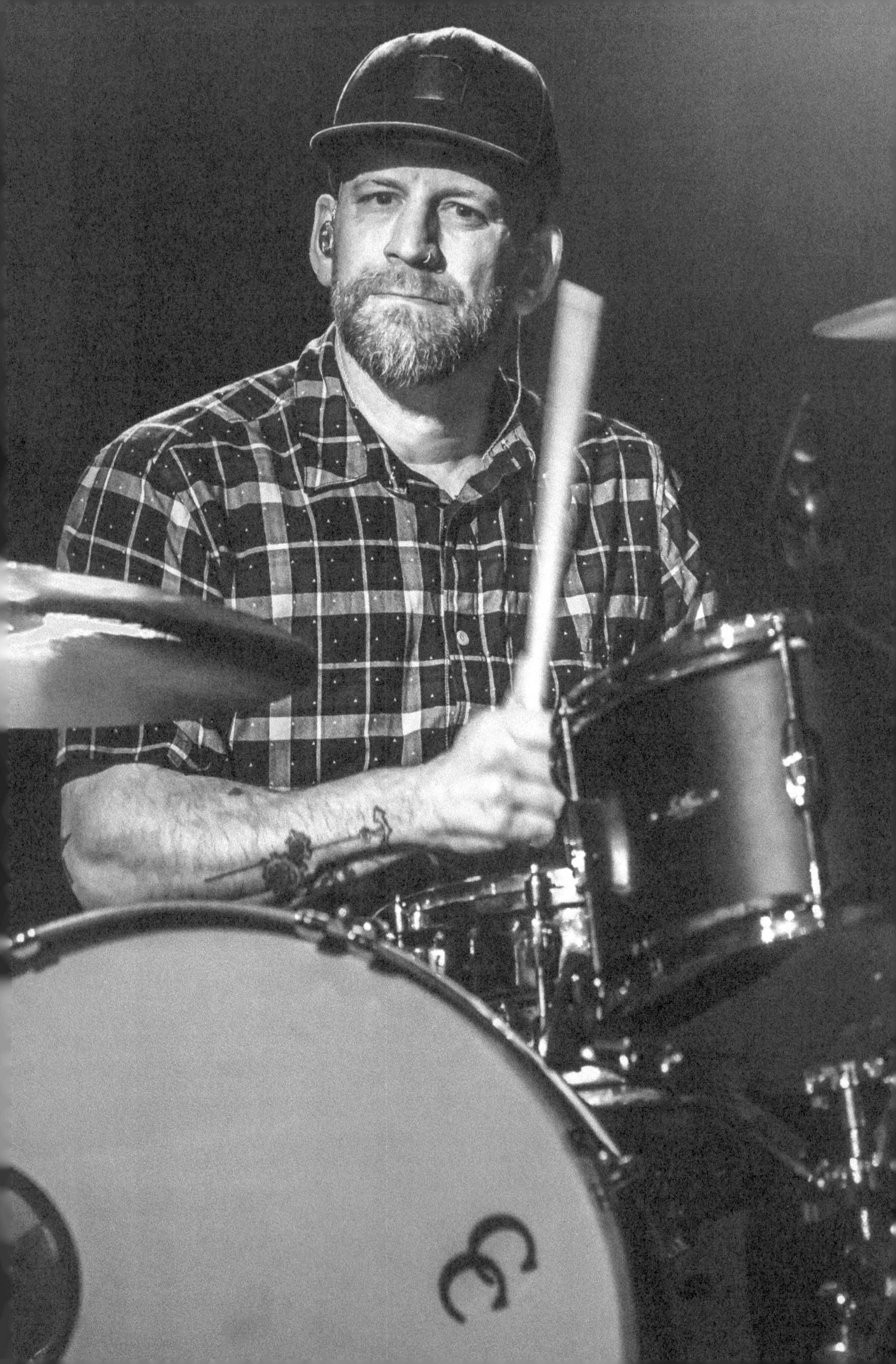

TEIL DREI
Vom finstersten Tag bis zur dunkelsten Nacht – wir geben auf dich acht

Mit Hymnen Gemeinschaft stiften

„Lobby" von der allerersten Mini-Disc *Macht doch was ihr wollt – Ich geh' jetzt!*, diese schelmische Klage eines Ersatzbankdrückers, ist bislang einer der wenigen reinen Fußballsongs der Sportfreunde. „Ich Roque" ist auch ein Kicker-Lied oder „'94", aber mit Abschweifungen. Nun folgen elf Fußballsongs auf einen Schlag anlässlich der Weltmeisterschaft im eigenen Land im Sommer 2006 mit dem Album *You Have To Win Zweikampf*. Im Frühjahr 2006 sagt Peter lachend: „Der WM-Song war ja das Fernziel unserer Karriere." Er erklärt die Hintergründe: „Als der Auftrag vergeben wurde, Ende 2004, Anfang 2005, waren wir gerade komplett fertig vom Touren und wollten nichts wissen von Musizieren und WM-Songs. Da hatten wir dringend eine Pause nötig." Doch wenig später entsteht „'54 – '74 – '90 – 2006". „Wir wollen den WM-Song der Herzen machen, der sich wie ‚Three Lions' hintenrum in die Stadien drückt", sagt Peter, und Flo ergänzt: „Unser Lied wird früher oder später der inoffizielle WM-Hit. Und sei es 2010."

Offizielle Aufträge hatten zuvor u. a. Bon Jovi oder Anastacia erhalten. 2006 ist Herbert Grönemeyer dran: Sein Beitrag heißt „Zeit, dass sich was dreht" und erscheint im Mai 2006. Die Single erreicht im Juni Platz eins der Charts, Grönemeyers zweite Spitzenplatzierung überhaupt. Eine kleine Umfrage 17 Jahre später zeigt: An Grönemeyers Lied erinnern sich die wenigsten, an „'54 – '74 – '90 – 2006" die meisten. Vielleicht hängt das mit den historisch konkreten Hinweisen, mit den exakten Jahreszahlen, mit der Zuversicht der Sportis zusammen, mit ihrem Optimismus und dem Wortwitz – Ironie inklusive („nicht die höchste Spielkultur – nicht besonders filigran – Träume und Visionen – in der Hinterhand ein Masterplan – langer Weg aus der Krise – aus der Depression – die Devise – rauf auf den Fußballthron – Wunder – Glück – verdienter Lohn – Sensation"). Es ist ein einfacher, aber einprägsamer Einfall, schon im Titel die Erfolgsjahre der DFBler aufzuzählen, so wie neun Jahre davor die prägenden Jahre Jack Kerouacs.

Flo und Kollegen vor der WM: „Es war ein lang gehegter Wunsch, eine WM-Hymne zu schreiben. Peter und ich haben schon als Zehnjährige davon gesprochen, selbst mitzuspielen. Als 18-Jährige haben wir gemerkt, zum Fußballspielen reicht es nicht, vielleicht aber zur WM-Hymne. Wir hatten so viele

Ideen, bis wir dachten, wir machen ein ganzes Album.“ Rüde: „Wir hoffen, dass die Songs zu Stadionhits werden, auch weil es zu wenige Stadionlieder in Deutschland gibt. Fans schreien höchsten die Namen der eigenen Mannschaft oder die Torstände und mal ‚Yeah‘. Ganz wenige haben Vereinshymnen, die den Namen auch verdienen. Ich hoffe schon, dass das eine oder andere Lied mehr Herzblut ausdrückt.“ Peter: „Wir haben ‚’54 – ’74 – ’90 – 2006‘ für die WM geschrieben. Mal schauen, wie lange die deutsche Mannschaft mitmacht, dass das Lied geschmettert werden kann. Ich bin auch gespannt, wie die Platte für Mädels ist, ob sie darüber die Liebe zum Fußball entdecken. Das ist meine Hoffnung, weil alles top erklärt wird. Und wenn man sie gehört hat, hat man das Wissen, um bei den Jungs zu punkten. Zum Beispiel, um Sätze zu sagen wie: ‚Heute ist ja typisches Fritz-Walter-Wetter.‘“

Wie bei *Burli* gibt es auch im Vorfeld von *You Have to Win Zweikampf* Diskussionen mit der Plattenfirma: „Da kann man sich totdiskutieren. Ist es clever? Verliert man Mädels, gewinnt aber eine Million *Kicker*-Leser? Es war einfach ein Spaß, die Platte zu machen“, erinnert sich Flo. Peter verweist auf den Erfolg von *Burli*. „Ein gutes Gefühl haben wir daraus gezogen. Dass man sich nicht hat verbiegen lassen, und dann kommt so was, das gibt einem schon Bestätigung.“ Und Rüde: „Im Moment haben wir schon das Gefühl, sehr frei arbeiten zu können. So lange man erfolgreich ist, ist natürlich alles cool, und alle sind nett zu einem.“

Ob die Sportis Karten für WM-Spiele bekommen, bleibt ein Thema. „Wir hätten welche kriegen können, wenn wir beim Fußballturnier einer Firma mitgemacht hätten“, sagt Peter. „Das ist so armselig. Da wird versucht, auf Biegen und Brechen Leute für lau für Werbeaktionen einzuspannen. Statt dass sie die Karten den Leuten geben, die gern Fußball schauen, kriegen sie die Leute, die sich dafür zum Affen machen. Da hab ich einfach keinen Bock drauf“, ärgert sich Rüde.

Peter schreibt kurz vor Beginn der WM ein Porträt über den für die Nationalmannschaft nominierten Thomas Hitzlsperger: „Was man so wusste über ihn: ‚Boahh, ey, der spielt in England in der Premier League, und die nennen ihn dort *den Hammer – se hämmer*. Bei Aston Villa ist er der Publikumsliebling‘ … Vielleicht wird er der Günter Hermann 2006. Hermann wurde 1990 Weltmeister, spielte aber keine Minute.“ Peter sagt, er freue sich sehr auf die Spiele:

„Wir sind stark im WM-Fieber. Wir sammeln Panini-Fußballbilder, lernen die Namen der Spieler auswendig, auch der Exoten wie Lebo Lebo aus Angola. Wir bereiten uns vor, wann welches Spiel stattfindet, damit man dann auch die passenden Speisen zubereiten kann – zum Beispiel ein Barbecue, wenn die USA spielen. Zum Eröffnungsspiel koche ich Sauerkraut mit Bohnen, die beiden Grundnahrungsmittel von Deutschland und Costa Rica."

Das Festival Rock am Ring findet vom 2. bis 4. Juni 2006 am Nürburgring in der Eifel statt. Es spielen 95 Bands auf vier Bühnen. Die Sportfreunde treten auf der Center Stage auf und begeistern mehrere Zehntausend Zuschauer. Nora Tschirner ist als Reporterin nach dem Gig im Konzertgraben (fast) sprachlos. „Was da vorhin passiert ist, liebe Sportfreunde Stiller, da ist nicht mehr so viel Platz gewesen für andere Emotionen. Aber man muss auch sagen: Wie man in den Wald hineinruft. Ihr seid so charmant, ihr Mäuse, dass die [sie deutet auf die Menschenmassen] einfach auch zurück charmant sein müssen."

Im Gespräch mit Makus Kavka auf dem Sonnenbalkon zeigen die Germeringer sehr deutlich, wie erpicht sie darauf sind, dass „'54 – '74 – '90 – 2006" zum deutschlandweiten Stadion-Hit wird. Kavka: „Es war eine Atmosphäre wie im Stadion." Flo: „Ich hab, als wir ‚Ich Roque' spielten, einen Blick durchs Publikum gewagt und dachte mir auch, hinten, an der Alterna Stage, springen die zu unserem Lied. Ich war sehr verwundert. Selbst die andere Band bewegte sich in unserem Takt." Kavka: „Eure aktuelle Hit-Single ‚'54 – '74 – '90 – 2006', ich glaube, die hat heute die Feuertaufe bestanden, offizieller WM-Song zu werden." Peter: „Ich dachte mir heute einen Moment, dass sie es vielleicht schaffen könnte, am 9. Juni in der Arena in München gesungen zu werden von den Leuten. Das wäre mein großer Wunsch. Davon träumen wir natürlich. Heute hatte ich schon ein bisschen so ein Gefühl davon gehabt." Kavka: „Ich habe noch nie so viele Leute einen Fußballsong singen hören. Ich glaube, dass sich das durchsetzt in den Stadien im Laufe der WM." Rüde: „Da muss man mit guten Freunden zusammenarbeiten und das Ganze dann dermaßen in die Ohren hineinknallen." Kavka: „Das ist ein guter Vorschlag. Ich bin am 9. im Stadion. Ich werde es singen. Ich werde es anzetteln." Flo: „Da haben wir schon einen, der das anstimmen wird. Danke, Markus!" Rüde: „Wir haben die Macht, einen Fangesang anzustimmen schon mal gespürt. Peter und ich waren in Mailand beim Champions-League-Finale Bayern gegen Valencia. Und Peter und ich …“ Peter: „Wir streiten ja bis heute, wer’s wirklich war. Ich glaube ja, ganz klar ich, weil der Rüde ja keinen Dunst hat, wer der Freistoßschütze jetzt sein soll, und das sollte ja Mehmet Scholl sein. Und wir haben ‚Mehmet‘-Schlachtrufe initiiert in der Kurve, und dann – 50.000 Münchner – haben alle ‚Mehmet‘ geschrien.“ Rüde: „Und die Melodieführung, so, ‚Mehmet Scholl‘, nur so für dich, Markus, um dir Mut zu machen: Das geht.“ Kavka: „Ich bin auch fankurvenerprobt, deshalb werde ich das inszenieren am 9. Und wenn ihr dann das am Fernsehen sehen werdet, dann wisst ihr, wer’s war. So, wir haben jetzt Live-Bilder von diesem denkwürdigen Auftritt hier von euch.“

Am 7. Juni 2006, zwei Tage vor Beginn der WM, wird das Fanfest vor dem Brandenburger Tor mit 250.000 Besuchern eröffnet. Mit dabei u. a.: Pelé, Sir Bobby Charlton, Jürgen Sparwasser, Paul Breitner, Klaus Wowereit, Oliver Bierhoff (zugeschaltet) und für ein fast fünfstündiges Konzert u. a. Gianna Nannini, Nelli Furtado, Ronan Keating, Andrea Bocelli, die Simple Minds und die Sportfreunde Stiller. Danach wird es erstmals in der Geschichte der WM Fanfeste an zwölf Spielorten geben. Schon beim ersten Spiel – und Sieg – der deutschen Mannschaft wird an unzähligen Orten der hoffnungsvolle Sporti Song „’54 – ’74 – ’90 – 2006“ gespielt. Die Idee für „’54 …“ hatte offenbar Flo, „nachts um eins, im Fernsehen lief *DSF Hattrick*, die zweite Liga, ich saß in Unterhose auf dem Sofa und die Gitarre auf dem Schoß, da ist mir das Lied eingefallen.“ Die Sportis ordnen die Song Credits in den Booklets seit *Burli* nicht mehr einzeln zu. Hauptsache Marc weiß, wer am Ende wie viele Tantiemen für welche Lieder bekommt.

Bob Marley sagte 1980 nach einem Spiel in Kingston: „Fußball ist Musik.“ Jedes WM-Spiel beginnt mit Musik. Die Nationalhymne wird mehr oder weniger vom Publikum und den Spielern mitgesungen. Auch Popsongs wollen wie die Hymnen Gemeinschaft stiften. Das gemeinschaftliche Erlebnis im Stadion wird durch geeignete Songs verstärkt. Sarah Kuttner sagt in einem Interview: „Bei aller Sympathie für die Sportfreunde, jedem Respekt vor dem Lebenswerk Herbert Grönemeyers und tiefer Achtung vor Franz Beckenbauers kompositorischen Fähigkeiten: Ich mag keine Funktionsmusik. Was soll denn bitte aus unserem Pop-Standort werden, wenn demnächst nur noch Eiskunstlauf-Themensongs und Schach-Fanfaren komponiert werden dürfen?“

Zusammengeschunkelt, eingeräuchert und in Bier eingeweicht

Allein in München entstehen zur WM zwei neue Initiativen, eine heißt „Deutschland kickt", die andere „Deutschland muss kicken". Die eine geht auf Marc-Michael Bergfeld zurück, die andere auf Georg Blenk. Es werden T-Shirts gedruckt in den Farben Schwarz, Rot, Gold mit den Worten „Wir" oder „Mut", und auf Webshops werden allerhand Fan-Artikel verkauft. Blenk hat zudem eine Maxi-CD produziert und bekommt dafür Nationalismus-Vorwürfe, die er unbegründet findet: Das liege vielleicht an den Farben, vielleicht am Namen der Band: Die Springer. Den Text des Titelsongs hat er selbst geschrieben: „Deutschland kickt. Alles klar. Wir sind fit und wieder da." Die Springer seien die nächsten Sportfreunde Stiller, so hofft der Jung-Unternehmer.

Medien beklagen eine Überproduktion an WM- und Fußballsongs. Statistiker zählen rund sechzig mehr oder weniger offizielle neue Kicker-Lieder. Darunter u. a. Werke von Max Raabe oder Sasha. Zudem will die Schallplattenindustrie auch die Backlist verkaufen: Jack Whites „Fußball ist unser Leben", Franz Beckenbauers „Gute Freunde kann niemand trennen" oder Gerd Müllers „Dann macht es Bumm" (hartnäckig hält sich das Gerücht, dass dieser Songtitel eine Inspiration für das folgende Sportfreunde Album *La Bum* ist). Das Online-Fußballsong-Archiv „FC45.de" enthält über 2.200 Einträge.

Die *Süddeutsche Zeitung* empfiehlt zu Beginn der WM „Die andere Top Ten", mehrheitlich mit Songs in englischer Sprache, aber auch mit Tomte: „Das hier ist Fußball" auf Platz zwei und Die Aeronauten: „Weltmeister" auf vier, Huah! „Geh nicht mit dem Fußballer" auf neun, jedoch ohne Sportfreunde. Einige Tage später steht in derselben Zeitung: „‚Mit dem Herz in der Hand und der Leidenschaft im Bein werden wir Weltmeister sein', singen die Sportfreunde Stiller, und München grölt mit ... Wie singen doch die Sportfreunde Stiller? ‚Die ganze Welt spielt sich um den Verstand, doch der Cup bleibt in unserem Land.' Auf der Leopoldstraße, dem Boulevard der Besinnungslosen, ist derzeit alles möglich." Und dort und in unzähligen TV-Berichten zappelt das Maskottchen Goleo mit. Eine Newcomer-Band namens Taxgas definiert ihre Musik als „Sportfreunde-Stiller-Rock".

Flo erinnert sich: „Ich hatte dann schon Karten. Du stehst da, mit den Fans, feuerst deine Mannschaft an, und dann wird dein eigenes Lied als Schlachtruf gesungen. Das war schon bärig. Ich hatte auch Karten fürs Achtelfinale Deutschland – Schweden. Aber die musste ich abgeben, weil wir plötzlich zu einem TV-Auftritt mussten. Erst war ich stinksauer. Aber dann war das sehr lustig. Da gibt man schon mal ein paar Fußballkarten ab, wenn man dafür mit Pelé Arm in Arm ein Foto machen darf."

Am Dienstag, 4. Juli 2006, ist es endlich nach einem achtwöchigen Duell mit Herbert Grönemeyer so weit. Die *dpa* beruft sich auf Media Control und meldet: Die Sportfreunde Stiller haben sich mit ihrem Song „'54 – '74 – '90 – 2006" an die Spitze der deutschen Charts gesetzt. „Zeit, dass sich was dreht" muss sich ab sofort mit Platz zwei begnügen. Aber tags darauf verliert Deutschland im Halbfinale gegen Italien mit 0:2. Aus der Traum. Gennaro Gattuso ist in Italien nun der Größte. Wie singt Peter in „Come sarà?" auf *You Have to Win Zweikampf?*: „La bellezza della Roma contro la fortezza della vecchia signora. La capricciosa squadra azzurra, un catenaccio con bella figura. Il calcio è il centro di te. Il grande amore. Il calcio è il destino di te che porta furore." Doch statt Furor und Public Viewing herrscht in Deutschland gerade Depression und Public Heuling, und es stellt sich ernsthaft die Frage, ob es jetzt charakterlos sei, in eine Pizzeria zu gehen.

Das Trio aus Germering schaut der Halbfinal-Niederlage, der Niedergeschlagenheit auf den Fanmeilen, dem Pizza-Unsinn und dem Fußball-Frust nicht tatenlos zu. Auf ihrer Webseite schreiben sie: „Waren wir nun der letzte zündende Funke, der das euphorisch-offensive Feuer der deutschen Nationalmannschaft entfachte, oder haben wir letztlich doch zu wenig musikalischen Beistand geleistet? An diesem traurigen Tag müssen wir einsehen, dass wir mit unserer Prophezeiung in Liedform haarscharf an der Realität vorbeigeschlittert sind." (Die Wortwahl erinnert an „Wunderbaren Jahren": „um eine Haaresspitze breit … vorbeigeschlittert"). Aber da ist auch Dankbarkeit: „Was war das für ein Freudenfest die letzten Wochen und wir mit unseren Liedern mittendrin, gesungen von Groß und Klein an jeder Ecke."

Vorsorglich hatten die Sportis nach dem Motto „nach der WM ist vor der WM" das Lied „'54 – '74 – '90 – 2006", das gerade auf Platz eins der Hitparade ist, schon vor Wochen in einer Variante aufgenommen. Der neue Song heißt nun „'54 – '74 – '90 – 2010", und Peter singt abweichend: „Die ganze Welt greift nach dem goldenen Pokal. Am Kap der guten Hoffnung probieren wir's noch mal. Als Gast in Südafrika wird unser Traum dann endlich wahr." Die Sportis stellen das Lied kostenlos ins Netz, aber die Webseite kollabiert. Sie verkraftet nicht die vielen Downloads.

Am Sonntag, 9. Juli, tritt die Band mit der Nationalelf am Brandenburger Tor auf. Und wieder heißt es vor der riesigen Fanmeile: „Eins und zwei und drei und vier-und-fünfzig …" Odonkor und Podolski und die anderen Kicker scharen sich neben Peter um das Mikro. Sie singen Backe an Backe. Schweinsteiger schnappt sich Sticks aus der Tasche und verkraftet locker die garstig-witzige Reaktion des Drummers und 1860er-Fans Flo: „Hau ab, du Bayern-Schwein." Flo – mit Nasenring und vielen Tattoos – definiert das Image des Drummers: „Schlagzeuger gelten als Tiere. Als maskuline, starke, verrohte Typen. Angesehen als Antreiber, Taktgeber, Brecher und Extrovertierte." Peter erläutert den Moment mit den DFBler so: „Die Spieler waren bei der Abschlussfeier schon auf der Bühne, als unsere Podeste mit den Instrumenten noch nach vorn geschoben wurden und das Halb-Playback bereits eingespielt wurde. Wir haben da also noch gar nicht gespielt, waren aber schon zu hören. Der Gesang war dann natürlich schon live. Schweini und Flo kannten sich von einer MTV-Sendung. Also hat Schweini sich die Sticks aus der Tasche genommen und mitgeklopft."

Die *Süddeutsche Zeitung* schreibt unmittelbar nach dem Auftritt am Brandenburger Tor: „Für Peter, Rüde und Flo war der Sonntag in Berlin der absolute Gipfel … Aus der alternativen Truppe, die noch vor einiger Zeit als bajuwarischer Abklatsch der Toten Hosen galt, ist eine der populärsten deutschen Gruppen geworden."

Jochen Temsch schreibt in der *Süddeutschen* kurz darauf einen klugen Text über die mögliche bevorstehende Entwicklung der Sportfreunde angesichts der Prognose, dass „'54 – '74 – '90 – 2010" zum Wiesn-Hit werden könnte. Zunächst spricht er von den „armen Sportfreunden" angesichts treuer Fans, die schon beim ersten Hören der „Mitgröl-Hymne" ein mulmiges Gefühl beschlichen habe, und nennt dann die aktuellen begeisterten Oktoberfest-Expertenstimmen: „Das ist ein absoluter Ohrwurm"; „Das erzeugt eine Wechselwirkung von Mitsingen und Maßtrinken"; „Der Song kommt auf allen Volksfesten narrisch gut an." Daher prophezeit Temsch den Sportis „ein grausames Schicksal" auf der Wiesn eingequetscht zwischen DJ Ötzis „Hey Baby", Smokies „Who The Fuck

Is Alice“, Lou Begas „Mambo No 5“, STS’ „Fürstenfeld“ oder Randfichtens „Holzmichl“. Die Blechblasversion von „’54 – ’74 – ’90 – 2010“ werde so lange verschwitzt und zusammengeschunkelt, eingeräuchert und in Bier eingeweicht, bis kein Mensch mehr jenseits einer Festhalle den Song ertragen könne. Temsch äußert noch die vergebliche Hoffnung, nach drei Maß Bier kriege man eventuell die Zahlenfolge nicht mehr korrekt zusammen. Er erinnert an den Song „Männer sind Schweine“, der 1998 zum Wiesn-Hit geworden war, woraufhin ihn die Ärzte auf ihren Konzerten nicht mehr spielten. Ein Kollege von Temsch bilanziert wenig später, der schon vorab als Wiesn-Knaller gehandelte WM-Hit „’54 – ’74 – ’90 – 2010, ja, so stimmen wir alle ein“ habe sich tatsächlich als „eingängiges Rauschmittel“ erwiesen. Wirte-Sprecher Toni Roiderer sagt: „So einen durchschlagenden Erfolg hat schon lange kein Lied mehr auf der Wiesn gehabt.“ Inzwischen wissen es auch Kleinkinder: 54 – 74 – 90 – 2010 ist nicht die Telefonnummer der Großmutter.

Einfach, fröhlich und euphorisch – mit grüblerischen Momenten

Mitte August 2006 spielen die Sportis in der Allianz Arena anlässlich des Bayern-Abschieds von Mehmet Scholl. Zudem treten auf Wunsch Scholls auch The Hidden Cameras aus Kanada mit lustvollem Folk-Pop auf. „Sowohl bei Spielern als auch beim Publikum scheint es immer noch viel Homophobie zu geben. Wir werden also für einige Zuschauer eine ganz schöne Zumutung sein. Das ist phantastisch“, sagt Joel Gibb, für den seine Gay-Identität und die seiner Bandkollegen selbstverständlich ist. Thomas Lechner von der Agentur Queer-Beat organisiert begleitend einen Auftritt mit 32 Musikern, Schauspielern und Tänzern. In diesem bunten Chor sind auch viele Münchner dabei: Die Moulinettes, Big Jim, Finca und andere. „Ich habe viele auf den Rängen tanzen sehen“, freut sich Lechner.

Im November 2006 ehrt das Herrenmagazin *GQ* die „Männer des Jahres“. Das animiert die *Süddeutsche Zeitung*, eine eigene Auswahl zu treffen, darunter befindet sich in der Kategorie „Absahner des Jahres“ Peter Brugger mit der Begründung: „Er hat mit seinen Sportfreunden dreifach abgesahnt: Die Combo übertrug den einst kommerzkritischen Independent-Gedanken geschmeidig auf das mainstreamigste Ereignis, das München zu bieten hat, verlängerte die volkstümliche WM-Euphorie über alle Maßen in den Herbst hinein und machte dabei Kasse für sich und einige Brauereien … Kein Mitleid: Wie man ins Festzelt hineinruft, so grölt es halt zurück."

Im Gegensatz zur Single „'54 – '74 – '90 – 2006" schafft es das ziemlich spontane und monothematische Konzeptalbum „nur" bis auf Platz zwei der Charts. Es erscheint nicht wie bisher bei Motor Music, sondern bei Vertigo Records, einem Major Label, das sich wie Motor auch unter dem Dach von Universal befindet. Zu den bisherigen Sponsoren gesellen sich u. a. Sennheiser und Fender hinzu. Für die meisten Songs zeichnet wieder „Hoffe" im Casa Pepe Studio in Jávea als Produzent verantwortlich. Einige werden im Gaga Studio in Hamburg aufgenommen, manche in Bochum. Die Besonderheit: *You Have to Win Zweikampf* ist vermutlich das erste reine Kicker-Album einer Band im deutschsprachigen Raum, möglicherweise weltweit. Titelgebend ist ein Satz von Bixente Lizarazu, der noch bis Mai 2010 für den FC Bayern spielt. In alter Sporti-Tradition befindet sich kein gleichnamiger Song auf dem Album. Und lediglich ein Song ist gecovert: „Pogo in Togo", ein NDW-Hit für die United Balls von 1981. Die anderen zehn sind offenbar das Gemeinschaftswerk des Trios, das auf der Suche nach dem einen und einzigen WM-Song über Erwarten sehr fündig geworden ist. Besonders originell ist „Eine Liebe, die nie endet", ein Schmachtfetzen, bei dem man schon genau hinhören muss, um zu verstehen, dass es nicht um die Geliebte, sondern um den geliebten Fußball geht. Romantischer lässt sich das Leder nicht anbeten – erstmals mit echten Streichern auf einem Stiller-Album. Und wie immer gibt es Wortkombinationen in den Songs, die mit bestehenden spielen und sich einprägen: „Schweiß, Blut und Freudentränen" …

Am 30. November 2006 steht die Bambi-Verleihung, moderiert von Eva Padberg und Harald Schmidt, im Zeichen der Fußball-WM. Sönke Wortmann erhält einen Preis für seinen Film *Deutschland. Ein Sommermärchen.* Die Sportis bekommen keinen Bambi, aber sie sind mit von der Partie: „Strange Kreise" seien das gewesen, erinnert sich Peter. Er ist der Laudator für das Torwartduo Jens Lehmann und Oliver Kahn. Gut zu sehen im Fernsehen, wie er Conny, der Spielerfrau von Jens Lehmann, auf das Spaghettiträgerkleid steigt. Und Flo sitzt beim Festessen der schwedischen Königin Silvia gegenüber und überlegt sich, ob er mit ihr flirten könnte. Schließlich schaut Bundespräsident Köhler bei der Germeringer Band vorbei und sagt: „Dufte, was ihr da macht!" Peter meint: „Am Ende hatten wir alle das Gefühl: Jetzt müssen wir mal ein bisschen Pause machen mit dem Fußball-Zeug. Es war dann einfach an der Grenze. Wir wollte nicht als Deutschlands Fußball-Band enden."

Die Sportfreunde arbeiten an ihrem fünften Studioalbum *La Bum* (es wird ihr erstes Nummer-eins-Album werden) und an der sich daran anschließenden großen Tour, als sie im März 2007 den Echo erhalten als „WM-Einpeitscher" in der Sparte Rock/Alternative National für *You Have to Win Zweikampf* – vor den Toten Hosen (*Unplugged im Wiener Burgtheater*), Madsen (*Goodbye Logik*), Mia (*Zirkus*) und Oomph! (*GlaubeLiebeTod*).

Als Peter einzählt: „Eins und zwei und drei und vier und fünfzig …" kommt prompt Stimmung im ganzen Saal auf. „Das Wichtigste an der WM war doch, dass wir Deutsche mit anderen Völkern einen Multikulti-Moshpit aufgemacht haben", sagt Flo rückblickend. Im April unterstützen die Sportfreunde die Straßenzeitung *Biss* und ihren Spendenaufruf zum Gefängnisumbau: Aus dem Frauenknast am Neudeck soll das Hotel Biss entstehen. Bei Charity-Veranstaltungen singen die Sportis: „Willkommen in einer neuen Zeit. Ein kleiner Schritt für uns, ein großer für die Menschlichkeit."

Die Pressearbeit für *La Bum* beginnt zwei Monate vor Erscheinen des Albums, obgleich es noch gemastert wird und der Titel noch gar nicht feststeht. Die Sportis machen es im Juni 2007 in München daher mal wieder kleinteilig: Sie spielen Guerilla-Gigs in München, beispielsweise am Geschwister-Scholl-Platz: Ein winziges Open-Air-Überraschungskonzert mit kleinen batteriebetriebenen Verstärkern und rudimentären Drums. Straßenmusik? Immer mehr Passanten bleiben stehen. Manche denken zunächst, das sei eine Coverband. Marc Liebscher schmunzelt in sich hinein. Er hat niemanden informiert: keine Fotografen, kein Radio, kein Lokal-TV, keine Zeitungen. Nur Josef Winkler vom *Musikexpress* ist eine Ausnahme. Er weiß Bescheid, hat schon davor einige *La Bum*-Songs in der Redaktion gehört. Aber Passanten rätseln: Die Songs sind unbekannt, aber sie klingen so ähnlich wie … Jetzt spricht es sich herum. Das sind wirklich die Sportis.

In einer Pause fängt ein Zuschauer an: „Eins und zwei und drei und vierundfünfzig, vierundsiebzig …", und alle stimmen ein – nur die Sportis nicht.

Außer Flo: Der hilft ein wenig mit seinem Mini-Schlagzeug. Die anderen zwei lächeln. Der Gassen- und Partymeilen-Hauer des vergangenen Jahres faded fröhlich aus. Später kommt die Polizei. Flo erinnert sich: „Da kamen die an. Böser Blick und alles. Und dann hat der eine mich so angeschaut, und es sind ihm ganz kurz die Gesichtszüge entglitten, ein leicht zweifelnder Blick, und er so: ‚Scheiße, ihr seid ja die echten.' Wir sind dann mit denen zu ihrem Wagen, und da haben sie noch recht ernst die Personalien aufgenommen. Aber als sie dann tatsächlich mit so Autogramm- und Fotowünschen rüberkamen – das war schon eine lustige Wendung. Und einer wollte wissen, ob Schweinsteiger eigentlich wirklich Schlagzeug spielen kann."

Einige Tage später spielen die Sportis vor 300 geladenen Gästen im Backstage Club die neuen Lieder von *La Bum*. Kurz davor, im Backstage des Backstage, gehen sie etwas nervös, aber gut gelaunt zur Akustikgitarre einige der noch nicht so vertrauten Songs durch. Und dann erklingt plötzlich Bob Marleys „Redemption Song" im Raum. Die drei schmettern die Erlösungshymne a cappella. „Die Sportfreunde sind eine der besten, wenn nicht die beste Live-Band Deutschlands. Sie schaffen es, ihren inneren Energieüberschuss auf die Musik und das Publikum umzuleiten. Dazu müssen sie nicht die besten Musiker sein, weil sie die besten Unterhalter sind", schreibt die *Süddeutsche Zeitung*.

Die Sportis klopfen wie gewohnt viele Sprüche während des Gigs, „einige an der Grenze des guten Geschmacks" im Sex-Kontext, andere sind „die üblichen Frotzeleien über Fußball". Tags darauf geben sie mehrere Interviews. Trotz ihres WM-Erfolgs bleiben sie ausgesprochen höflich und erdverbunden. Allüren sind ihre Sache nicht. Dirk Wagner richtet den Blick aufs Regionale: „Ich glaube, Grund für den Erfolg ist auch diese Baggersee-Herkunft, also dieses Germering, diese Vorstadt-Stimmung. Sie prägt Teenager. Und damit können sich nun mal auch viel mehr Jugendliche identifizieren als mit dem glitzernden City-Lifestyle. Die Sportis stehen nicht wie andere Rockstars für Berlin, London oder New York. Bundesweit gibt es viel mehr Baggerseen als Metropolen. Auch in Frankfurt, Düsseldorf, Köln oder Hamburg werden die Sportis als Kumpels gefeiert, nicht als Pop-Idole."

Die *Süddeutsche Zeitung* schreibt: „Fast jedermanns Lieblinge: Die Sportfreunde sind freundlich und menschenlieb durch das Kraftfutter des Erfolgs." Gleichzeitig sprechen sie von der Nervosität, die sie vor dem Konzert zu *La Bum* verspürten, denn bei jedem neuen Song stelle sich die Frage, wie er beim Publikum ankomme. „Es ist eine melancholischere, sehnsüchtigere Ebene in den neuen Liedern. Damit wollen wir uns von diesem Fanmeilen-Hype ein wenig absetzen. Aber wir mögen unsere Musik so, wie sie ist. Und die war schon immer einfach, fröhlich und euphorisch – mit grüblerischen Momenten", sagt Peter.

München: Homebase of the Bumpels, Gästelistenkontingent 500 Personen, ausgeschöpft

Für den ersten Oktober wird ein Konzert in der Olympiahalle angekündigt im Rahmen einer großen Tournee nach drei Jahren Pause vom Unterwegssein. Flo spitzt schon den Stift für das geplante Buch *Tourbo-ok.* Peter erklärt, wie es zum Albumtitel gekommen sei: „Wir haben neun Monate daran gearbeitet. Jetzt labern wir uns die Lippen fransig darüber. Abends sind wir völlig verspult von dem Blödsinn, den wir erzählen. Wir hatten für den Titel viele kluge Sätze aufgeschrieben. Alles nervte. Rüde beendete die Diskussion dann mit ‚Bumm'. Mit ‚La' davor ergeben die Buchstaben übrigens ‚Album'." Auf Titelsuche meinte Rüde: „Es muss etwas sein, das zum Ausdruck bringt, dass man die Platte reinmacht und es dann sofort ‚bumm' macht." Zudem klingt im Titel der französische Film *La Boum* (Die Fete) an, eine Teenagerkomödie mit Sophie Marceau, die 1981 in die Kinos kam. Flo ergänzt: „*La Bum* ist tatsächlich sportfrei." Und Peter erinnert sich: „Die Fußballplatte war ein zunächst als Mini-CD geplanter Schnellschuss. Sie war wie ein Befreiungsschlag für die ersten Versuche zu *La Bum.* Als wir uns danach wieder an das Album setzten, hatten wir eine viel bessere Kommunikation – und diesen Wahnsinnssommer erlebt."

Ein Journalistin sagt während der *La Bum*-Gespräche: „Tocotronic ohne Gehirn. Ärgert euch so was?" Flo antwortet: „Solche Vergleiche kamen so oft. Es lohnt sich nicht, darüber zu sprechen. Wir waren von der ersten Minute an komplett anders, das wollen manche nur nicht sehen. Damit müssen wir leben." Und Rüde: „Mit so einem Satz spricht man den Leuten, die auf unsere Konzerte gehen, das Denken ab. Jeder hat seine eigene Ästhetik und Ausdrucksweise. Es ist überhaupt schon eine Kunst, zusammenzufinden als Band."

Flo erzählt von der Entstehung von *La Bum*, von den Zweifeln bei den Aufnahmen, von den Versuchen, anspruchsvoller zu werden. „Ist das nicht zu einfach? Wiederholen wir uns nicht? Wir haben rumprobiert, umgeworfen und gemerkt: Mensch, viel zu kompliziert, zu verkopft. Das sind nicht wir. Für einen brutalen Stilwechsel fühlen wir uns noch nicht bereit … Wir haben experimentiert, komplexere Lieder ausprobiert, dann aber gemerkt: Das zündet bei uns nicht. Die Musik muss einen selbst kicken, damit die Leute das auch spüren." Und Peter ergänzt: „Wir haben schon auch das Bedürfnis nach einer Entwicklung, aber nicht nach einem stilistischen Bruch. Dafür sind wir musikalisch nicht talentiert genug, müssten zu viel Kopfarbeit reinstecken. Ich musiziere lieber aus dem Bauch."

Flo berichtet von der Song-Zusammenstellung: „Das Interessante ist, dass genau diese 11 Lieder uns komplett aus dem Herzen sprechen. Wir hatten insgesamt 19 Lieder aufgenommen und echt Bammel davor, uns auf eine Auswahl zu einigen. Wir haben uns dann den Spaß gemacht, jeder für sich seine Lieblingslieder aufzuschreiben, und es waren genau 11 Übereinstimmungen. Diese 11 Lieder haben wir dann auf das Album genommen. Ich glaube schon, dass jeder unter denen noch mal seinen persönlichen Favoriten hat, aber letztendlich sind das die 11 Lieblingslieder von uns allen."

Peter erzählt, dass die jahrelange Suche nach einem guten Proberaum ein Ende gehabt habe, dass die ersten Skizzen zu *La Bum* in einer idealen Umgebung mit kleinem Studio entstanden seien. „Wir haben diesmal sogar Kapodaster eingesetzt [Geräte, um die schwingende Länge der Saiten zu verkürzen]. Ich finde, das sagt viel, dass wir uns Gedanken gemacht haben, in welcher Tonhöhe das vielleicht besser zur Stimme passt. Aber ich find auch gut, dass die Musik dieses ‚eins, zwei, drei, los!' noch hat. Das war mir wichtig, dass es nichts Verkopftes, Konstruiertes wird, weil man auf Teufel komm raus was anderes macht, weil man an einem Scheidepunkt der Karriere steht oder so." Peter singt denn auch passend im rockigen Album-Opener: „Ich schaue mich immer wieder fragend an – und was kommt dann? Wie lautet der Titel vom nächsten Kapitel?"

Journalisten greifen die Frage auf. Flo antwortet: „Unser nächstes Kapitel wird sein, dass wir wieder ordentlich auf den Putz hauen" (das heißt, auf Tour gehen). Als erste Single wird der zweite noch etwas fetzigere Track „Alles Roger" Ende Juli vorab veröffentlicht. Hier wird geschmunzelt: „Bebop ist kein Schlitten. Die

Sugerbabes sind nicht Atomic Kitten … Niveau ist keine Crème. Empathie ist kein Problem. Nachhaltig stellen wir fest: Asinus humanum est … Alles Roger, alles wunderbar. Ja, ne, nix ist klar. Wer ist Roger?" In „995er Tief über Island" gibt es das erste und zaghafte Gitarrensolo Peters zu hören und die Sehnsucht nach Meer mit der „Wunderbaren Jahren"-Stimmung: „Ich gleite durch die Stadt, anstatt durchs kühle Nass, und werd das Gefühl nicht los, dass ich etwas verpass." Weitere Aperçus: „Mein Herz steckt im Kopf, und mein Kopf steckt im Sand, darum kann ich mein Herz nicht richtig hören"; „Du machst den Unterschied, wie eine Brille, mit der man bunter sieht … bist cool, aber nicht kühl, und ziehst mich mit, gibst mir in der Not Asyl. In unserem Hit spielst du den Beat"; „Ein Blick zurück, egal, ich lass es gerne sein. Die Aussicht auf dich lädt zu weit Sehenswerterem ein"; „Ich werde mich dir empfehlen bis in alle Zweisamkeit."

Bei der Konzeption von *La Bum* ist für das Trio wichtig, wie die Songs live klingen: „Das fand ich so interessant mit dem Spielen auf der Straße: Dass auch Lieder, die auf der Platte relativ komplex wirken, auch einfach nur so gehen, mit dem Rotzverstärker", sagt Peter. Und später, auf der Bühne, nach Stärken und Schwächen gefragt: „Flos Stärke ist zum Beispiel, so fest reinzuholzen, wie es nur irgendwie geht. Und uns an Lautstärke und Geschwindigkeit zu übertrumpfen. Er sieht Musik auch eher als Wettkampf. Er will immer schneller fertig sein mit dem Stück als wir. Unsere Stärke? Tonal ein sehr gefestigter, guter Gesang (alle lachen) – das gehört natürlich zu den Schwächen." Flo: „Und wir haben ja einen Keyboarder, und das ist der Rüde mit seinem Fuß. Und bei ein paar Liedern, wo uns auch live der Geigenalarm wichtig ist, kommt der halt dann vom Band. Da drück ich drauf und fertig. Damit haben wir uns einfach abgefunden, das macht uns nichts aus." Rüde singt fünf Zeilen, den Mittelteil seines Songs „Sodom". „Ich hab Gesangsunterricht genommen. Ich bin lang noch nicht bühnenreif. Ich fänd's so fein, in ein paar Jahren oder so, wenn wir echt mal zu dritt singen könnten", sagt Rüde. Peter ergänzt: „Da ist eine Band wie Mando Diao schon anders gesegnet. Wir haben halt so einen Zweidrittelsänger, einen Viertelsänger und einen Achtelsänger in der Band."

Im August 2007 erscheint *La Bum*. Das Album ist ein Erfolg, obwohl es keinen großen Hit enthält. „Alles Roger" schafft es auf Platz 22, und die zweite Auskoppelung „Was dein Herz dir sagt" kommt nicht über Platz 55 hinaus.

Im September 2007 wird der neue Kunstrasen für den SV Germering eingeweiht. Die regionalen Medien berichten: „Das Eröffnungsspiel zwischen zwei Vereinsmannschaften des SVG und des SC Unterpfaffenhofen-Germering endete mit 6:2 für den SVG. Mit dabei war auf SCUG-Seite auch Hansi Stiller, der den SVG einst als Trainer in die Bezirksoberliga führte und der Namensgeber für die Germeringer Rockband Sportfreunde Stiller ist.“ Der Trainer ist stolz auf seine Jungs und besucht immer deren Gigs, wenn sie in der Nähe sind.

Die große *La Bum*-Tour beginnt am 17. September in der Porsche-Arena in Stuttgart. Flo füllt die Pausen mit Schreibarbeit. So notiert er jeweils den Satz des Tages. Diesmal stammt er von Rüde: „Es gibt Volkslieder, die möchte ich nicht geschrieben haben.“ Zum Soundcheck übertreibt Flo: „Peter versuchte im Liegen eine Setlist zu schreiben und gleichzeitig Gitarre zu spielen, während er eine für ihn zu große Portion Mahlzeit verdrückte. Multi-Peter. Ich haute üblicherweise mit Wucht auf Kuhhäute und sang, weil Peter das vergaß.“ Die gesammelten Journal-Einträge erscheinen später im Foto-Band *Tourbo-ok*, der heute eine bibliophile Rarität ohne ISBN ist.

Am 28. September treten sie in Leipzig auf. Flo schreibt: „Im Fokus der nachmittäglichen Zeitvertreibung stand ein Treffen mit der Organisation ‚Laut gegen Nazis‘. Zusammen mit diesen und acht jungen Menschen aus Leipzig tauschten wir Erlebnisse, Erkenntnisse und Perspektiven zur Bekämpfung des sozialen Problems ‚Rassismus/Nationalismus‘ aus. (Aufstehen, NICHT wegsehen. Hilfe holen (mit Handy ganz leicht), Verbünden!!!).“

Wenige Tage vor dem ganz großen Konzert am 1. Oktober ist die Olympiahalle noch nicht voll. Die Regionalzeitungen bringen Vorberichte mit prominenter Platzierung der Kartentelefonnummer. „Münchens Optimisten-Rocker Sportfreunde Stiller singen wieder fußballfreie Lieder“, freut sich die *Süddeutsche Zeitung*. Und nach dem Gig feiert Jochen Temsch: „Sportfreunde Stiller in der Olympiahalle besser denn je … letztlich ist die Botschaft stets eine Variation der alten legendären Zeile: ‚Du und ich und sonst noch ein paar Leute, wir sind auf der guten Seite.‘ … Die Sportfreunde minus WM-Hit minus eine Million Fans am Brandenburger Tor minus Videoleinwand minus Olympiahalle: immer noch drei Jungs mit Instrumenten, die gerade auch im Germeringer Jugendzentrum spielen könnten. Aber besser denn je.“

Flo notiert in sein Tour-Book: „Hier bin ich Mensch, hier darf ich's sein … Auszug aus dem ‚Heimatlied'. Heimat ist nicht, wo man herkommt, sondern wo man sich wohlfühlt. Wir kommen noch dazu her, wo wir uns wohlfühlen. München. Homebase of the Bumpels and the Hood. City of Beergardens and Parkanlagen. Center of the families. Gästelistenkontingent: 500 Personen. Ausgeschöpft." Weiteres Notat Flos im Lauf der Tour: „Peter disziplinierte Schülerzeitung und Radiostation mit Interviews. Rüde versuchte stundenlang, sich auf YouTube einen Basslauf von Flea (Peppers) anzueignen. Er schnitt dabei die wildesten Fratzen." Impressum: „Idee: Sportfreunde Stiller. Konzept, Gestaltung und Herstellung: Kai Büschl, Büro B, www.graphic-o-rama.de. Texte Kompletto: Flori Weber. Korrektorat: Michi Sailer."

Wir haben 2010 kein Rückkehrdatum vereinbart

Stiller-Freund Mehmet Scholl hat vor Monaten angekündigt, er werde nach seinem Abschied vom FC Bayern bei der Band ein Praktikum machen. Aber dazu kommt es nicht. Marc Liebscher erklärt im November 2007: „Er hat sein Praktikum nie angetreten. Ich sag das mal so: Da hat der Mehmet den Mund zu weit aufgemacht und dann den Schwanz eingezogen. Aber er kann das Praktikum jederzeit nachholen."

Im Januar 2008 stellen die Sportfreunde Stiller ihr Lied „Antinazibund" online. Es wird in kürzester Zeit 50.000 Mal gratis von ihrer Webseite geladen. Gleichzeitig wird bekannt, dass zwei rechtsextremistische Listen in München an den Stadtratswahlen teilnehmen werden, die „Bürgerinitiative Ausländerstopp" und die „Bürgerbewegung Pro München". Oberbürgermeister Christian Ude (SPD), Charlotte Knobloch (Präsidentin der jüdischen Kultusgemeinde – nimmt teil, ergreift aber wegen des beginnenden Sabbats nicht das Wort), Helmut Schmid (Münchner DGB Vorsitzender), Annette Kahane (Leiterin der der Antonio Amadeu Stiftung und Mitveranstalterin) sowie einige andere und die Sportfreunde selbst sprechen wenig später vor der Feldherrenhalle auf einer Kundgebung mit mehr als 1.000 Teilnehmern gegen Rechtsextremisten, zu der die Initiative „Laut gegen Nazis" und die Sportfreunde Stiller als

Initiatoren aufgerufen haben, die dortselbst auch als Musiker auftreten, um etwas zu unternehmen „gegen die wiederaufkeimende Nazikacke". Sie singen: „Trendsetter, Styler und Langeweiler, Hip-Hopper, Postrocker und Abseiler, Dickhäuter, Warmblüter, schwere Gemüter, Rentner und Schüler, Väter und Mütter – Wir schauen uns an, reichen uns die Hand, tun uns zusammen, egal wo und wann. Im Kopf gesund, gegen Gedächtnisschwund, rollt er los, der Antinazibund. Musketen und Propheten, Akkordarbeiter, Studenten, Angestellte, Abteilungsleiter, Einzelgänger, Gruppenzwängler, Wunderheiler – Der Kreis wird weiter, die Brust wird breiter. Und falls ich noch jemanden vergessen habe, ihr seid herzlich willkommen. Wir tragen den Stumpfsinn zu Grabe, haben genug davon."

Die Single „Antinazibund" schafft es wenig später auf Platz 75 der Charts. Rüde sagt begleitend zum Song und zur Kundgebung: „Dieses Wahlkampfjahr hat ganz schöne Geschmacklosigkeiten hervorgebracht. Ich sehe Plakate, auf denen versucht wird, die Menschen gegeneinander aufzubringen. Die Politiker scheinen nicht mehr mit Argumenten überzeugen zu wollen, es reicht ihnen, Emotionen zu schüren. Wenn jemand von einer rechtsradikalen Partei solche Parolen plakatiert, würde das wohl als Volksverhetzung behandelt werden. Nur weil es von einer etablierten Partei kommt, kann ich das nicht einfach tolerieren."

Anfang Februar 2008 nehmen die Sportis mit „Antinazibund" am Bundesvision Song Contest teil, der von Stefan Raab moderiert wird. Unter den 16 Aspiranten befinden sich u. a. Jennifer Rostock, Clueso, Culcha Candela oder Madsen. Es gewinnt jedoch die Band Subway to Sally aus Brandenburg mit einem düsteren Metal-Song. Die *Süddeutsche Zeitung* urteilt: „Größte Erwartungen weckten die Sportfreunde Stiller – und waren darum umso enttäuschender. Peter Bruggers Stimme war einfach der Situation nicht gewachsen. Die Intonation hielt nicht stand." Inhaltliche Aspekte werden in dem ausführlichen Bericht nicht thematisiert. Dafür heißt es einige Tage später in derselben Zeitung: „Fettes Brot sind die Sportfreunde Stiller des Hip-Hop." Die Sportis landen bei Raab als Vertreter Bayerns auf Platz 10.

Im Frühjahr und Sommer spielen sie in Clubs und auf Festivals. Yoga-Übungen auf der Bühne zur Erheiterung des Publikums werden Teil der Show. Zudem veröffentlichen sie eine Europa-Fassung ihres WM-Hits, der jetzt zur

Europameisterschaft „'72, '80, '96, 2008" heißt. Die Vorbereitungen für das MTV-Unplugged-Konzert beginnen parallel dazu schon im Juli 2008. Ende August treten die Sportis im Olympiastadion auf anlässlich des Human Race Konzerts, einer Charity-Aktion inklusive 10-Kilometerlauf gesponsert vom Sportartikel-Hersteller Nike. Den Auftakt machen Blumentopf, die „Raporter" aus München. In der Umbaupause betritt überraschend Dirk Nowitzky die Bühne. Nach einigen Liedern entschuldigt sich Peter, sein Knopf im Ohr sei ausgefallen, er könne sich nicht singen hören: „Aber ich bin eh ein schlechter Sänger. Da ist es egal, was ich singe." Höhepunkt des Abends sind dann die Fantastischen Vier.

Im November 2008 soll Till Hoffmann die Bühne im Vereinsheim schließen. Dagegen protestieren Künstler, unter ihnen auch die Sportis, mit nachhaltigem Erfolg. Das Trio aus Germering wählt auch noch 15 Jahre später das Vereinsheim als Venue für das sogenannte „Kneipenkonzert" von Pro 7, das dort aufgezeichnet und am 27. April 2023 ausgestrahlt wird. Derweil sind die Vorbereitungen für das MTV-Konzert in vollem Gange. Rüde lernt das Kontrabassspielen. Flo erinnert sich: „Das kam für uns schon überraschend. MTV hatte uns die Chance unterbreitet, ein ‚Unplugged Album' mit ihnen zu machen. Wir haben uns etwa sechs Monate musikalisch darauf vorbereitet. Wir wussten, dass wir im Sommer mit den Proben beginnen sollten, um im Dezember die Aufnahmen machen zu können. Das war der Plan. Die Aufnahmen fanden schließlich im Januar 2009 statt. Wir haben uns während der Vorbereitungen einige Veröffentlichungen anderer Bands angeschaut. Meine Lieblings-Unplugged-Aufnahme ist natürlich Nirvana. Aber wir fanden auch die Idee von den Ärzten mit der Rock'n'Roll-Realschule spitze. Nach langer Location-Suche kam uns diese Straßen-Kulisse in den Bavaria Filmstudios in München ganz recht, die uns die Möglichkeit gab, an einem Ort, aber auf drei verschiedenen Bühnen zu spielen."

Die Sportfreunde denken sich für die Gastmusiker Kleider aus, treten selbst in gangstermäßigen Lederjacken auf, die Bläser sind Bauarbeiter, die Geigerinnen Stewardessen, der Chor stellt eine Straßengang in Baseballjacken dar. Es werden Plakate für das Set entworfen, die zur durchgestylten „Acoustic Avenue" passen. Der Straßenzug sieht wie einer in Brooklyn aus. Passend wird „Ich war noch niemals in New York" von Udo Jürgens gecovert. Daher auch die Idee für den irreführenden Album- und DVD-Titel *MTV Unplugged in New York*. Richtig hieße es beispielsweise „... in New-York-Kulisse" oder „... in München". Ein Teil der Käufer glaubt, die Sportis seien tatsächlich in New York bei MTV gewesen. Dabei waren sie bis dahin noch nie wirklich in New York. Rückblickend sagen sie: „Unsere Version war ja eher brav. Vielleicht ist das eine Generationenfrage. Wir Jüngeren ringen beim Musikmachen darum, was erlaubt ist, wie viel Pathos sein darf. Ist man da gleich im Schlager? Udo Jürgens sagte uns, dass wir keine Angst vor großen Gefühlen in unserer Musik haben sollten."

Wer sollte da den Germeringern die Titelfantasie verübeln. Sie singen selbst: „Wir waren nie die erste Wahl. Nur durch Tricks und Gaunerei sind wir vorne mit dabei." Der Trick funktioniert hier sehr gut, zumal das Trio – begleitet von 21 Musikern – tatsächlich „dufte" (Bundespräsident Köhler) singt und spielt. Die *Süddeutsche Zeitung* schreibt: „Ein formidabler Etikettenschwindel, dieses Album. Es entstand in Wirklichkeit in den Kulissen der Bavaria Studios in Grünwald, im Süden von München. Aber der Titel *MTV Unplugged in Munich* war den Herrschaften wohl nicht weltmännisch genug."

Insgesamt werden 26 Lieder dargeboten. Zwei sind Coverversionen: New York mit Udo Jürgens und „Rock'n'Roll Queen" mit The Subways, und drei Titel sind neu: „Hallo Du", „Lass mich nie mehr los" und „Supersonnig". Der WM-Song wird stark reduziert mit Drehorgel-Begleitung gesungen (nach fachlicher Beratung durch den Drehorgelbauer Kai Rafeldt), zudem kommen eine singende Säge zum Einsatz (dabei wird ein Fuchsschwanz aus Stahl mit einem Violinbogen gestrichen) sowie passend zum Song „Tischtennis" ein Erhu (eine zweiseitige Röhrenspießlaute, die mit dem Violinbogen gestrichen wird und in der chinesischen Musik weit verbreitet ist).

Das Album erscheint Ende Mai 2009 und steigt auf Platz eins der Charts ein. Peter erinnert sich: „Unplugged war super. Ich habe mich erst verweigert, in typischer Sängermanier. Nee, so etwas geht jetzt nicht, fühle mich echt nicht bereit dafür, brauche ein Break. Zum Glück haben wir es gemacht. Wir waren als Band nie so gut wie nach diesen Proben für dieses Unplugged. Bei einer Studioplatte fängst du ja erst danach an zu proben. Da war fürs Unplugged wieder die Spielfreude da. Und wir waren als Band tight."

Danach ist die Sehnsucht nach einer Pause wieder da. Flo sagt: „Wir werden jetzt eine musikalische Schaffenspause einlegen. Wir wollen unsere Gehirne auffrischen, Kreativität sammeln, neue Geschichten kennenlernen, um dann wieder Themen zu finden, über die man reden kann. Wie lange, das wollen wir nicht terminieren. Seit es uns gibt, sind wir immer wieder unter Termindruck geraten, egal, ob es ein Album oder eine Tour betraf. Wir wollen erst wieder ins Studio gehen, wenn wir sagen, so, jetzt haben wir dreißig Lieder, die alle sehr gut sind. Wann das sein wird, kann man noch nicht sagen. Aber der Fan muss sich keine Gedanken machen. Wir kommen wieder."

Der Etikettenschwindel beim MTV-Unplugged-Albumtitel ist ein Hinweis auf manchmal unlautere Methoden bei der Suche nach noch mehr Erfolg. Dass Marc Liebscher hinter den Kulissen mit harten Bandagen zu kämpfen weiß, ist in der Branche kein Geheimnis. Schon seine juristische Attacke (allerdings letztlich gründlich fehlgeschlagen) gegen die Band Stiller aus Hamburg 1997 und der a priori aggressive Ton in seinen Rundfaxen waren Hinweise darauf. Ein weiteres Vorkommnis wird im Juni 2009 publik während eines Interviews mit *laut.de*. Die Journalistin Anuschka Schmid fragt Florian Weber: „Jetzt zu einem ganz anderen Thema. Es gab einst Verstimmungen zwischen eurem Management Blickpunkt Pop und *laut.de*, weil unser Redakteur euer Album *You Have to Win Zweikampf* hart kritisiert hatte. Einige Zeit später habt ihr, bzw. das Management, einer möglichen Kooperation eine Absage erteilt. Tut ihr euch schwer mit unliebsamer Kritik?" Darauf Flo: „Ich habe jetzt nicht mehr in Erinnerung, was da genau vorgefallen ist. Normalerweise sind wir nicht so schnell eingeschnappt. Gerade mit dem Fußball-Album haben wir generell einiges einstecken müssen. So lange sich die Kritik auf das musikalische bezieht, ist das völlig in Ordnung. Aber manchmal wird es sehr persönlich, und dann müssen wir uns auch irgendwie schützen. Es passiert beispielsweise immer mal wieder, dass uns Musikmagazine auf sehr unsachliche Art kritisieren und bloßstellen. Dass sie uns vorwerfen, wir würden nur auf Mainstream und Ausverkauf setzen. Im nächsten Moment wollen sie dann aber wieder mit einem zusammenarbeiten, weil sie sich durch einen Song auf einem Sampler oder dergleichen einen Profit erhoffen. Und das finden wir scheiße. Aber wir müssen den Vorfall damals zwischen *laut.de* und uns jetzt auch nicht mehr breittreten. Ist ja schon länger her." Die Besprechung ist zum damaligen Zeitpunkt fast drei Jahre alt. Sie ist am 19. Mai 2006 erschienen, verfasst von Benjamin Fuchs. Persönlich wird die Kritik nicht, sondern bezieht sich sehr konkret und ausführlich auf die Musik. Sie ist nicht mal ein Verriss, sondern lobt da und dort einen Einfall und prognostiziert fälschlicherweise einen geringen Erfolg für *You Have to Win Zweikampf.*

Anfang 2010 stellt sich die Frage: Wird es zur Fußball-WM ein zweites Sommermärchen geben? Die Sportis bekommen unzählige Angebote für Interviews, Konzerte, TV-Shows, aber sie sagen ab. Sie wollen das Fußballspektakel ohne Stress als einfache Fans privat genießen. Immerhin haben sie sich verpflichtet, im deutschsprachigen Raum auf vier Festivals zu spielen – den vier größten. Zudem wird der aktualisierte WM-Hit als Single veröffentlicht: „'54 – '74 – '90 – 2010" schafft es auf Platz elf der Charts. Aber sonst passiert wenig Neues im Sportiversum.

Marc Liebscher sagt: „Wir wollen jetzt Sachen machen, die uns vielleicht selbst überraschen. Seit zwölf Jahren sind wir ohne Pause unterwegs. Jetzt wollen wir nicht noch eine Tour spielen. Ein neues Album hat Zeit. Es soll keinen Termin geben. Vielleicht gehen wir in zwei Monaten wieder ins Tonstudio. Vielleicht in zwei Jahren. Bis dahin wollen wir kreativ sein, neue Dinge erleben." Marc spricht die Sportis betreffend oft in der ersten Person Plural.

Flo arbeitet inzwischen an seinem zweiten Buch. Rüde macht bei einem Projekt mit DJ Paul Rzyttka und Rapperin Fiva mit, die bis heute die Sportfreunde begleitet. (So spielt sie Ende Juni 2023 im Vorprogramm beim ausverkauften Tollwood-Gig in München.) Peter will in der Phase 2010 bis 2012 einfach nur für sich Musik machen. Marc betreut inzwischen drei andere Acts: Roman Fischer; Fertig los!; Oh, Napoleon. Peter sagt: „Wir sind sehr auf „'54 – '74 – '90 …" reduziert worden. Deshalb gehen wir jetzt sehr zurückhaltend damit um." Peter, Flo und Rüde wollen zur Ruhe kommen. Was sie hinter sich haben, ist nicht leicht zu verkraften. Marc formuliert es so: „Was 2006 mit uns passiert ist, können wir nicht toppen. Das alles ist nicht zu wiederholen – auch nicht emotional."

Im Juli 2010 ist klar: Deutschland ist wieder nicht Fußballweltmeister. Der Journalist Titus Arnu macht sich Gedanken, was das für die Sportfreunde bedeuten könnte. Eine weitere Aktualisierung – „'54 – '74 – '90 –2014" klänge holperig. Eine Verlängerung des Hits um vier Jahre könnte zudem unglaubwürdig wirken: „Peter Brugger mag seinen eigenen Hit fast nicht mehr hören. Es sei zwar gut, dass das Lied ,'54 – '74 – '90 – 2010' auf den Fanmeilen gespielt und gegrölt worden sei. Das sei o.k. ,Aber wir wollten nichts dazutun und es noch mal pushen oder an jeder Ecke das Lied trällern', versprach Brugger. Die Sportfreunde werden stiller." Aber sie schweigen nicht: Im Oktober treten sie überraschend auf einer Anti-AKW-Demo auf. Aus der erhofften großen Pause wird nichts. Ein Nummer-eins-Album braucht Begleitung. Sie kündigen eine „Letzte leise Reise"-Tour an. Rasch ist das für den 4. Dezember 2010 in der Olympiahalle angekündigte Akustik-Konzert ausverkauft. Also werden zwei darauf folgende Zusatztermine im Circus Krone für Mitte Dezember bekanntgegeben. Halloween verbringen sie in New York – denn keiner von ihnen war jemals davor im Big Apple, auch wenn ihr letztes Album das suggerierte. Sie bringen viele Fotos mit von ihrem Aufenthalt in den USA, bei dem auch ein Mini-Konzert vor 300 Leuten stattfand. Wenig später spielen sie die Akustik-Versionen ihrer Hits auf Tour und in der ausverkauften Olympiahalle. Das Publikum ist textsicher, aber der WM-Gassenhauer bleibt außen vor. Dafür zeigt Peter, dass er mal *der* Drummer in Germering war.

„Die letzte leise Reise"-Tour ist technisch aufwendig. 16 Musikerinnen und Musiker stehen und sitzen auf der Bühne: Peter (Akustikgitarre, Lead Vocal), Rüde (Kontrabass), Flo (Schlagzeug) und als Gäste vier Streicher, drei Bläser, ein Keyboarder, ein zusätzlicher Gitarrist und ein vierköpfiger Chor. Für die technische Ausstattung sorgt die Firma Rain Age aus Landsberg am Lech. Mit Ausnahme des Circus Krone findet „Die letzte leise Reise" ausschließlich in Groß-Arenen statt. „Wir hatten sehr filigranes Musik-Material zu transportieren, was allerdings in Rock'n'Roll-Lautstärke gefahren werden musste, weil es halt trotzdem Sportfreunde Stiller und damit auf eine gewisse Art und Weise Punkrock bleiben sollte", sagt der Techniker Martin Heining.

Der Circus Krone hat bislang wohl noch bei keinem Konzert zuvor eine so ausgeklügelte PA bekommen. Die Beschallungsanlage für die Sportis besteht aus Systemen von Martin Audio: Vier Line-Array-Bananen an einem über der Bühne hängenden kreisrunden Truss; mittig unter der Zirkus-Kuppel schweben zwölf Subs in Form von drei untereinander gehängten Vierer-Stacks, die so für eine 360 Grad-Abdeckung des Raums sorgen; unter der Bühne sind zusätzlich fünf Subwoofer verbaut u. v. m. Und auch das Licht-Stage-Design ist State of the art. Die komplette Show der Sportis genügt den Ansprüchen, die das MTV-Nummer-eins-Album an die Band stellt und auch den Erwartungen, die es beim Publikum weckt. „Die letzte leise Reise"-Tour ist ein weiterer – ständig verlängerter, ergänzter – Höhepunkt in der Karriere der Sportfreunde Stiller.

Wer meint, dass danach gleich wieder richtig laut und mit Stromgitarren gerockt wird, irrt. Dirk Wagner sieht ihn als Zäsur: „Ich finde die Fußballsongs der Sportis sehr naheliegend: Vereinsheim, Mehmet Scholl, Till Hofmann – das sind doch alles glückliche Fügungen. Und daraus entstehen dann witzige Fußballsongs. Auch das ‚Ich Roque' mit O-Ton. Ich bin kein Fußballfan, fand das damals aber toll. Allerdings finde ich die echte Zäsur in der Entwicklung der Band das MTV-Unplugged-Konzert mit Meret Becker an der singenden Säge und den klassisch ausgebildeten Profi-Musikern. Ich glaube, das hat die Sportis verändert. Musikalisch haben sie sich erweitert. Und auch textlich nahm das ein anderes Niveau an. Am Anfang war das ja eher aus der Laune heraus. Später wurden das Texte mit Tiefe. Liest man sie losgelöst vom Pop-Gewand, entdeckt man die Qualitäten."

Wieder beginnt ein Intermezzo im Schaffen der Sportfreunde. Flo erinnert sich: „Wir haben uns 2010 bewusst voneinander entfernt. Nicht, weil wir uns nicht mehr verstanden haben, wir hatten das kreativ nötig. Wir hatten kein Rückkehrdatum verabredet. Ich wollte viel früher wieder anfangen, Peter länger seine Ruhe haben." Die Pause nennt Flo einen „Hirnschiss".

Hör niemals damit auf!

2011 und 2012 sind nach der „letzten leisen Reise" dann wirklich sehr, sehr stille Stiller-Jahre. Ein wenig Charity; Beiträge für Sampler (*München: Laut gegen Braun-töne*); ein Bierflaschen-Set-Exponat für das Münchner Hard Rock Café; kaum Auftritte – und wenn, dann ungewöhnliche: Peter mit Michi Sailer, Keller Steff, Moses Wolff beim Eulenspiegel Festival in Passau. Flo präsentiert sein neues Buch *Grimms Erben*. Peter engagiert sich auch finanziell im neu gegründeten Club Milla im Glockenbachviertel. Ein Solidaritätskonzert für den bedrohten Bolzplatz neben der Glockenbachwerkstatt. In Germering stellen Schüler des Carl-Spitzweg-Gymnasiums ein Benefizkonzert auf die Beine: Sie fragen auch die Sportis, bekommen aber keine Antwort. (Die *Süddeutsche Zeitung* datiert bei der entsprechenden Berichterstattung einmal mehr das Endkrass-Konzert auf 1995). Ein Gig für das Winter-Opening im Ski-Gebiet Mayrhofen. Live da und dort sind bislang unbekannte Songs wie „Clowns“ oder „Wunderlied“ zu hören. Die Teilnahme beim Lichterketten-Spot.

Ende 2012 ist dann auf der Webseite zu lesen: „Es schwirren neue Lieder durch den Probenraum.“ Wenig später schwebt jedoch erst mal ein altes Sportfreunde-Lied „leicht“ verändert durch den Äther, denn das deutsche Urheberrecht erlaubt „Plagiate“, wenn sie unverfälscht und gebührenpflichtig produziert werden. Heino (Heinz Georg Kramm) weiß das: Seine Scheibe *Mit freundlichen Grüßen – Das verbotene Album* steigt im Februar 2013 sofort auf Platz eins der Charts und bricht Download-Rekorde. Heino covert mit Totenkopf statt Trachtenjacke u. a. Die Ärzte, Ramstein, Die Fantastischen Vier, Nena, Marius Müller-Westernhagen, Stephan Remmler und eben die Sportfreunde. Seine Version von „Ein Kompliment“ ist der dritte Track des Albums nach dem Opener „Junge“, geschrieben von Farin Urlaub, und „Haus am See“ von Ruth Renner und Peter Fox.

Die „freundlichen Grüße“ Heinos führen von verschiedensten Seiten – Künstler, Plattenfirmen, Medien – zu krawallartigen PR-Aktionen, politischen und juristischen Diskursen und Protesten, zu hohen Schadensersatzforderungen, zu wilden Statements und zu reumütigen Dementis, wie sie die deutsche Musiklandschaft noch nie erlebt hat. „Die Originalversionen sind einfach und modern gestrickt … Das sind ja einfach nur Schlager der Neuzeit … Dieses Zeug, das ich da gecovert habe, das bewegt sich vom Tonumfang her vielleicht mal innerhalb einer halben Oktave. Musikalisch gesehen total lächerlich. Da ist das ‚Enzian‘-Lied deutlich anspruchsvoller, das können Sie mir glauben … Die Aufnahmen waren keine große Herausforderung … Wir wollen es dabei belassen, dass ich etwas gemacht habe für die Jungs, die mich immer so verarschen“, erklärt Heino.

„Die unfreiwillige Komik von ratlosen Betonungen wie ‚Schillautheria‘ bei ‚Ein Kompliment‘ weiß zu gefallen“, meint ein Kritiker. Und ein Kommentar unter der „Kompliment“-Version auf YouTube von Heino lautet: „Dieser Mann hat Stimme und Volumen. Kein Genuschel von irgendwelchen Halbwüchsigen.“ Aber die Halbwüchsigen sind inzwischen Enddreißiger und liefern

Originale. Nach der langen Pause seien sie im Studio anfänglich noch orientierungslos und ängstlich gewesen, erinnert sich Flo. Sie zweifelten, ob sie die „alte Magie“ wieder würden entfesseln können nach diesen sechs Jahren, in denen sie kaum neue Songs geschrieben hätten. Andererseits merken sie, dass sie durch die „Unplugged“-Phase neue Qualitäten entwickelt haben. Rüde meint, sie hätten dank der klassisch ausgebildeten Top-Musiker ein anderes Spielverständnis als Pop-Band aufbauen können. Nach Kontrabass lernt er nun auch Klavier. Erste Versuche bei „Siehst du das genauso“ waren gescheitert.

Im Februar 2013 verraten die Sportfreunde der Presse die ersten Neuigkeiten zum bevorstehenden Album: „Wir geloben, uns ist viel eingefallen, außer ein Albumtitel (noch nicht)“. Sie zählen dann aber die Titel der einzelnen Songs auf, wobei „Clowns“ und „Wunderlied“ noch fehlen. In Interviews werden sie immer noch nach dem Moment 2006 am Brandenburger Tor gefragt. Also antwortet Flo der Wochenzeitung *Die Zeit* im Mai 2013: „Das war schon eine Woge der Glückseligkeit, die einen da durchläuft. Ich habe die Situation auch eher vernebelt wahrgenommen, man hat da einen Tunnelblick und sieht nur ameisengroße Köpfe. Und dann steht da die Mannschaft, und irgendwann kommt der Schweinsteiger rüber und will mittrommeln und ruft: ‚Wie geht das?‘ Und ich schrei zurück: ‚Hau ab, du Bayernsau!‘“

Mitte Mai 2013 werden in München, in Till Hoffmanns Galerie Truk Tschechtarow (Heimhauser Straße 16, gleich neben der Lach- und Schießgesellschaft) Bilder ausgestellt. Im Mini-Katalog heißt es: „Eine Ausstellung von gemaltem Songgut“. Michael Zirnstein schreibt in der *Süddeutschen Zeitung* unter dem Titel „Sportfreunde-Stil: Hör-Ausstellung“ augenzwinkernd: „Böse gesagt: Wären die Sportfreunde Stiller bildende Künstler, dann Vertreter der Naiven Malerei. Ist ja nicht schlimm, denn sie gehen ans Herz. Aber was heißt *wären.* Sie *sind* bildende Künstler. Zu allen Liedern der Platte *New York, Rio, Rosenheim* haben sie Objekte erschaffen. Diese sind nun in einer ‚Liederschau‘ zu bestaunen … Sportfreunde Stillleben“ eben. „Flocasso“ Weber erklärt die sogenannte „Liederabhak-Liste“, bei der während der Plattenaufnahmen die Musiker auf Notizzetteln neben den Liedern markieren, welche Instrumente für welchen Song bereits eingespielt wurden (gut zu sehen im ersten offiziellen Video). Als „Flocasso“ in Hamburg im Studio Clouds Hill (die Zeiten in Spanien im Casa Pepe Studio sind vorbei, Oliver Zülch und Dave Anderson ersetzen jetzt Uwe Hoffmann) an *New York, Rio, Rosenheim* arbeitete, hakte er nicht einfach ab, sondern zeichnete Comics in die Kästchen: Discotänzer bei „Let's Did It", Roboter bei „Wieder kein Hit" und allerhand Anzügliches da und dort, ähnlich wie bei den illustrierten Setlists. Hinzu kommen in der Galerie Readymades: Zersägte und geklebte Drumsticks (von Agner – noch ein Sponsor); gestickte Lyrics zum Song „Lederjacke" auf einer Lederjacke; Gemaltes, Collagiertes oder ein bekritzelter alter Schulstuhl. In der Ausstellung tun die Sportis rhythmisch und gereimt kund: „Wir sind keine Picassen, keine Düren, keine Dalen, aber auch keine Vandalen."

Zirnstein überträgt den Begriff Art Brut auch auf die Musik der Sportis. Zum neuen Album schreibt er: „Dass die Arrangements ausgeklügelter sind, werden die alten Fans kaum bemerken, geschweige denn bemängeln. Die Sportfreunde haben ihren Stil gefunden, den man in der Kunst wohl ‚Naive Malerei' nennen würde. Keine Beleidigung. Das können wenige – so fein und ungekünstelt wie sie." Flo erläutert: „Ein so intimes, leises Lied wie ‚Festungen und Burgen' wäre uns vor der Akustik-Tour nicht eingefallen." Die Bandbreite auf dem Album ist größer als zuvor, von der tröstenden Piano-Ballade („Festungen und Burgen") über den gerotzten Dancefloor-Nonsens („Let's Did It") bis zum punkigen Scheiß-drauf-Song („Unter unten"). Der große Hit auf dem Album „Applaus, Applaus" sei die „Coming of Age"-Variante von „Ein Kompliment", sagen die Sportis selbst bescheiden und schreiben ins Booklet durchgängig „applause, applause".

Der Titel landet auf Platz 4 der Charts und ist damit die zweiterfolgreichste Single für die Sportfreunde überhaupt. Alles applaudiert, auch der Literaturkritiker Volker Weidermann in der *FAZ* in einem Text über die Sonne, das Meer und die Wellen: „Und wenn du dann endlich wieder Luft bekommst und Licht und die Augen aufreißt, als wärst du ganz neu hier, geht es dann einfach weiter, mit diesem Sommer, mit diesem Lied, das man am besten hört mit ausgebreiteten Armen auf dem rasenden Weg in eine neue Welle hinein: ‚Applaus, Applaus. Für deine Art mich zu begeistern. Hör niemals damit auf. Ich wünsch mir so sehr – du hörst niemals damit auf!'"

Mit einer Applaus-Akustik-Version treten die Sportfreunde im selben Jahr in der Literatursendung *Druckfrisch* auf. Nach der Performance ziehen sich Peter und Rüde zurück. Denis Scheck kommt rein: „Das war Musik – Applaus,

Applaus – von den Sportfreunden Stiller. Tolle Band." Scheck hält das Buch in die Kamera: „Und das ist *Grimms Erben*, der neue Roman von Florian Weber." Flo steht auf. Reicht die Hand. „Guten Tag." Scheck: „Schönen guten Tag. Was ändert sich denn, wenn man einen Roman schreibt, im Vergleich dazu, wenn man einen Songtext schreibt?" Flo im Stehen: „Man hat sehr viel mehr Zeit …" Scheck: „Nehmen Sie doch wieder Platz." Flo: „Danke." Er setzt sich auf seinen Schlagzeughocker: „Ich finde, es ist tatsächlich schwieriger, einen Text für ein Musikstück zu schreiben als einen Roman …" Scheck abschließend: „*Grimms Erben*, die Chili-Schote im faden Einheitsbrei der deutschen Gegenwartsliteratur."

Flaschen sind voll von Zigaretten neben leeren Verpackungen von Schmerztabletten

Max Scharnigg schreibt für die *Süddeutsche Zeitung* eine *New York, Rio, Rosenheim*-Album-Kritik: Der sagenhafte Aufstieg der „ehemaligen Münchner Vorstadtband" gehöre zu den Wundern im deutschen Pop. Niemand hätte darauf gewettet, dass die „absichtliche Unbeholfenheit in Peter Bruggers Gesang jemals charttauglich" werden würde. Vor 15 Jahren seien das „wirklich ausgezeichnete nette Boazn-Konzerte" gewesen mit „Jack-Kerouac-Zitaten". Scharnigg schwankt schließlich zwischen Begeisterung und Ablehnung. Fazit: „Die Sportfreunde Stiller sind nicht rezensierbar. Je genauer man hinsieht, desto mehr zerfällt alles." Nicht so bei der Kollegin Cornelia Weber, die in ihrer Konzertbesprechung wenige Tage später konkret von „sympathischem Indie-Rock mit klamaukig-holprigen Texten über die Liebe und das Gutmenschentum" und von einem „gelungenen Heimspiel" und von einem „launigen Freundschaftsspiel" spricht.

Die Journalistin wähnt sich in einem Fußballstadion, nicht im Konzertsaal Kesselhaus. Sie spricht von der Mühe, die sich die Sportis machen, „tunlichst nicht als Fußball-Combo abqualifiziert zu werden … mit mäßigem Erfolg", denn die Zuschauer verfallen in Fangesänge: „Hier regiert der FCB" bis hin zu „Hey hey, Superball". Als Peter und Flo für den neuen Song „Es muss was Wunderbares sein, von mir geliebt zu werden" die Plätze tauschen – Peter am Schlagzeug, Flo vorn am Mikro –, ruft Peter: „Er singt so, wie Heino gerne würde!"

Der Journalist Dirk Wagner vergleicht wenig später Flo mit Ringo Starr. Flos Gesang erinnere schmerzhaft an die belächelten stimmlichen Überanstrengungen des Schlagzeugers der Beatles: „Doch wie bei Ringo liegt genau darin der Charme. Diese Mischung aus Popstar und Stimmbruchopfer, aus Hitpotential und Gesangsmelodien, mit denen man sogar Blockflötenlehrerinnen vergraulen könnte“, so Wagner.

Zum steten Bemühen, vom hartnäckigen Image der Kicker-Kapelle loszukommen, zählen auch einige Lyrics auf dem neuen Album: „Wir wollen ... wankend an der Theke lehnen, breitbeinig das Skrotum dehnen; voll entblößt im Tanzbereich, rufen wir zum Schwanzvergleich!!! So fragt das dumme Lümmelpack, wer den krummsten Pimmel hat“ (in „Unter unten!“). Und wie auf den frühesten Aufnahmen taucht das Thema Prokrastination wieder auf: „Soll ich dieben gehen, Melodien stehlen, für meinen Evergreen? Ach was, ich leg mich hin. Ich hab heute wieder keinen Hit geschrieben, doch ich hab damit meinen Frieden. Ich hab mal wieder nicht gemacht, was ich sollte, sondern nur, was ich wollte. Dafür schwob ich auf Wolke 7“ (in „Wieder kein Hit“).

Im Februar 2014 beteiligen sich die Sportis mit einem Kurzkonzert an einer Häuserrettung in der Müllerstraße, aber nur etwa 150 Leute hören zu. Initiator dieser Aktion ist Till Hofmann. Er wird nicht locker lassen. Im März 2014 heimsen die Sportis bei einer von Helene Fischer dominierten Feier einen weiteren Echo ein in der Kategorie Rock/Alternative National ein. Sie performen „Es muss was Wunderbares sein“ mit Flo am Mikro und freuen sich alle drei sehr, obwohl sie insgesamt für drei Echos nominiert waren.

Anfang April bespielen sie an zwei aufeinanderfolgenden Tagen die Olympiahalle, einmal mit Bosse als Vorband, einmal mit den Kaiser Chiefs. Der Journalist Karl Forster, bislang kein Verehrer der Sportfreunde, berichtet in der *Süddeutschen Zeitung* Anfang April 2014 von seinen Besuch in der Münchner Pfarrei Leiden Christi in Obermenzing und von der Predigt dort von Abt Johannes Eckert. Der Kirchenmann spricht: „Ist meine Hand eine Faust, machst du sie wieder auf und legst die deine in meine. Du flüsterst Sätze mit Bedacht durch all den Lärm, als ob sie mein Sextant und Kompass wär’n.“ Der Abt zitiert damit den Stiller-Hit als Gebet, „als fromme Bitte für ein friedliches Miteinander, für mehr Verständnis unter den Menschen“, so Forster, der dank des

Kirchenbesuchs das Trio aus Germering nun schätzen lernt und einen Besuch in der Olympiahalle empfiehlt.

Die Musik-Experten Herbert Hauke und Arno Frank Eser stellen 2014 in ihrem Buch *Rock & Pop im Olympiapark München* fest: „Lokale Bands, die es schaffen, die Olympiahalle zu füllen, gibt es kaum." Nur die Spider Murphy Gang habe es einmal geschafft und ab und zu Peter Maffay aus Tutzing am Starnberger See. „Umso größer die Sensation, als die Sportfreunde Stiller aus dem nahen Germering – eigentlich eine Art Vorort von München – im Jahr 2014 gleich zweimal hintereinander ein ‚Ausverkauft' in der Olympiahalle vermelden konnten, sage und schreibe zweimal hintereinander je 12.000 zahlende Fans. So einen Erfolg für eine lokale Band hatte die Olympiahalle bislang noch nie erlebt. Einmal Jugendzentrums-Band, immer Jugendzentrums-Band. Wobei genau das wahrscheinlich das Erfolgsrezept der Sportfreunde Stiller ausmacht. Nun über 18 Jahre lang im Geschäft, gerade den dritten Echo-Award eingeheimst, und nun zwei Abende hintereinander die Olympiahalle ausverkauft. Das ist für eine einheimische und noch dazu deutschsprachige Poprock-Combo mehr als beachtlich", so Hauke und Eser. Sie betonen die Natürlichkeit und spürbare Spielfreude der Sportis, wodurch ihre Konzerte zu Familienfesten würden.

Im August spielen die Sportfreunde in Berlin, um die Jugendkampagne „Kein Bock auf Nazis" zu unterstützen. Am Merch-Stand werden kostenlos CDs verteilt. Darauf befinden sich Songs von zwanzig bekannten Bands, u. a. Die Toten Hosen, die Beatsteaks, Donots, Fettes Brot, Deichkind, ZSK, Sportfreunde Stiller und Die Ärzte. „Es sollte eigentlich keinen wundern, aber es ist trotzdem ermutigend und immer wieder beeindruckend, wie viele tolle Bands hier zusammenkommen, um zu sagen, dass sie keinen Bock auf Nazis haben", sagt Ärzte-Schlagzeuger Bela B. Finanziert wird die Aktion durch Spenden und die finanzielle Unterstützung von Ver.di, Attac, die IG-Metall, die GEW und den DGB. „Kein Bock auf Nazis" ist Deutschlands größte unabhängige Jugendkampagne gegen Rechtsextremismus und Rassismus. Seit 2006 informiert und aktiviert die Initiative Jugendliche, die sich gegen Neonazis engagieren wollen. Gegründet wurde „Kein Bock auf Nazis" von der Band ZSK und vom Antifaschistischen Pressearchiv und Bildungszentrum Berlin (apabiz).

Im November 2014 beteiligen sich die Sportfreunde mit vielen anderen Deutschrockern zu Wohltätigkeitszwecken an der Produktion einer deutschen

Version von „Do They Know It's Christmas?". München im Dezember 2014: Die Sportfreunde eröffnen vor 24.000 Menschen eine der größten Anti-Pegida-Demonstrationen überhaupt und bedanken sich gleichzeitig bei allen Helfern unter dem Motto „Wir. Stimmen für geflüchtete Menschen". Die Sportfreunde und Till Hofmanns Wohn- und Kulturzentrum Bellevue di Monaco sind die Initiatoren. Es wird filmisch festgehalten und setzt Zeichen als das „Danke-Konzert für Flüchtlingshelfer auf dem Königsplatz".

Im Oktober 2015 holt die Slammerin Fiva (Nina Sonnenberg) bei der Zugabe ihren Kollegen Peter auf die Bühne der Muffathalle, wo der Sänger sein Schnellsprech-Hip-Hop-Talent zeigt. Im Dezember stellen die Sportfreunde Kostproben ihres neuen Albums ins Netz: „Lass den Lumpi von der Leine. Du weißt schon, was ich meine." Allerdings müssen sich die Fans bis zum Erscheinen noch gedulden.

Im Frühjahr 2016 erscheint das Album *Arschkarte* von Heino mit Fußballliedern. Darauf befindet sich auch ein Cover von „'54 – '74 – '90 – 2010". Die *Süddeutsche Zeitung* schreibt: „Die Sportfreunde definierten mit ihrem Werk den Familientrash völlig neu. Heino definiert noch eins drauf. „Wir als Gast in Südafrrrrrikaaaa", rollt Deutschlands blondester Barde da … „Und eins und zwei und drrrrei und vier', stampft es weiter, als besinge Heino den Truppenabzug aus Deutsch-Südwestafrika, dem heutigen Namibia." '

Im Sommer 2016 erscheint ein großes Porträt über Marc Liebscher in der *Süddeutschen.* Damit das Bild des Managers nicht allzu überschwänglich wird, gibt es im Artikel einen kleinen Hinweis darauf, dass die Sportis ja ohnehin längst ein Selbstläufer und alle anderen Bands, die er gemanagt habe, gefloppt seien. Das ärgere Marc sehr, stellt der Journalist fest. Man merke das an seiner Mimik. Marc: „Ich hatte mit allen Künstlern eine tolle Zeit, aber es hat halt nicht immer gereicht."

Pandemie, Krieg, Klimakrise, Inflation wollen eine Party lang vergessen sein

Die Sportfreunde fixieren ihr zwanzigjähriges Band-Jubiläum auf das Jahr 2016, zählen in Gesprächen die Höhepunkte ihrer Laufbahn auf. Flo: „Wenn du es mit Musik so weit schaffst, dass du mit Pelé ein Foto machen darfst und

Pelé dir die Digitalkamera erklärt." Im August spielen die Sportis auf dem Chiemsee-Open-Air-Festival. Die Reporter registrieren Rekorde: „Die meisten Luftschlangen, die meisten Menschen auf Schultern". Trotzdem knirscht es im Gebälk der Sportfreunde. Als Erster macht Peter Dissonanzen öffentlich. In einem Interview mit dem *Playboy* im September 2016 sagt er: „Diskutiert man bei einer geschäftlichen Auseinandersetzung hart – und das muss ja sein –, läuft man Gefahr, dass die Freundschaft einen Kratzer abkriegt. Ist man aber zu vorsichtig, ist das auch nicht gut." Peter beschwört aber das „Klassenfahrt-Feeling", das für die Band so wichtig sei.

Zum Erscheinen des siebten Studioalbums *Sturm & Stille* veröffentlicht das Magazin der *Süddeutschen Zeitung* ein ausführliches und reich bebildertes Interview des Trios mit Max Fellmann, dem „Bademeister" auf dem Hochsitz im ersten Musikvideo der Sportis zu „Wellenreiten" im Germeringer Freibad. Fellmann konfrontiert die Mittvierziger mit den nach wie vor jugendlich klingenden Texten auf dem neuen Album. Peter fühlt sich jung, auch wegen seines Musiker-Daseins, versteht aber, dass bei Altersgenossen „die Lebenseuphorie sinkt … Ich kann nachvollziehen, wenn jemand sagt, ‚Wellenreiten' ist nicht mehr mein Thema." Er sagt, mit 24 wolle man entdecken, mit 44 bewahren. Rüde und Flo hingegen erwarten Enthusiasmus und jugendlichen Schwung auch von den Gleichalterigen. Fellmann will wissen, wie das 2006 gewesen sei. Rüde: „Auf einmal haben die Leute bei unseren Konzerten Deutschland-Fahnen geschwenkt. Au weia. Dass wir plötzlich die ‚Schland'-Band waren, haben uns viele übel genommen."

Als das Album *Sturm & Stille* da ist, wirkt die Mehrheit der Rezensenten ungeduldig. Julian Dörr spricht für viele seiner Kolleginnen und Kollegen, wenn er in der *Süddeutschen Zeitung* schreibt: „Sportfreunde Stiller sind keine Band, sie sind ein Wellnesshotel." Weitere Stichworte Dörrs: Spa-Programm, Biederkeit, Nostalgiesucht, Zwangsreime, Jungs-Männer, Seelenstreichelei, harmlos, Hot-Stone-Therapie, Kopien real existierender Mittelmaß-Musik. Literarisch betrachtet gebe es Parallelen zum alternden Jack Kerouac: Der Autor von *On the Road* versucht vergeblich mit Romanen abseits jugendlichen Übermuts die Feuilletons zu überzeugen. Autoren und Musiker, die hingegen von Anfang an mit eher reif wirkenden Werken erfolgreich sind, tun sich später leichter mit tatsächlich abgeklärten und lebenserfahrenen Arbeiten. Dörr zu *Sturm &*

Stille: „Harmonisch, friedlich und entspannt. Gelassenheit macht das Leben ja tatsächlich besser. Und die Musik unfassbar langweilig."

Trotzdem geht das Album auf Platz eins der Charts. Die Single „Das Geschenk" schafft es auf Platz 15. Peter sagt: „Songs wie ‚Ein Kompliment', ‚Applaus, Applaus' oder ‚Das Geschenk' sind gemeint für eine Person. Dadurch, dass ich das so nicht sagen würde – ich hätte es meiner Frau nicht ins Gesicht gesagt, hey, ‚du bist meine Chill Out Area', das kommt komisch. Aber Musik kann das dann auch wieder, dass das geht. In so einem Text ist man freier, man kann sich ein bisschen fliegen lassen und die Bilder kommen lassen." Vor allem „Das Geschenk" begeistert wieder das Publikum, aber die Verkäufe des Albums und der Single bleiben weit unter denen von *New York, Rio, Rosenheim* und „Applaus, Applaus".

2017 treten die Sportfreunde nach 15 Jahren im Rahmen der *Sturm & Stille*-Tour endlich wieder in ihrer Heimat, in der Stadthalle Germering, auf. Im Frühling steht fest: Die Häuser an der Müllerstraße sind gerettet, und auch der Bolzplatz bei der Glockenbachwerkstatt, aber die Wege der Sportfreunde trennen sich für mehrere Jahre. Nach einem Konzert in Frankfurt an der Oder im Sommer 2017 ist erst mal Schluss.

In einem langen Gespräch mit Matze Hielscher (er kennt die Band seit Erscheinen der ersten Mini-Disc) berichtet Peter 2022 rückblickend von der Zäsur, die in Frankfurt an der Oder begann: Es sei der Beginn eines Urlaubs mit ungewissem Ausgang gewesen. Es wurde auch ein Abschiedsvideo gedreht. „Ich habe ein halbes Jahr davor gemerkt, ich brauche ein Break. Da ist kein Flow da. Es fühlt sich anstrengend an. Das Verständnis untereinander ist grad nicht gut. Und außerdem möchte ich meine Family zu Hause mitkriegen. Das habe ich kommuniziert. Dann hatten wir ein halbes Jahr lang Diskussionen: Wie kann das gehen – und sind nicht zusammengekommen. Dann war ich straight. Bin über die anderen drüber gegangen und hab gesagt: Das war's. Im Sommer 2017. Danach möchte ich erst mal nichts machen. Das war dann schwierig, weil die anderen das gern anders wollten. Die wollten gern noch irgendwie ein paar Sachen weitermachen. Aber da sind wir nicht zusammengekommen, wie das ausschauen kann. Das war natürlich schwer. Zerrissenheit. Aber ich hatte damals keine andere Wahl. Ich hätte es nicht weitermachen können und wollen. Das wäre nicht gut gewesen. Für beide Familien nicht, die zu Hause und die

Band. Deswegen musste ich die Entscheidung treffen. Gleichzeitig ist es blöd, wenn man andere verletzt, über die drüber entscheidet. Die hätten nicht die Band ohne mich weitermachen können. Flo schreibt zwar viele Lieder. Aber ich singe halt. Der Sänger hat eine Sonderstellung."

Peter weiter: „Grundsätzlich bin ich der Alleineausmacher-Typ. Ich trage es zu meiner Frau und zu ein paar lieben engen Freunden. Aber wirklich nach reiflicher Überlegung. Ich wünschte mir manchmal, dass ich anders wäre. Gleichzeitig habe ich so ein Vertrauen darin, dass das, was kommen soll, schon kommen wird in persönlichen Dingen."

Was die vorübergehende Trennung von der Band betrifft, wird Peter noch deutlicher: „Die Idee war: Jeder macht Urlaub. Und wir reden dann nach den Ferien. Aber wir haben dann nicht gesprochen. Wir sind in das andere Leben eingestiegen. Und das ging Woche um Woche und Monat und Monat so. Wir hatten nur noch ein paar Geschäftsgeschichten zu klären, und dann hätten wir uns auch noch beinahe überworfen. Also es gab viele Verletzungen, und das war Scheiße." Über Geschäftliches im Zusammenhang mit den Sportfreunden Stiller, beispielsweise über die Verteilung der Tantiemen, sprechen weder die Musiker noch der Manager gern. Grundsätzlich gilt die Regel, dass allgemeine Einnahmen durch vier geteilt werden. Peter Brugger (Reisgang/Hettenshausen), Florian Weber (München), Rüdiger Linhof (Germering) und Marc Liebscher (Berg) sind seit Januar 2021 Geschäftsführer der neu gegründeten „Fahrt ins Grüne"-GmbH (Berg). Peter ist zudem Geschäftsführer der Missmilla GmbH (München) mit Till Hofmann und Gerd Baumann sowie der Mattenplatten Musik GmbH (München) mit Susanne Natalie Brugger (Reisgang/Hettenshausen).

Vor der Trennung der Band habe er „Überforderungsmomente als Papa und mit meiner Frau" erlebt, sagt der Frontmann der Sportfreunde. Die Band habe eigentlich immer Priorität gehabt. „Dann (nach dem Sommer 2017) war es anders. Ich habe versucht, meiner Frau den Rücken freizuhalten. Wir sind ewig zusammen. Das war ein krasser Switch für mich – von gefühlt völliger Freiheit auf Tour – du kannst entscheiden, jetzt glotze ich Serie, jetzt trinke ich ein Bier, jetzt mache ich dies und das – zur Tagesstruktur mit einem kleinen Kind, den Tag gestalten, mit all der Verantwortlichkeit." Und Peter weiter: „Ich wollte nicht so werden wie mein Vater – ich, für meine Tochter, in dem

Sinne – uhh, jetzt kommt der Papa heim, jetzt ändert sich die Atmosphäre … Eine Kindergartenfreundin meiner Tochter hat gesagt: ‚Der Peter macht von Beruf Urlaub.' Das finde ich super. Die hat mitbekommen: Jetzt bin ich wieder in Italien im Studio und so. ‚Ah, der ist wieder im Urlaub.' Jetzt grad kriegt sie das mit, was es bedeutet, Musiker zu sein. Jetzt will sie auch Musik-Videos von uns von früher sehen. Das hätte ich nie gemacht, wenn nicht sie da gewesen wäre. Man schaut sich ja nicht die alten Sachen an. Jetzt mache ich das. Und ich bin wirklich geflasht von diesen ganzen Filmen. Aus der Rückschau finde ich manche Sachen toller als damals. Das Video ‚Siehst du das genauso', das finde ich einfach schön. Sehr gelungen. Guter Style. Dann war ich geflasht, wie jung wir damals ausgesehen haben."

Peter macht während des Intermezzos einen Selbsterfahrungs-Workshop. „Meine Frau arbeitet als Coach. Das war ein anderes Gruppenerlebnis als in der Band. Und Rüde macht selbst eine Coaching-Ausbildung. Jeder hat sich irgendwo beschäftigt mit anderen Menschen. Ich habe mit zwei anderen Freunden eine EP aufgenommen. Da habe ich mich gefragt, was ist das Tolle an der Band? Man sieht das erst im Vergleich."

Während des mehrjährigen Intermezzos bis zur Gründung der „Fahrt ins Grüne"-GmbH („Jetzt geht's los, 'n Schuss Adrenalin und nichts wie hin zu unbekanntem Hochgefühl / 'n bisschen Mut und die Glut erlebter Glücksmomente brennt lange in der Erinnerung") macht Flo Musik u. a. im Duo Taskete, malt und schreibt. 2022 erscheint sein Roman *Die wundersame Ästhetik der Schonhaltung beim Ertrinken* bei Heyne Hardcore. Rüde kümmert sich inzwischen um Bienenvölker, macht Business mit Start-ups, bringt Hilfsgüter in die Ukraine. Peter lebt zurückgezogen auf dem Land mit Frau, Kind und Hunden: „Ich habe so herumgelebt, Daddy, Hausmann, ich habe komplett die Rolle geswitcht." Allerdings erscheint Ende 2021 ein kurzes Album im Trio mit Till Hofmann und Hannes Ringlstetter betitelt *Fünfer.* Ein witziger Versuch Peters, wieder als Schlagzeuger, aber auch als Sänger mit anderen alten Freunden zu musizieren.

„Ich finde, dass das eine tolle Platte zum zufälligen Entdecken ist", sagt Peter. Der Song „Tanzen und Schmusen" hätte als Single auch zu den Sportis gepasst. „Angry and wild" ist Peter dabei ebenso wenig wie mit den Sportfreunden. Er sagt: „Im Bandkosmos fände ich es cool, wenn wir unangepasster wären. Das liegt an mir. Das ist wohl eine frühkindliche Prägung: Sei brav, grüß schön, sag danke, Bayern halt, geh in die Kirche, tue Buße und dieser ganze Shit so. Da fände ich es geiler, wenn ich mehr Punk wäre."

Zeitweise bricht in dieser Phase der Kontakt zu Flo und Rüde komplett ab. Die Sportfreunde scheinen an ihr Ende gekommen zu sein. Auch laut Flo gab es keinen expliziten Krach. Aber am Ende der *Sturm & Stille*-Tour waren offenbar die Akkus leer. Flo und Rüde warten nun darauf, dass die Band-Pause endlich zu Ende geht.

Erst nach Jahren bringt ausgerechnet Corona die drei Freunde wieder zusammen. Peter sagt: „Wir waren in einem Café, haben etwas Veganes gegessen. Da war halt so der Gedanke, lass uns das bitte probieren mit der Musik, was die macht mit uns. Und ob wir Bock kriegen, Musik zu machen. Ob *ich* das formuliert habe? ‚Ob wir Bock kriegen, Musik zu machen …' Ich weiß es nicht mehr genau. Was wäre denn am besten für die Biografie? Wir gehen aus dem Café raus, und ich sag so beiläufig: ‚Hey Jungs, wollen wir nicht mal wieder eine Runde spielen?' Ja, so war's. Verifiziert. Der Terminkalender war voll. Wir sind zu Freunden in den Proberaum gegangen, etwa drei Wochen später. Wir haben uns auf einen Song geeinigt, den wir als Erstes spielen wollten. Für die Biografie: Es war ‚Der Titel vom nächsten Kapitel'. Und ich war so erstaunt, wo dieses Lied herkam. Das war der Wahnsinn. Keiner hat sich davor die Lieder angehört, um noch mal zu checken, welche Akkorde und so und wie der Text lautet. Aber dieses Lied kam aus irgendeiner hinteren Gehirnwindung rausgeschossen. Das war erstaunlich, das festzustellen, dass das nach den Jahren da ist."

Wie steht es in der Zeit mit neuen Songs? Peter weiter: „Wir sind keine Studentenband mehr. Wie werden wir älter als Sportfreunde? Wir brauchten damals eine Pause. Jetzt sehen wir, was zurückkommt oder neu da ist. Jeder hat sein Leben anders gelebt und eine Entwicklung gemacht. Deshalb entstehen jetzt auch die Lieder anders. ‚I'm Allright' ist als Erstes entstanden, am Anfang des ersten Lockdowns."

Die Sportfreunde Stiller merken, dass der Flow wieder da ist, nehmen viele weitere Songs auf, melden sich mit langen Interviews, die die Pause erklären, und mit gefeierten und teilweise ausverkauften Comeback-Gigs zurück. Peter: „Wir haben gutes Geld verdient mit der Band. Wahnsinn eigentlich, dass ich jetzt hier hocke mit fast 50 und die Band eine dritte Chance kriegt. Und ich muss nichts anderes machen als das, was ich jetzt gerade machen will. Wir haben ausgesorgt auf der Ebene: Wir mussten jetzt nicht wieder starten, weil die Kohle zur Neige geht. Das war überhaupt nicht der Beweggrund. Sonst hätten wir jetzt losziehen und vor dem Möbelhaus aktiv werden müssen. Du weißt schon. Was in den nächsten Monaten zu sehen sein wird, das machen wir aus freien Stücken. Aus wiedergewonnener Lust und Freude am Band-Dasein."

Allerdings gibt es bei der „Jeder nur ein X"-Tourplanung 2023 Probleme. Mit viel Humor und sprachlich überhöht verlegen die Sportfreunde die Gigs von größeren Hallen in kleinere. Am 21. Februar lautet die Mitteilung in den sozialen Netzwerken: „People of the Sportiverse! Aufgrund einer brutal genialen Eingebung unsererseits, welche einer kinetischen Zusatzaufladung gleichkommt, weil wir uns mehr räumliche Nähe zum Berliner und Hamburger Publikum wünschen, nehmen wir eine reduktive Verschiebung der Innenraumwandstruktur vor. Also: Wir verlegen unsere Konzerte in Hamburg und Berlin örtlich in folgende Läden, während das Datum bestehen bleibt. Berlin – Huxleys Neue Welt / Hamburg – Große Freiheit. Somit sind wir uns alle näher, interaktiver, lauter, vielste... weil enger. Verständlich? Das hat mit mehr Breite an der Dichte der Spitze zu tun. Und mit Nachhaltigkeit und ... äh ... Nachfrage. Da es nun wirklich nur noch Restkarten gibt, sollte eine gewünschte Teilnahme nicht nur willentlich kundgetan, sondern in eine aktive Konsumaktion transformiert werden. Karten behalten ihre volle Gültigkeit – trotz Wertsteigerung. Danke für eure Teilnahme! Wird brodeln. Eure Strukturierfreunde Styler."

Das auf der Tour beworbene Album *Jeder nur ein X* klingt sehr wie das vorhergehende, bekommt gemischte Kritiken, schafft es auf Platz sieben der Charts, verkauft sich allerdings schlechter als *Sturm & Stille* und liefert keine Hit-Single. Allerdings gehört „Wächter" zu den wichtigsten Liedern im Repertoire der Sportfreunde Stiller. In den Corona-Lockdowns hat jemand den inneren Kompass verloren: Flaschen sind voll von Zigaretten neben leeren Verpackungen von Schmerztabletten. Schmutzige Klamotten liegen zwischen Essensresten von Fastfood-Ketten. „Vom finstersten Tag bis zur dunkelsten Nacht – wir geben auf dich acht", singen die Sportfreunde und begleiten das Opfer von Nacht zu Tag, „aber gehen musst du selbst."

Geehrt wird die Band ein weiteres Mal im November 2022 mit dem Kulturpreis Bayern. Dirk Wagner fasst den Status quo 2023 anlässlich den Konzerts im Circus Krone zusammen: „Pandemie, Krieg, Klimakrise, Inflation wollen eine Party lang vergessen sein, ohne den Handlungsbedarf zu leugnen. Und das ist den Sportfreunden Stiller mit ihrem riesigen Herzen statt Hetze vorbildlich gelungen."

Die Band kennt die eigenen Vorzüge: Sie ist 2023 wieder auf Tour. Auf die Frage, was auf einer großen Plakatwand am Alexanderplatz stehen solle, welcher Satz, sagt Peter: „Peace. Frieden. Forever. Bitte. Wir haben andere Probleme. Lasst uns gemeinsam irgendwie schauen, dass wir die wirklichen Probleme dieser Erde gemeinsam in den Griff kriegen." Verkürzt: „Peace. Frieden. Wir haben andere Probleme."

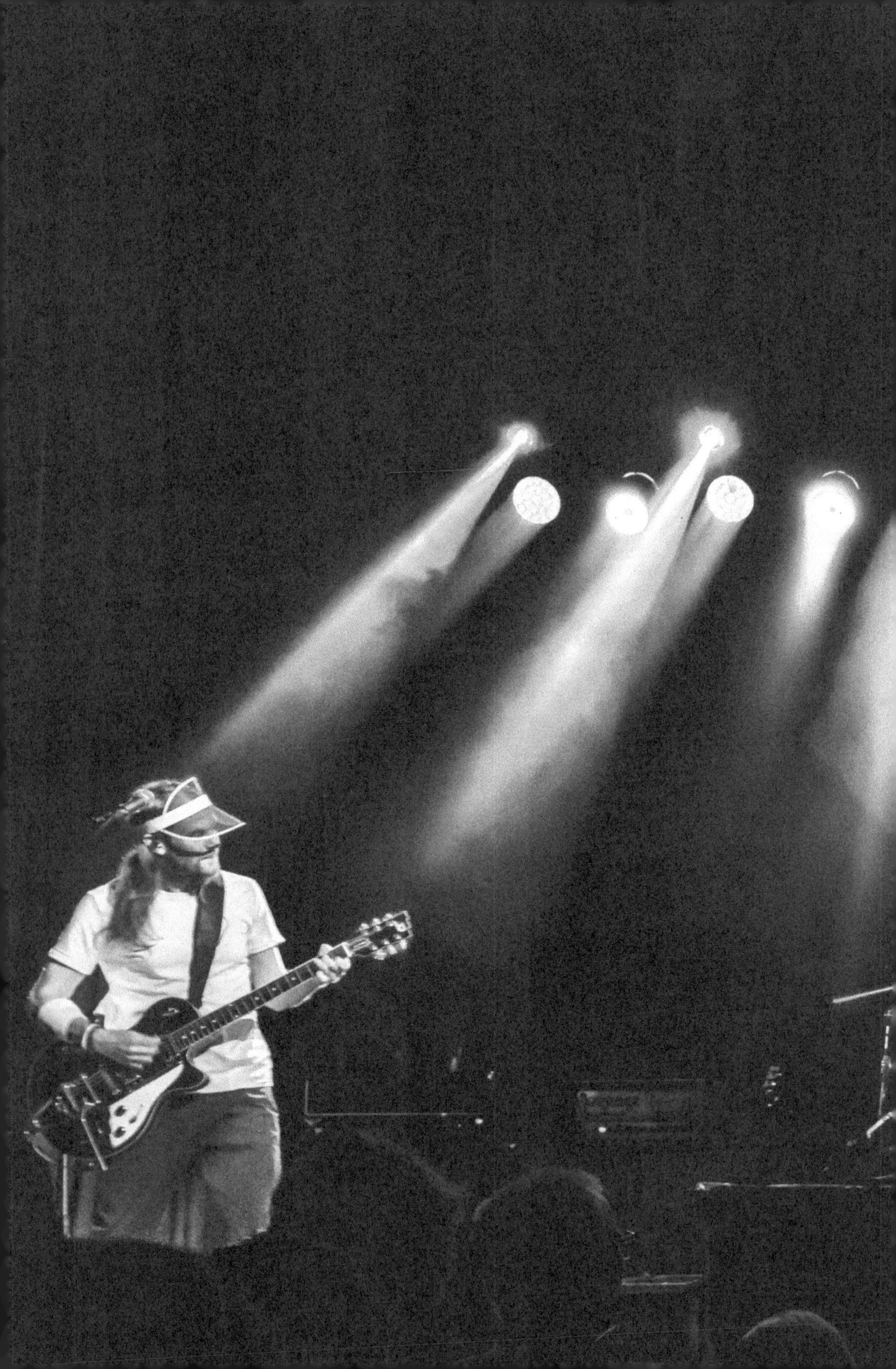

ANHANG

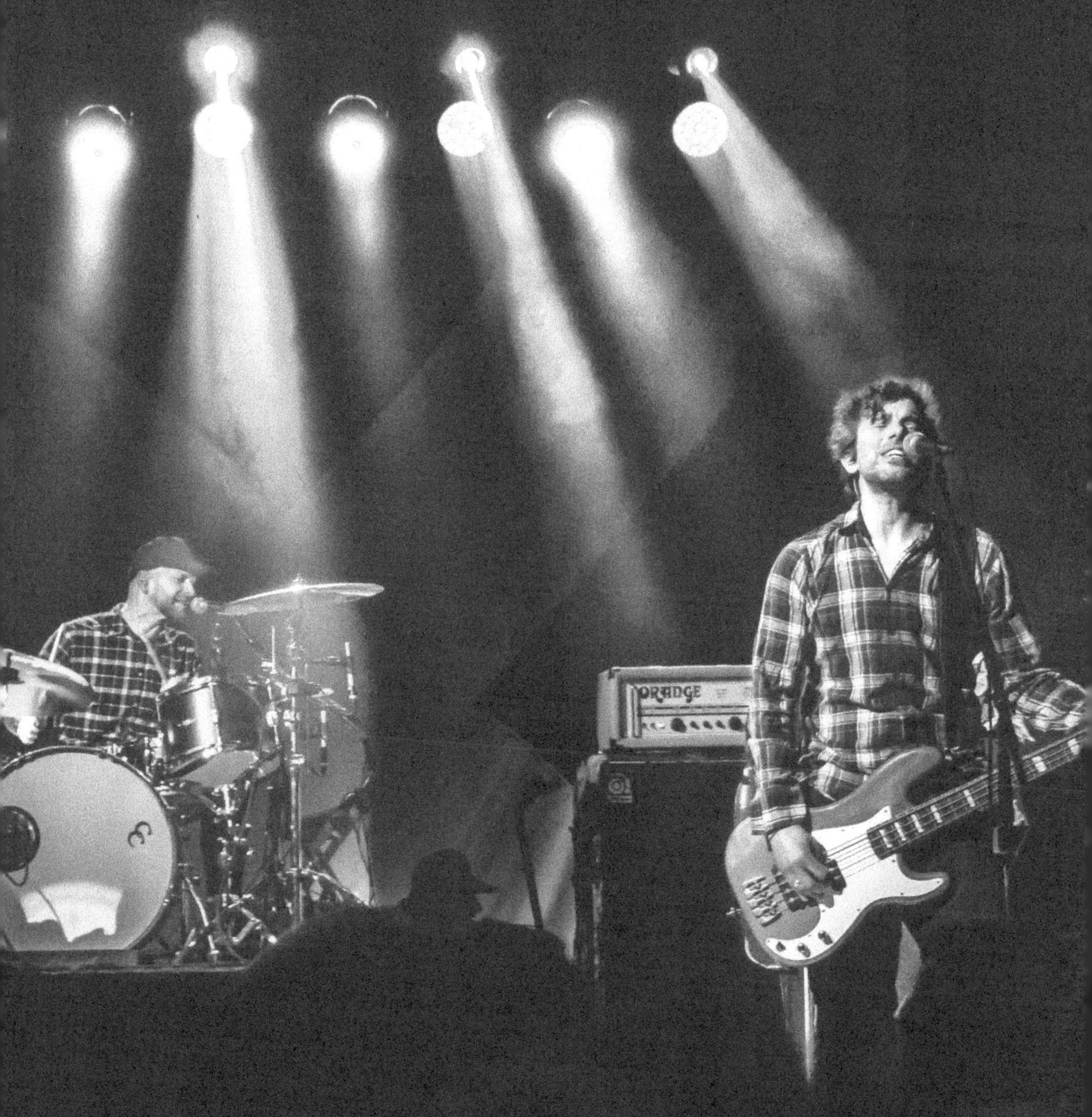

NACHWORT

„Ich stand an einer hoffnungslosen Kreuzung in Germering", berichtet der Liedermacher Georg Ringsgwandl in einer Dokumentation des Bayerischen Rundfunks über den Maler Heinz Braun, der von 1965 bis zu seinem Tod 1986 in Germering lebte. Braun arbeitete dort als Postbote, lieferte auch dem einen oder anderen Germeringer Sportfreund Postkarten, Briefe und Zeitschriften, lebte aber für die Kunst und war eng befreundet mit Herbert Achternbusch. Treffend schildert Ringsgwandl das Gefühl der Trostlosigkeit in der Trabantenstadt bei seinem ersten Treffen mit Heinz Braun.

Wie soll in der als bedauernswert empfundenen Peripherie der Millionenmetropole München große Kunst entstehen? Wie soll in dieser auf Künstler wie Ringsgwandl offenbar eher deprimierend wirkenden Gemeinde Germering-Unterpfaffenhofen, die zum Landkreis Fürstenfeldbruck gehört, in den 1990er Jahren Musik entstehen, die mit ihrer Lebensfreude den gesamten deutschsprachigen Raum begeistern wird?

Sportfreunde Stiller stammen aus Germering, aus dieser „Großen Kreisstadt" westlich von München. Mit der S-Bahn dauert es eine halbe Stunde bis zum Marienplatz. Wer in Germering-Unterpfaffenhofen aufwächst, der kennt den Mangel an Dazugehörigkeitsgefühl, denn Germering gilt nicht als eine schöne oder besonders lebenswerte Stadt im Speckgürtel der Isarmetropole. Viele halten Germering noch heute für eine Schlafstadt, eine Art Verlegenheitslösung, wo die Mietpreise nicht ganz so hoch sind wie in der Umgebung rundherum. Man wohnt also in Germering, arbeitet aber oftmals im teuren München oder fährt in umgekehrter Richtung an Germering vorbei Richtung Herrsching, in die liebliche Fünfseenlandschaft. Und doch hat Germering einiges zu bieten (Rüde ist selbst erst während der Sportfreunde-Karriere nach Germering gezogen), insbesondere den Knast – die Cordobar am Bahnhofplatz, wo die Sportfreunde

Stiller in ihrer Anfangszeit proben und auftreten. Oder das Freibad, wo der erste Videoclip der Sportfreunde gedreht wird zum Song „Wellenreiten".

„In Germering ist wahrscheinlich das größte, aber dafür unlösbare Problem, den Ortskern zu finden", schreibt Christian Ertl in seinem Buch *Macht's den Krach leiser*. Das Zentrum von Germering ist tatsächlich schwer zu bestimmen, aber der Bahnhofsplatz mit der Cordobar ist leicht zu finden. Mit vier Grundschulen, zwei Mittelschulen, einer Realschule und zwei Gymnasien ist Germering Lern- und oft auch Lebensmittelpunkt für viele Jugendliche und damit auch Nährboden für Subkulturen. Gleichzeitig bilden sich hier auch besondere Willenskräfte aus. Schließlich gilt es, den Schnöseln aus der Umgebung zu zeigen, dass man es gerade hier bis ganz oben schaffen kann. Das gilt für den Vater des Malers Carl Spitzweg, der es in Unterpfaffenhofen zu Reichtum bringt, ebenso wie für die Skirennläufer-Familie Dürr. Gerade etwas abseits der berühmten bayerischen Hauptstadt, also in dieser provinziellen Umgebung, können Songs entstehen, mit denen sich Menschen aus allen sozialen Schichten und aus ganz Deutschland identifizieren.

Auf dem Germeringer Waldfriedhof ist der Musiker und Schlagersänger Gus Backus („Da sprach der alte Häuptling der Indianer") begraben. 1961 gelingt Backus ein Nummer-1-Hit mit „Der Mann im Mond". Kurz davor ist die erste Mondsonde Luna 2 gelandet. Backus singt: „Was ist am Mond der letzte Modetanz? Oder verachtet man vielleicht die Mode ganz? Ist man schon an die Musikbox gewohnt? Denn schließlich wohnt man dort ja auf dem Mond." Backus und Endkrass und später Stiller – wie die Band zu Beginn der Karriere schlicht heißt – verbindet das erfolgreiche Vertonen gesellschaftlicher Aktualitäten, weit hergeholte Reime, Charterfolge mit Mitte zwanzig, die Produktion witziger Videoclips – und die Nähe zu Germering.

In Germering-Unterpfaffenhofen wohnte auch viele Jahre die 1974 mit 49 Jahren verstorbene Schlagersängerin Gina Lind („Liebe ist ja nur ein Märchen", mit Vico Torriani) und Chris Howland („Das hab ich in Paris gelernt" und „Unterpfaffenhofen über Oberpfaffenhofen"). Wenig bekannt ist die Tatsache, dass Angela Hammitzsch, Adolf Hitlers Halbschwester und die einzige lebende Verwandte, zu der sich Hitler öffentlich bekannte, von 1945 bis kurz vor ihrem Tod 1949 inkognito in Germering lebte. Erst nach ihrem Tod entdeckte man ihre wahre Identität.

Germering ist für viele Überraschungen gut. Vor allem hat Germering den Germ-Pop hervorgebracht. Er ist in der deutschen Musikszene der 1990er Jahre ein stehender Begriff. Im Juli 2000 titelt die Regionalausgabe Fürstenfeldbruck der *Süddeutschen Zeitung* auf der Jugendseite: „Da freuen sich die Ohren! Die Sportfreunde Stiller in Fürstenfeldbruck." Im Bericht heißt es: „Ihnen ist es unter anderem zu verdanken, dass man sich seines Nummernschildes nicht mehr schämen muss. Jetzt kann man wieder nach München fahren und sagen: Ja, ich komme aus dem Landkreis FFB, ohne zu erröten. Umso schöner, dass die Sportfreunde auch mal wieder zu uns kommen, nicht nur, um ihr ‚Heimatlied' zu spielen."

Auf den Jugendseiten „Jetzt" der *Süddeutschen Zeitung* findet im Oktober 2000 eine internationale Diskussion über Sinn und Unsinn deutschsprachiger Rockmusik statt. Es meldet sich die 24-jährige Susanne (susanne1000th@hotmail.com): „I find it much better, when a band uses good lyrics in German rather than bad lyrics in English. And in the worst case, they even have a bad pronunciation. Not the language but the quality of the lyrics is important. An excellent example for a great German singing band are Sportfreunde Stiller."

Kaum jemand, der heute noch Musik macht, hat den Frontmann der Sportfreunde, Peter S. Brugger, von Kindsbeinen an in Germering besser kennengelernt als Jochen Quindel. Der Bassist der mit Stiller befreundeten Band Splendid hat einen Song über seine Stadt der Kindheit und Jugend geschrieben, den er später auch mit den Sportfreunden performt hat:

Ein alter Mann zieht durch die Straßen, ich habe ihn gesehen. Eigentlich ist er mehr gerannt, er blieb kaum noch stehen. Sag, wovor will er flüchten, die Stadt ist doch so schön. Und wenn's ihm nicht gefällt, jeder hier kann gehen. Endstation ist Germering
Wertstoffhöfe, Siedlungsbrei
WWK und Allguth, ja das ist Germering … Endstation ist Germering, ausgerechnet Germering
Alles nur nicht Germering, doch es ist die Endstation.

Germering, die Endstation *und* die Ausgangsbasis für die Jelly Bag Caps, für Stufe Drei, für Projekt Paul, für Endkrass, für Stiller, für die Sportfreunde Stiller.

Ohne Germering kein „Applaus, Applaus"!

LITERATURVERZEICHNIS

Birgit Ackermann: Cool, herrlich, groß – Die Sportfreunde Stiller besuchen die wichtigsten Pop-Musikbühnen Münchens. Süddeutsche Zeitung, 2002

Johanna Adorján: Die besten Popsongs – und die schlimmsten. FAZ, 2004

Miriam Antretter, Uta Künkler: Stadtgespräche aus München. Gmeiner Verlag, 2014

Titus Arnu: Sportfreunde werden stiller – 54, 74, 90, 2000 – äh. Süddeutsche Zeitung, 2010

Julia Bähr: Wir spielen Eins-zwo-drei-vier-System. Das Herz in der Hand rockt besser – Die neue Platte der Sportfreunde Stiller. FAZ, 2007

Felix Bayer: Stiller nicht still – Das Auswärtsspiel der Sportfreunde Stiller – die umfassende taz-Analyse. taz, 1998

Thomas Becker: Elf Lieder müsst ihr sein – Die Sportfreunde Stiller beim Heimspiel im Lustspielhaus. Süddeutsche Zeitung, 2006

Jan Bielicki: Wider die Gefahr – Sportfreunde Stiller spielen gegen Rechtsextremismus. Süddeutsche Zeitung, 2008

Bernhard Blöchl: MTV One Night Stand – Nur Frust und Ärger. Süddeutsche Zeitung, 2000 / Rock ist Pop ist immer noch Rock – Beim Finale des ersten Wettbewerbs „Sprungbrett“ dominiert Altbewährtes. Süddeutsche Zeitung, 2001 / So wie einst die Rolling Stones – Die Sportfreunde Stiller setzen sich in der oberen Popliga fest. Süddeutsche Zeitung, 2002 / Heimisch. Süddeutsche Zeitung, 2002 / Drei Burlis müsst ihr sein – Wie die Sportfreunde Stiller mit Leistungsdruck umgehen und zum Tour-Finale die Olympiahalle füllen wollen. Süddeutsche Zeitung, 2004 / Drei Münchner für Spanien – Die Sportfreunde Stiller wollen zum zweiten Mal die Olympiahalle rocken – und schielen nach Südeuropa. Süddeutsche Zeitung, 2007

Jörg Böckem: Latein hilft beim Texten – Lernen im Tourbus – Wie die Jungs von Tocotronic und Sportfreunde Stiller ihr Doppelleben als Rockmusiker und Studenten führen. Der Spiegel, 2000

Peter M. Boenisch: Für eine Nacht voller Seligkeiten. Süddeutsche Zeitung, 2000 / Reif für die Bundesliga. Süddeutsche Zeitung, 2000 / Allstar Band – Brüder am Ball. Süddeutsche Zeitung, 2002

Michael Bremmer: Die „endkrasse" Karriere der „Sportfreunde Stiller" – Mit Punkrock vom „Knast" in die Olympiahalle – Ihre Platten erobern die Top-Ten, zu den Konzerten kommen Tausende, doch die Brucker Musiker bleiben erdverbunden. Süddeutsche Zeitung, 2004 / Kreative Rebellion gegen den Weißbier Rock – Seit 20 Jahren bestimmt die Region die Musikszene – Bananafishbones, Sportfreunde Stiller, Schandmaul – Münchens derzeit erfolgreichste Bands stammen aus dem Umland. Süddeutsche Zeitung, 2007 / Alle für einen, einer für alle – Ausgerechnet zur Fußball WM pausieren die Sportfreunde Stiller – aber ihr Management ist trotzdem schwer beschäftigt. Süddeutsche Zeitung, 2010 / Einer für alle – Das Herz der Viererkette: Marc Liebscher ist seit 20 Jahren Manager der Sportfreunde Stiller. Während die Musiker im Rampenlicht stehen, zieht er im Hintergrund die Fäden. Süddeutsche Zeitung, 2016 / Die Leichtigkeit war weg – Nach vier Jahren Pause gibt es wieder Lebenszeichen der Band Sportfreunde Stiller. Peter Brugger, Florian Weber und Rüdiger Linhof arbeiten an einem neuen Album – und planen Konzerte. Süddeutsche Zeitung, 2021 / Warner Chappell Music – Wir sind von einer Chancengleichheit noch weit entfernt – Natascha Augustin hat Hip-Hop-Künstler zu Warner Chappell Music geholt, als mit Deutsch-Rap noch keiner etwas zu tun haben wollte. Süddeutsche Zeitung, 2021

Sabine Buchwald mit Thomas Kirchner: Musikszene Bayern – Die Sportfreunde Stiller: „Wir sind halt ziemlich direkte Typen" – Eingängige Melodien, einfache Texte – das Trio über seinen Weg an die deutsche Pop-Spitze. Süddeutsche Zeitung, 2007 / Auf der guten Seite – Die Sportfreunde Stiller über sinnvollen Bürgerprotest, notwendigen Freiraum und überflüssige Millionen-Projekte. Süddeutsche Zeitung, 2013

Karin Bühler: Stars, die man aus dem Fernsehen kennt. Süddeutsche Zeitung, 2002

Klaus Cornfield: Soundcheck – Sportfreunde Stiller. taz, 1999

Philipp Crone: Gruppenkaspar – Florian Weber ist der Schlagzeuger bei den Sportfreunden Stiller – die machen allerdings gerade eine Pause, also schreibt der 38-Jährige. An diesem Mittwoch präsentiert er sein zweites Buch: Es ist ein wenig schräg, genau wie er selbst. Süddeutsche Zeitung, 2012

Steffi Dobmeier: Ganz schön groß geworden. Mitbrüllknaller und Alltagsweisheiten. Die Sportfreunde Stiller bleiben sich treu. Manch einer könnte sich die auf einem Kirchentag vorstellen. taz, 2013

Björn Döring: Die Klangmalerei der Bilderbuchtore. taz, 2001

Julian Dörr: Sportfreunde Stiller sind keine Band. Süddeutsche Zeitung, 2016

Josef Engels: Elf Knödler sollt ihr sein – Mal Blutgrätsche ins Ohr, mal tönender Doppelpass. Wie sich Deutschland musikalisch auf die WM einstimmt. Die Zeit, 2006

Christian Ertl: Macht's den Krach leiser – Popkultur in München von 1945 bis heute. Allitera Verlag, 2010

Max Fellmann: „Mit 24 will man entdecken, mit 44 bewahren". Einst traten die Sportfreunde Stiller als gut gelaunte Indie-Pop-Buben an. Dann kamen Hits, Stadionkonzerte und Weltmeisterschaften. Wie lebt es sich mit so einem Image, wenn man um viele Erfahrungen reicher ist – und vor allem: zwanzig Jahre älter? Ein Wiedersehen. Süddeutsche Zeitung, 2016

Valentina Finger: Dann lehnte man die Sportfreunde ab – Die Subkultur im Alten Schlachthof ist Treffpunkt und Sprungbrett vieler regionaler Bands. 2015

Stefan Galler: Popmusik für das 21. Jahrhundert. Süddeutsche Zeitung, 1999

Marion Gerth: Comics auf Tauchstation. Süddeutsche Zeitung, 1999

Sebastian Gierke: Raus aus der Fanmeile – Die Sportfreunde Stiller stellen ihre neue CD vor. Süddeutsche Zeitung, 2007 / Jetzt ist es raus – Heute erscheint das neue Album der Sportfreunde Stiller. Süddeutsche Zeitung, 2007 / Lustpop und Fußball – Beim Abschied von Mehmet Scholl kollidieren Welten. Süddeutsche Zeitung, 2007

Rich Goerlich: Ladies and Gentlemen: This is Munich – Rockmusik und Prügeleien: Münchner Indieschule auf Klassenfahrt ins Heimatland des Rock'n'Roll. Süddeutsche Zeitung, 2005

Oliver Goetz: Temporeich und unverdrossen schlagen sich die drei Münchner auf die weitgehend belanglose Seite. Musikexpress, 2002

Stephan Handel: Doppel-Geburtstag im Lustspielhaus. Süddeutsche Zeitung, 2005

Herbert Hauke, Arno Frank Eser: Rock & Pop im Olympiapark München – Größer, härter, lauter – Musikgeschichte(n) aus vier Jahrzehnten. München-Verlag, 2014

Magnus Heier: Die Allmacht der Gesänge. Wie Fans und Spieler bei der WM musikalisch gesteuert werden. FAZ, 2006

Ines Hennenberg: Musik macht alles größer. Die Sportfreunde Stiller sind wieder da! Bandmitglied Florian „Flo" Weber über neue Songs, alte Klischees und zeitlose Wahrheiten. Centaur, 2023

Katrin Hildebrand: Hoffnungsvolles im (beinahe) leeren Raum – Ultra Violet und Stiller im Knast. Süddeutsche Zeitung, 1997

Oliver Hochkeppel: Der Flughafen Neubiberg hebt ab. Süddeutsche Zeitung, 1999 / Der Durchbruch kam mit Udo Lindenberg – Das Downtown Studio in der Augustenstraße hat Münchens große Zeit als Zentrum der Rockmusikproduktion miterlebt. Jetzt feiert es 30-jähriges Bestehen. Süddeutsche Zeitung, 2013

Marcus Jung: Peter Brugger und Florian Weber von Sportfreunde Stiller: „Unser Wunsch – jedes Jahr WM". FAZ, 2006

Markus Kavka: Gute Jungs. Die Zeit, 2008

Andreas Kellner: Sportfreunde Stiller – Meister der Herzen. Visions, 2002

Florian Kinast: Es begann mit einem Damenstrumpf – 40 Menschen, 40 Geschichten – Erzählungen aus dem Olympiapark. Stiebner, 2012 / Die Könige der Welt – Taktik, Tragik und Triumphe – Die Geschichte der Fußballweltmeisterschaften von 1930 bis heute. dtv Verlag, 2022

Christoph Koch: Was ist dran am Vorstadt-Hype? Germeringer Bands versetzen Münchens Szene in Verzückung. Christoph Koch traf die Musiker. Süddeutsche Zeitung 1996. / Backstage rockt. Süddeutsche Zeitung, 1997

Michael Köhler: Ungeschliffener Gitarrenpop. FAZ, 2004 / Wie beim Fußball – Die Sportfreunde Stiller im Zoom, 2022

Josefine Köhn: Dreißig Sprünge ins kalte Wasser: Was die „Sportfreunde Stiller" alles tun, um berühmt zu werden. Süddeutsche Zeitung, 1999 / DJ Hell im Dom und andere Touristenattraktionen. Süddeutsche Zeitung, 2000

Franz Kotteder mit Michael Grill: Stern des Südens. Süddeutsche Zeitung, 1999

Dorit Kowitz: Die Musiktour „Laut gegen Gewalt" – Mit tollem Lärm Mut machen – Jeder Euro Eintritt der Konzertveranstaltungen in west- und ostdeutschen Städten geht an eine Stiftung und ein Aussteigerprogramm. Süddeutsche Zeitung, 2002

Dirk Krömer: Die Mondfahrer – Mit liebevoller Anarchie und subkulturellem Pop hat sich der Musiksender „Viva Zwei" zum Trendsetter aufgeschwungen. Süddeutsche Zeitung, 2000

Matthias Kuhn: Poetisches Doppel – Sportfreunde Stiller und Readymade in der Muffathalle. Süddeutsche Zeitung, 2000

Tomasz Kurianowicz: Ausweitung der Stampfzone – Bei Stefan Raabs Bundesvision Song Contest leisteten sich 16 Bands einen erbitterten Wettstreit. Nach einem spektakulären Kopf-an-Kopf-Rennen fiel die Entscheidung knapp und überraschend aus. Süddeutsche Zeitung, 2008

Tino Lange: Sportfreunde Stiller – Butterweiche Melodienpässe – Sportlich war es bisher kein gutes Jahr für Florian, Rüdiger und Peter – 1860 stieg ab, und die Bayern blieben titellos.

Sebastian Leber: Bajuwarische Träume vom perfekten Tor. taz, 2000

Christoph Leischwitz mit Tobias Moorstedt: Germeringer Schulklassen – Die Germeringer Schule ist eine Hochburg des Pop. Süddeutsche Zeitung, 1999

Christoph Leischwitz: Wir sind stolz auf euch! Die Sportfreunde Stiller bei ihrem Heimspiel. Süddeutsche Zeitung, 2000

Martin Lutz: Eine Kleinstadt steht Kopf für seine Stars – Formulierungen für eine ganze Generation. Süddeutsche Zeitung, 2002

Jörg Marwedel: Lauth anhör'n – HSV-Stürmer schießt bei seinem Comeback wieder das Siegtor. Süddeutsche Zeitung, 2005

Helmut Mauró: Gutes Recht und späte Rache – Heino singt die Lieder derer, die ihn bisher so gern verhöhnten. Süddeutsche Zeitung, 2013

Christian Mayer: Los, freut euch – die etwas andere Premiere. Süddeutsche Zeitung, 2003

Georg Meck: München ist die perfekte Art, sich zu erholen. Die Sportfreunde Stiller zeigen ihre Stadt. Ein Rundgang durch Cafés und Trendviertel. Auf der Suche nach sympathisch ranzigen Clubs. FAZ, 2008

Alexander Menden: Auswärtssieg beim Heimspiel – Die Sportfreunde Stiller treffen beim Konzert in London viele alte Freunde. Süddeutsche Zeitung, 2005

Andreas Merkel: Abstiegskandidaten. Das neue Album Burli von Sportfreunde Stiller. Die Zeit, 2004

Jürgen Moises: Raus in den Bilderrausch. Florian Weber, Drummer der Sportfreunde Stiller, schreibt und malt. Eine Ausstellung zeigt seine Werke. Süddeutsche Zeitung, 2018

Alexander Neumann: Der stille Sportfreund. Klartext, Journalistenschule München, 2009

Christof Nikolai: Aus Germering in den Pop-Himmel. Süddeutsche Zeitung, 1999

Jochen Overbeck: Es darf gefeiert werden. Süddeutsche Zeitung, 1999 / Gemering Open Air. Süddeutsche Zeitung, 1999 / Von den Wurzeln des Germ-Pop – Weshalb es in Germering eine Szene gab, die bundesweit beachtet wurde. Süddeutsche Zeitung, 2000 / Die Sportfreunde Stiller erinnern sich an ihren ersten „Auftritt" – „Gegen Bruck haben wir mal im Fußball verloren" – Interview mit dem durch ganz Deutschland tourenden Trio, das heute beim Kino-Open-Air auftritt. Süddeutsche Zeitung, 2000 / Trainer Stiller und die EM – Der Namensgeber spielt jetzt in Milbertshofen, Süddeutsche Zeitung, 2000 / Der Spaß am Springen und am Singen – Trotz des schlechten Wetters begeistern die berühmt gewordenen Lokalhelden das Publikum. Süddeutsche Zeitung, 2000

Wolfgang Petters: Zwei Drummer, drei Akkorde und andere Probleme – Musiker von Sportfreunde Stiller, Bananafishbones und Schandmaul schreiben für die Jugendseite über ihre musikalischen Anfänge. Süddeutsche Zeitung, 2004

Cornelius Pollmer mit Martin Machowecz: Rockige Vertretungsstunde – Beinhartes Schusstraining mit den Sportlehrern Stiller – Gold in der Kehle und in den Beinen – Die Sportfreunde Stiller besingen nicht nur König Fußball auf ihrer neuen Platte. Sie kicken auch selbst. Der Spiegel, 2006

Jens-Christian Rabe: Nicht so still, Freunde. Die Münchner lamentieren gerne darüber, warum aus dieser Stadt keine große Popmusik kommt. Aber die Frage ist falsch gestellt. Macht doch einfach! Oft ist bloß aus Zufall entstanden, was im Nachhinein als Sensation verklärt wird. Süddeutsche Zeitung, 2018

Annette Ramelsberger: Gegengift zu NPD-Musik. Süddeutsche Zeitung, 2005

Tobias Rüther: Steh auf, wenn du Musikfreund bist. Da dreht sich nichts. Warum keiner Herbert Grönemeyers offizielle Hymne zur Fußball-Weltmeisterschaft mitsingen mag. FAZ, 2006

Michael Sailer: Sportfreunde Stiller – „Thonträger". WOM Journal, 1998

Jörg Schallenberg: Grundstein für die Münchner Schule – Sportfreunde Stiller zeigen den Hamburgern, wo's lang geht. Süddeutsche Zeitung, 2000 / Sportfreunde Stiller – Zur Sache, Schätzchen. Sie wollen die WM-Hymne von 2006 nicht „Deppen wie Bon Jovi" überlassen und nennen ihre CDs „Thonträger" oder „So wie einst Real Madrid". Für die Sportfreunde Stiller aus München ist Fußball ein echtes Thema für Popmusik. Der Spiegel, 2000 / Bitte keine Fanpost – Als DJ, Manager und Veranstalter steht Marc Liebscher im Mittelpunkt der Münchner Szene. Süddeutsche Zeitung, 2000 / Endlich in der Bundesliga – Die Sportfreunde Stiller sind auf dem Weg vom ewigen Geheimtipp zu echten Stars. Süddeutsche Zeitung, 2000 / Virginia Jetzt! – Lasch. Süddeutsche Zeitung, 2002 / Ohrfeigen für ein Kompliment – Nie waren die Sportfreunde Stiller so erfolgreich wie mit ihrer neuen CD – was viele Kritiker offenbar stört. Süddeutsche Zeitung, 2002 / Sportfreunde Cosmic Weilheim – Die All-Star-Truppe „Bolzplatz Heroes" im Backstage. Süddeutsche Zeitung, 2003

Max Scharnigg: Sportfreunde Stiller – So wie einst Real Madrid. Süddeutsche Zeitung, 2000 / Sportfreunde Stiller organisieren die Demo gegen Rechtsextremisten an diesem Freitag – „Nachdenken über eine tolerante Gesellschaft" – Bassist Rüdiger Linhof über das Anti-Neonazi-Engagement der Band und Geschmacklosigkeiten im Wahljahr. Süddeutsche Zeitung, 2008

David Scherf: Sportfreunde Stiller – Fußballbegeisterte Rasenrocker. Der Spiegel, 2013

Ingeborg Schober: Heimspiel auf dem Strand unter dem Asphalt. Süddeutsche Zeitung, 2005

Philipp Schwenke: Die Hochschulfreunde-AG. Mensagespräch mit Sportfreunde Stiller. Die Zeit, 2009

Frederik Seeler: Ein Spiel in Freundschaft – Die Sportfreunde Stiller im Offenbacher Capitol. FAZ, 2016

Christian Seidl: Dampfgetrieben – Der Musikexpress ist das älteste Flaggschiff der deutschen Musikpresse – Jetzt wird es erneuert. Süddeutsche Zeitung, 2002 / Christian Seidl mit Julia Strattmann: Wir haben einen Traum – Die Sportfreunde Stiller gehören zum Besten, was der deutsche Indie-Pop zu bieten hat. Süddeutsche Zeitung, 2002 / Deutschlands derzeit erfolgreichste

Popband auf der Ochsentour zum Ruhm – Einmal Mond und zurück – Die Sportfreunde Stiller spielten erst vor 19 Leuten und füllen jetzt die Münchner Olympiahalle, obwohl sie alles anders machen als die anderen. Süddeutsche Zeitung, 2004 / Spreu und Weißbier – Flo Weber hat mal Urlaub von seiner Band Sportfreunde Stiller genommen – und ein Buch geschrieben. Süddeutsche Zeitung, 2006

Christian Spiller: „Stell dir vor, Götze und Lewandowski legen Bayern zwei Eier rein!" Komplettes Ausrasten gibt es nur beim Fußball. Die Sportfreunde Stiller reden über das irre Gefühl nach einem Tor und das deutsche Finale. Die Zeit, 2013

Harald Staun: Die Programm-Wirtschaft – Kampf um die Quote: Sollen deutsche Menschen deutsche Lieder hören? Und ist irgendwem damit geholfen? FAZ, 2003

Sportfreunde Stiller: Tourbo-ok. Blickpunkt Pop, 2007

Jochen Temsch: Das Ende der Unverbindlichkeit – „Burli", Olympiahalle, Friedens-Einsatz – Die Sportfreunde Stiller haben etwas Größeres vor. Süddeutsche Zeitung, 2004 / Super Roque – Die Sportfreunde Stiller triumphieren in der Olympiahalle. Süddeutsche Zeitung, 2004 / Fast wie von selbst – Sportfreunde Stiller geben ein Geheimkonzert im Backstage. Süddeutsche Zeitung, 2005 / Die Krüge hoch, Sportfreunde! Süddeutsche Zeitung, 2006 / Auf der guten Seite – Sportfreunde Stiller in der Olympiahalle besser denn je. Süddeutsche Zeitung, 2007

Klaus Ungerer: Der Ball macht die Musik. Im Stadion endet die Ironie – Sportfreunde Stiller auf Kursfahrt in Berlin. FAZ, 2006

Dirk Wagner: Meret und die singende Säge – Die Sportfreunde Stiller in New-York-Kulisse auf MTV. Süddeutsche Zeitung, 2009 / Stadionatmosphäre – Sportfreunde Stiller unplugged, dafür mit vielen Gästen. Süddeutsche Zeitung, 2009 / Die Drei vom Baggersee – In der ausverkauften Kongresshalle demonstrieren die Sportfreunde Stiller, weshalb sie so erfolgreich sind: Es ist diese Mischung aus Hitpotential und Gesangsmelodien, mit denen man sogar Blockflötenlehrerinnen vergraulen könnte. Süddeutsche Zeitung, 2013 / Sie wollen nur spielen. Seit zehn Jahren gibt es die bayerische Allstar-Band Allmšik. Aber erst jetzt hat das prominent besetzte Trio aus Hannes Ringlstetter, Peter Brugger, Till Hofmann mit *Fünfer* sein erstes, kurzes Album herausgebracht. Süddeutsche Zeitung, 2021 / Mit riesigem Herz – Der Auftritt der wiedervereinten Sportfreunde Stiller im Circus Krone wird für Band und Fans zum Nostalgie-Trip. Auch bei ihrem Comeback beweisen die Sportis wieder, dass Partymachen und soziales Engagement gut zusammengehen. Süddeutsche Zeitung, 2022

Markus Walter: Schönheiten der Nacht – Die Münchner Klubs Clubs und Konzerthallen im Internet. Süddeutsche Zeitung, 2000

Cornelia Weber: Heimspiel. Die Sportfreunde Stiller im Kesselhaus. Süddeutsche Zeitung, 2013

Florian Weber: You'll Never Walk Alone – Ein Fußballmusikroman. Warum Bruderliebe unzertrennlich ist … und wieso Torhüter keine Gitarrenspieler sind. Rowohlt Verlag, 2006

Volker Weidermann: Sportfreunde Stiller – Applaus, Applaus. FAZ, 2013

David Weigend: Testspiel vor der neuen Saison – Die Sportfreunde Stiller wechseln vom Studio ins Backstage. Süddeutsche Zeitung, 2001 / Die Champions von morgen – Die Sportfreunde Stiller wirken im Backstage bereit für den Sprung nach oben, Süddeutsche Zeitung 2002 / Reise zum Planet des Friedens – Beobachtungen beim Musikfestival gegen die Sicherheitskonferenz, Süddeutsche Zeitung, 2004

Beate Wild: Unplugged in Munich. Süddeutsche Zeitung, 2009 / Sportfreunde Stiller in München – Sie waren doch mal in New York – Heimspiel: Mit Akustikgitarren, Streichern, Bläsern und viel Charme bringen die Sportfreunde Stiller ihr MTV-Unplugged-Album in die Münchner Olympiahalle. Süddeutsche Zeitung, 2010

Josef Winkler: Fußball kommt nach Haus – Sie haben sich nicht verbiegen lassen und sind „Semi-Promis" geworden. Jetzt haben Sportfreunde Stiller ein Fußball-Album gemacht. Der Ballsport als Metapher für das Leben? „Genau! Schreib das bitte! Dann kriegst einen Zehner." Musikexpress, 2006 / Zurück in der Wirklichkeit – VorherNachherBilder – Seit der WM sind die Sportfreunde Stiller bekannt wie bunte Hunde. Jetzt ist das neue Album La Bum da. Und das Postulat: „Wir wollen nicht Deutschlands Fußballband sein!" Musikexpress, 2007

Thomas Winkler: Tocotronic für Arme. Nicht wirklich schlecht – einfach da. Sportfreunde Stiller aus München bespielen mit ihrer Mischung aus universeller Ansprache, eingängigen Songs und Fußballfantum mittlerweile die größeren Hallen. taz, 2004 / Rockband Sportfreunde Stiller – Burschen, Bälle, Banalitäten. Der Spiegel, 2007

Michael Zirnstein: Nachhilfe beim Kuss der Muse – Ein Liebeslied ist das perfekte Geschenk zum Valentinstag – Was Experte Peter von den Sportfreunden Stiller rät. Süddeutsche Zeitung, 2003 / Hart, zart und flippig – Warum sich die Sportfreunde Stiller gerne auch in anderen Formationen ausleben. Süddeutsche Zeitung, 2006 / Sportfreunde-Stil: Hör-Ausstellung. Süddeutsche Zeitung, 2013 / Kreativer Hirnschiss – Nach einer Pause haben die Sportfreunde Stiller ein neues Album aufgenommen, sind wieder auf Tour, und Florian Weber zeigt bei Truk Tschechtarow seine „Liederabhak-Kunst". Süddeutsche Zeitung, 2013 / Für das Positive auf der Welt – 20 Jahre Sportfreunde Stiller: Bevor im Oktober das neue Album „Sturm & Stille" erscheint, tritt Bayerns erfolgreichstes Pop-Trio beim „Chiemsee Sommer" auf. Süddeutsche Zeitung, 2016 / Zweischneidiger Einklang – Florian Weber, Schlagzeuger der Sportfreunde Stiller lässt es mit dem Frankfurter Noiserocker Aren Emirze im Duo Taskete krachen. Süddeutsche Zeitung, 2018 / Zeit der Erzählung – Die Sportfreunde Stiller setzen auf Geschichten und Kreativität. Süddeutsche Zeitung, 2020 / Der Rocker und der Jazzer – Seit Jahren trommelt Flo Weber für die Sportfreunde Stiller, er schreibt Bücher und malt. Mit seinem älteren Bruder Jörg hat er nun MS Flinte gestartet, ein kurioses Crossover-Projekt. Süddeutsche Zeitung, 2021 / Vom Trainingslager in den Spielbetrieb – Die Sportfreunde Stiller testen nach fünf Jahren Pause vor der Stadiontournee mit Herbert Grönemeyer neue Songs, alte Gesten und ihre Freundschaft. Süddeutsche Zeitung, 2022

WEITERFÜHRENDE LINKS

www.atomic.de
www.be-coaching.info
www.bellevuedimonaco
www.blickpunkt-pop.de
ccd-sportfreunde-stiller.pdf (chart-history.net)
www.casapepestudio.com
www.cordobar.de
www.geraldvonforis.de
www.graphic-o-rama.de
www.hotel-biss.de
www.hotelmatze.de
www.keinbockaufnazis.de
www.laut.de
www.lautgegennazis.de
www.motor.de
www.pittiplatsch3000.de
www.sfs-fanclub.com
www.sportfreunde-stiller.de
Sportfreunde Stiller Concert Setlists
Sportfreunde Stiller (wikibrief.org)
Sportfreunde Stiller – Wikipedia
www.transfair.org
www.uelifrey.com

DANKSAGUNG

Dank an Peter, Flo und Rüde für die Musik: Sie ist beste Unterhaltung, manchmal Wortakrobatik vom Feinsten, regt zum Mitgrölen und auch zum Nachdenken an, und Lieder wie „Festungen und Burgen“ oder „Wächter“ können Lebenshilfe sein, rettende. Dank an den vierten Sportfreund, den Manager Marc Liebscher für die Tipps und an die Fotografin Nina Stiller (das Foto auf dem Buch-Cover ist von ihr). Dank an Erwin Zißelsberger, der das erste Konzert im Knast in Germering der Band mit Andi Erhard am Bass organisierte, die damals noch Endkrass hieß. Dank an Michael „Michi“ Sailer, der von Anfang an dabei war, früh eine WOM-Rezension verfasste und mit seiner eigenen Band auch gern von Marc gemanagt worden wäre. Dank an Jochen Quindel, der beim Endkrass-Gig gleich doppelt aufgetreten ist (als Bassist bei Splendid und als „elektronischer Liedermacher“ Goldberg) und mit Peter schon Blockflöte in Grundschulzeiten und im selben Verein Fußball gespielt hat. Dank an Gerald „Gerry“ Huber, dem Marc damals eine der ersten Demo-Kassetten in die Hand drückte. Dank an Christoph Koch (der Mann für die digitale Balance), der den Germering-Kosmos skizziert hat, als Peter gleichzeitig Drummer bei The Vertical Orange Car Crash war und Frontmann bei Stiller (noch ohne Sportfreunde). Dank an Dirk Wagner, der beim Knast-Interview in Erfurt dabei war und der sie bis heute als Musikkritiker begleitet. Danke Ueli „Dr Jazz“ Frey – 3 Songs, No Flash: Fabelhafte Bilder des Trios. Dank an Tibor Bozi, den Haus-, Hof- und Klo-Fotografen der Frühphase (der heute nichts mehr davon wissen will). Dank an Nikolai Vogel („Meine Lesung, während im Zelt nebenan die Sportfreunde spielten …“). Dank an Herbi Hauke, den Olympia-Chronisten und Beat-Brother (unser Buch über die Beatles erscheint bald mit bislang unveröffentlichten Dokumenten aus der Zeit in Hamburg). Dank an den Stiller-Sänger und Gitarristen Marko Fellmann, an Angela Danner von der Uni Bayreuth, an Till Hofmann (für den guten Willen) und an all die anderen, die ich vergessen habe. Grazie Grazia della Pizzeria Romana („Peter wer? Das ist ein Neapolitaner, der hier singt"). Danke Vera, wir hatten so viel Spaß mit dem *Burli* und „1. Wahl"! Danke Claudia!

BILDNACHWEISE

Umschlagmotiv: Nina Stiller
Alle Bilder im Buch stammen aus dem Archiv des Autors außer die folgenden:
Sportfreunde Stiller live 2023: Ueli Frey
Bildteil 1: 02 Jochen Quindel, 05 Jochen Quindel, 06 Christoph Koch, 12 Michael Sailer
Bildteil 2: 10 Archiv Herbert Hauke – Foto Michael Heeg

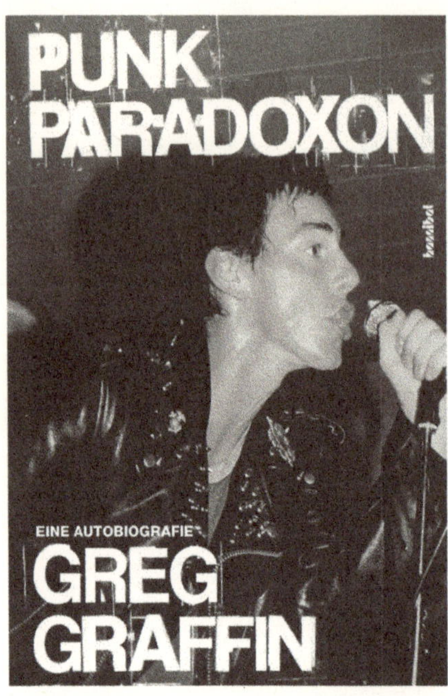

Greg Graffin
Punk Paradoxon
Eine Autobiografie
Paperback, 416 Seiten
ISBN 978-3-85445-745-9

Der legendäre Leadsänger und Songwriter von Bad Religion stellt seine Memoiren vor, die gleichzeitig auch als kulturkritische Analyse des Punkrock überzeugen.

Greg Graffin ist Leadsänger und Songwriter bei Bad Religion, die erst unlängst als „Amerikas bedeutendste Punkband" bezeichnet wurden. Seit der Bandgründung in Los Angeles im Jahr 1980 haben Bad Religion 18 Studioalben veröffentlicht, sich längst als weltweit tourende Urgewalt etabliert und sich als eine der einflussreichsten Punkrockgruppen aller Zeiten einen Namen gemacht.

Punk Paradoxon erzählt Graffins Lebensgeschichte vor und während der Frühphase des Punk in Los Angeles. Er schildert die explosive Entwicklung des Genres sowie den Aufstieg seiner Band. Doch zuerst untersucht das Buch noch Graffins Wurzeln im Mittleren Westen und seinen lebensverändernden Umzug nach Südkalifornien Mitte der 1970er Jahre.

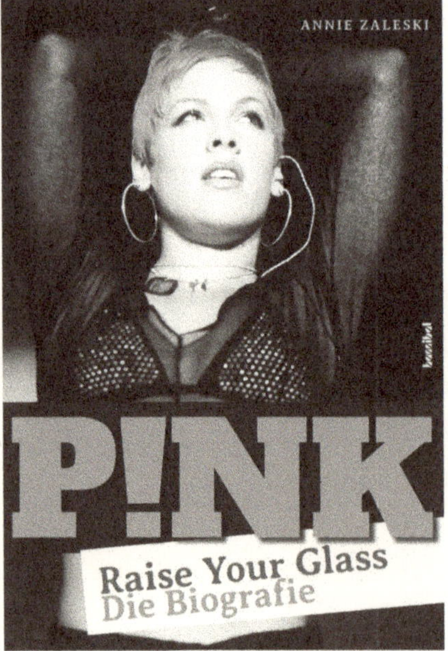

Annie Zaleski
P!NK – Raise Your Glass
Die Biografie
Hardcover, 224 Seiten
ISBN 978-3-85445-761-9

Sie ist ein Phänomen, diese Alecia Beth Moore aus Doylestown in Pennsylvania, besser bekannt als P!nk. Mit über vierzig Millionen verkauften Alben und siebzig Millionen verkauften Singles zählt sie zu den erfolgreichsten Frauen des Rock, und das hat seinen Grund: Sie ist nicht nur für ihre spektakulären Bühnenshows und ihren rebellischen Style berühmt, sondern auch für Songs mit Tiefgang und Aussage.

M!ssundaztood, das Album, das ihr 2001 den Durchbruch bescherte, gab vielen jungen Frauen ihrer Generation eine Stimme: In Songs wie »Family Portrait« oder »Just Like A Pill« erzählte sie offen und verletzlich von eigenen Problemen wie der Scheidung ihrer Eltern oder Erfahrungen mit Drogen, zeigte sich aber stets kämpferisch und fest entschlossen, sich nicht unterkriegen zu lassen. Damit traf sie ebenso einen Nerv wie mit dem gelungenen Mix aus Power Pop, Rock, Alternative und HipHop – und begründete eine Weltkarriere, die bis heute nichts von ihrem Schwung verloren hat.